O QIGONG MERIDIANO

— TRANSPORTE DA ENERGIA ATRAVÉS DO MERIDIANO

Dados Internacionais de Catalogação na Publicação (CIP)
(Câmara Brasileira do Livro, SP, Brasil)

Ding, Li, 1935.
O Qigong Meridiano: transporte da energia através do Meridiano - compilado e apresentado por Li Ding; tradução Rosina I. M. D'Angina. — São Paulo: Ícone, 1996.

Título original: El Qigone Meridiano.
ISBN 85-274-0395-1

1. Chi-Kong 2. Medicina chinesa I. Título.

96-1126   CDD-610.951

Índices para catálogo sistemático:

1. Qigong: Medicina chinesa   610.951

O QIGONG MERIDIANO

— TRANSPORTE DA ENERGIA ATRAVÉS DO MERIDIANO

Compilado e apresentado por
Li Ding

Tradução
Rosina I. M. D'Angina

Ícone editora

Diagramação
Rosicler Freitas Teodoro

Ilustrações
Mônica Yattiazzo

Revisão
Rosa Maria Cury Cardoso
Vilma da Silva

Todos os direitos reservados pela
ÍCONE EDITORA LTDA.
Rua das Palmeiras, 213 — Sta. Cecília
CEP 01226-010 — São Paulo — SP
Tels. (011)826-7074/826-9510

SOBRE O AUTOR

O professor Li Ding nasceu em 1935, na província de Henan, China. Formou-se no Instituto de Medicina de Xanghai, em 1960. Atualmente, é membro do conselho da Associação Nacional de Acupuntura e Moxabustão da China, vice-diretor e vice-secretário geral da Sociedade de Acupuntura e Moxabustão de Shanxi, membro executivo do conselho da Sociedade de Acupuntura e Moxabustão de Taiwan, Shanxi, e presidente da Sociedade do *Qigong* do Instituto de Medicina de Shanxi. Tomando a medicina chinesa tradicional como seu principal objeto de investigação científica, o autor tem combinado a medicina chinesa tradicional com a ocidental no tratamento e na prevenção das enfermidades. Durante os últimos 27 anos, publicou mais de dez livros sobre acupuntura, medicina chinesa tradicional e farmacologia chinesa, incluindo *Jianmei Jingluo Tu* e *A coleção da experiência clínica da MTC*. Em 1987, foi convidado para ir à Itália para dar conferências sobre acupuntura e o *Qigong* chinês.

ÍNDICE

PREFÁCIO 9

Capítulo I
CONCEITOS GERAIS DO QIGONG MERIDIANO 11
   I.   Introdução 11
   II.   Preservando a resistência geral: correlação
       entre o homem e a Natureza 12
   III. Regulação da mente, a respiração e a energia 13
   IV. Como se realiza a prática? 15
   V.   Notas para a prática do *Qigong* Meridiano......................15
   VI. Prática alternativa do *Qigong* Meridiano para
       desarranjos específicos 17

Capítulo II
FORMA DE INICIAR...19
   I.   Fazendo a energia entrar no ponto *Dantian* 19
   II.   Expiração e inspiração..24

Capítulo III
OS 14 MERIDIANOS 29
   I.   O Meridiano do Pulmão *Taiyin* da Mão 29
   II.   O Meridiano do Intestino Grosso *Yangming* da Mão 41
   III. O Meridiano do Estômago *Yangming* do Pé 55
   IV. O Meridiano do Baço-Pâncreas *Taiyin* do Pé...................71
   V.   O Meridiano do Coração *Shaoyin* da Mão 83
   VI. O Meridiano do Intestino Delgado *Taiyang* da Mão 96
   VII. O Meridiano da Bexiga *Taiyang* do Pé 109
   VIII. O Meridiano dos Rins *Shaoyin* do Pé..........................122
   IX. O Meridiano da Circulação-Sexo *Jueyin* da Mão...........134
   X.   O Meridiano *Sanjiao Shaoyang* da Mão 145

XI.   O Meridiano da Vesícula Biliar *Shaoyang* do Pé 157
XII.   O Meridiano do Fígado *Jueyin* do Pé 175
XIII. O Meridiano *Ren* 190
XIV. O Meridiano *Du* 199

PREFÁCIO

O *Qigong*, que é uma disciplina chinesa usada para a proteção da saúde, possui uma história de 3.000 anos. Demonstrou-se que o *Qigong* tem efeitos específicos e relevantes no tratamento de enfermidades crônicas e difíceis. Falando de um modo geral, o *Qigong* se divide em dois tipos. Um é o tipo tranqüilo, que implica praticar o *Qigong* em pé, sentado ou recostado, usando técnicas especiais de respiração, por intermédio da qual o praticante aprende a concentrar sua mente. O outro é o tipo móvel, na prática do qual o executor emprega movimentos flexíveis e massagens, enquanto mantém um equilíbrio proporcional entre mente e movimento, a energia e a força. Internamente, o *Qigong* ajuda o praticante a revigorar o espírito, a energia e a mente. Externamente, pode reforçar os tendões, os ossos e a pele. Portanto, a prática do *Qigong* pode regular a função do cérebro, estimular o funcionamento dos sistemas circulatório, digestivo e outros, e pôr em jogo a força latente das células. Para obter ótimos resultados, deve-se praticar o *Qigong* constantemente e com perseverança. Assim, o corpo será reforçado e a resistência contra as enfermidades aumentará. Algumas doenças serão curadas e a vida se prolongará.

O *Qigong* Meridiano é o *Qigong* que combina movimento com tranqüilidade. Foi desenvolvido a partir da combinação científica física das teorias dos órgãos *Zang-fu* e dos meridianos com a teoria do *Qigong* tradicional, que transmite a energia e regula a respiração. Desde que o *Qigong* Meridiano apareceu, em 1985, tem sido acolhido calorosamente. Pessoas de Cingapura, Índia, Alemanha, Estados Unidos, Grã-Bretanha, Bélgica e Noruega têm vindo à China para estudá-lo. O *Qigong* Meridiano é o *Qigong* segundo o qual a energia se move ao longo dos meridianos.

Neste *Qigong* se utilizam 12 meridianos regulares e os meridianos *Du* e *Ren**. Assim, *este Qigong* é também conhecido como o "*Qigong* de 14 meridianos". Neste livro, está mostrado em detalhes e com ilustrações as vias de circulação e as conexões dos meridianos. Para expressar a palavra *Jingluo*, utilizou-se o termo "canal" no passado ao se traduzi-lo para o inglês, e agora se usa o termo "meridiano".

Naturalmente, há falhas no livro, mas, devido à premência na preparação do manuscrito para sua publicação, temos intentado fazê-lo o melhor possível. Não obstante, qualquer sugestão ou crítica serão apreciadas para as futuras edições.

Professor Li Ding

---

* *Nota da tradutora*: *Du* e *Ren* são conhecidos no Brasil como os "Meridianos dos Vasos Maravilhosos": o primeiro é o Meridiano do Vaso Governador; e o segundo, o Meridiano do Vaso da Concepção.

CAPÍTULO I

CONCEITOS GERAIS DO *QIGONG* MERIDIANO

I. INTRODUÇÃO

O *Qigong*, também chamado de *Dao Yin* e *Tu Na*, tem uma história de mais de 3.000 anos. É uma das heranças do rico caudal da medicina chinesa tradicional. Ainda que seja antigo, é até hoje muito popular. *Dao Yin* tem o significado de transportar a energia e sangue por todo o corpo, reajustar o *yin* e *yang* do organismo físico, promover a circulação nos meridianos e colaterais — cujo objetivo é auxiliar o fator antipatogênico e eliminar fatores patogênicos — e prevenir as enfermidades. A prática do *Qigong* faz com que o indivíduo expire a energia utilizada, inspire a energia saudável, preserve o fator antipatogênico no corpo, fortaleça a saúde, resista à decrepitude e prolongue a vida.

Sua prática começou no século IV de nossa era, e com ela muitos saíram beneficiados. Quando alguém alcança certo nível na prática, sente uma corrente de calor (energia vital) ou energia que circula dentro do corpo. Às vezes, a energia pode sair do corpo e, então, é conhecida como energia externa. A energia interna, por outro lado, corre pelos meridianos e colaterais dentro do corpo. A teoria dos meridianos e colaterais é a chave da acupuntura, e é também a essência da medicina do *Qigong* Meridiano. O sistema meridiano e colateral é o que enlaça as cinco vísceras e seis órgãos, as quatro extremidades e cem ossos, os cinco sentidos e nove orifícios, com vários tecidos e órgãos da parte superficial do corpo, dando a este a integridade orgânica. Os sistemas dos meridianos e colaterais são uma trama completa. O sistema dos meridianos está integrado pelos canais e colaterais; e os meridianos, pelos regulares e os extraordinários, enquanto o sistema dos colaterais se compõe dos *Bie*, dos *Sun* e dos *Fu*. Ademais, há aqui outros 36 meridianos, incluindo 12 do tendão e 12 da pele. Não obstante, os troncos principais são os 12 meridianos regulares e os meridianos extraordinários *Du* e *Ren*.

No *Qigong* Meridiano, a energia é transmitida através dos 14 meridianos e conexões quando a respiração é regulada e os movimentos são controlados. Se alguém pratica o *Qigong* Meridiano movendo a energia de um meridiano para outro com persistência, a energia se move através dos meridianos, os obstáculos nos meridianos e colaterais são removidos, a energia e o sangue agem sinergicamente e o fator antipatogênico é preservado no corpo. Então, os debilitados poderão ser robustecidos, os doentes eliminarão suas enfermidades e os anciãos prolongarão suas vidas. O *Qigong* Meridiano, criado sobre a base do *Qigong* da medicina chinesa tradicional, é um exercício com movimentos, suave e forte, mas tranqüilo, que relaciona organicamente os *Zang-fu* (cinco vísceras e seis órgãos) e as teorias dos meridianos e colaterais com a circulação da energia e a regulação da respiração sob o *Qigong*.

II. PRESERVANDO A RESISTÊNCIA GERAL: CORRELAÇÃO ENTRE O HOMEM E A NATUREZA

O homem vive na Natureza e tem uma estreita relação com ela. Algumas alterações na Natureza, como mudanças climáticas, geográficas e outras, afetam diretamente a fisiologia humana no desenvolvimento, crescimento, senectude e enfermidade. Em outras palavras, as mudanças na Natureza se refletem nas modificações internas do corpo. Não obstante, o homem — que é capaz, por sua vez, de adaptarse a essas mudanças naturais — também tem aprendido ativamente a transformar a Natureza. Esse processo é conhecido como a correlação entre o homem e a Natureza.

No curso do ano, há quatro mudanças climáticas. A primavera é tépida; o verão é quente; o outono é fresco e o inverno é frio. Por isso, o homem se adapta a tais mudanças climáticas através da regulação das funções de seu corpo, incluindo a energia e o sangue. Durante a primavera e o verão, a energia *yang* (positiva) é liberada, e a energia e o sangue tendem a circular superficialmente; por isso, a pele fica mais flácida e produz muito suor. Durante o outono e o inverno, a energia *yang* se preserva, e a energia e o sangue tendem a circular mais internamente; por isso, a pele fica mais comprimida, e se produz menos suor e mais urina. Contudo, quando ocorrem mudanças climáticas anormais, que vão além da capacidade de adaptação do homem, isso se reflete em disfunções do corpo. O mesmo acontece com o corpo frente às transformações do ambiente geográfico. Cada indivíduo possui diferentes habilidades de adaptação; por isso, essa capacidade é distinta entre os indivíduos num mesmo ambiente natural. Aqueles que não são capazes de adaptar-se ao ambiente provavelmente sofrerão mais enfermidades.

Então, como alguém pode estimular e fortalecer a capacidade de adaptação reguladora às mudanças do ambiente natural para resistir às enfermidades? Durante uma ampla luta contra a Natureza e as doenças, o povo trabalhador da China antiga desenvolveu um jeito efetivo, o *Qigong*, para fortalecer a regulação interna do corpo. Consiste na concentração mental, regulação da respiração e exercitação dos quatro membros por meio do uso ativo da corrente de consciência. Assim, o fator antipatogênico é preservado, os elementos nocivos são bloqueados, a correlação entre homem e Natureza se mantém, e o corpo fica capacitado a adaptar-se às mudanças no meio ambiente. Esses são os efeitos do moderno *Qigong*. Na realidade, o *Qigong* tem efeitos especiais para lutar contra as enfermidades crônicas e difíceis, porque desenvolve a habilidade reguladora do corpo, estimula as funções imuno-lógicas e acelera a recuperação.

A ocorrência ou a invasão, a mudança ou o prognóstico de algumas enfermidades é a luta entre os fatores antipatogênicos e patogênicos, e depende do equilíbrio entre eles. Quando o fator antipatogênico prevalece sobre o fator patogênico, as doenças se curam. Mas, quando o fator antipatogênico é destruído e o fator patogênico perde o controle, a enfermidade se torna mais séria, podendo inclusive causar a morte. Por isso, o fator antipatogênico é a raiz e o defensor da vida.

O fator antipatogênico é a faculdade do corpo de resistir a alguns fatores patogênicos do meio ambiente, de manter um equilíbrio relativo entre o *yin* e *yang*, assim como de adaptar-se às mudanças internas e externas. Essas faculdades dependem do funcionamento normal dos *Zang-fu* e do nível suficiente da essência de energia e espírito.

O fator patogênico se refere a vários fatores que causam a desordem das funções dos *Zang-fu*, tais como vento, frio, calor de verão, umidade, seca, calor antinatural (fogo, calor violento) e mudanças climáticas.

III. REGULAÇÃO DA MENTE, A RESPIRAÇÃO E A ENERGIA

A. *Regulação da mente: circulação da energia pelos meridianos estabilizando as sete paixões*

Na medicina chinesa tradicional, as atividades mentais do homem relacionadas com emoções são: alegria, cólera, ansiedade, meditação, tristeza, medo e terror. Estes sete fatores passionais são considerados como manifestações normais de um estado mental sob circunstâncias normais, e não podem causar mudanças patológicas no corpo. Contudo, se a estimulação mental é muito mais intensa e persistente, o corpo perderá o equilíbrio entre o *yin* e *yang*, tornando-se incapaz de coordenar a circulação da energia e do sangue. Então, sobrevirão obstáculos nos meridianos e colaterais e disfunções nos órgãos *Zang-fu*. Quando o fator antipatogênico é aniquilado, se produz a enfermidade.

Os sete fatores emocionais são monocotiledôneos e prejudicam diretamente as cinco vísceras: a cólera danifica o fígado; a meditação prejudica o baço, causando mau apetite; a alegria ofende o coração, estimulando problemas com a pressão sangüínea e causando a apoplexia; a tristeza lesa os pulmões e, inclusive, causa a hemoptise; e o medo afeta os rins. Por outro lado, esses fatores patogênicos também afetam a circulação normal da energia: por exemplo, a alegria diminui sua circulação; a cólera a acelera; a meditação a coagula; a tristeza a faz esmorecer; e o terror a reduz. Em conseqüência, por causa desses fatores, as funções dos *Zang-fu* não podem ser desempenhadas como devem e a enfermidade sobrevém.

O *Qigong* Meridiano exerce sua influência por meio da concentração em uma só idéia em lugar de outros pensamentos, acreditando que a energia se move pelos meridianos. A circulação da energia não somente regula a mente e a função do córtex cerebral, mas também ajusta a interação entre os órgãos do sistema *Zang-fu*. Assim, se a transmissão de energia pelos meridianos é fluida, se verá mais claramente a melhora do estado mental; as enfermidades serão eliminadas e o corpo se fortalecerá. Esses resultados estarão assegurados se o praticante concentrar sua mente e aliviar seus pensamentos durante a prática.

Sabe-se que, depois de praticar o *Qigong* Meridiano, os eletroencefalogramas de pessoas que sofreram enfermidades causadas pelos sete fatores emocionais manifestaram mudanças. O quadro da onda rápida e de pouca amplitude antes da prática se transforma em uma onda lenta; a onda de pobre freqüência, em uma onda de boa freqüência depois da prática. Posteriormente a uma prática persistente, as mudanças em EEG têm demonstrado que a freqüência da onda se tem feito lenta e sua amplitude é três vezes superior à daqueles que não exercitaram a prática. Essas alterações têm provado que o *Qigong* pode prevenir a estimulação excessiva e permitir recuperar os sítios patogênicos afetados pelos sete fatores emocionais. Como conseqüência, as funções do sistema nervoso central melhoram e os órgãos do sistema são regulados.

B. *Inspiração e expiração: regulação da respiração e do acúmulo de energia e o oxigênio*

Todos os exercícios físicos, como basquetebol, ginástica e atletismo, despendem energia ao acelerar o ritmo cardíaco e a respiração, assim como por provocar tensão nos músculos. Contudo, o *Qigong* põe em relevo a tranqüilidade, a calma e regula a respiração. Atualmente, a prática do *Qigong* constitui uma forma de acumular energia, aquela que é conhecida como *Nei Yang Gong*, ou construção interna do corpo. A prática do *Qigong*, com inspiração e expiração conscientes, induz a que mais de 750 milhões de alvéolos fiquem trabalhando. A troca de gases é eficiente, pois aumenta o oxigênio no sangue, e a atividade metabólica das células melhora. O fator antipatogênico se fortalece para eliminar as enfermidades; portanto, a vida se prolonga.

C. *Movimento e tranqüilidade: ativação dos membros por meio de massagem para regular a potência*

Na prática do *Qigong*, o movimento e a tranqüilidade ocorrem simultaneamente: o movimento existe na tranqüilidade, e a tranqüilidade no movimento; há no movimento dos membros tanto força como doçura, justamente como na massagem. A potência se regula com os membros que ativam a circulação da energia pelos meridianos e colaterais, mediante o movimento suave das mãos em coordenação com os pés, os cotovelos com os joelhos e os ombros com os quadris, assim como com a ajuda de massagem nos pontos da cabeça e na parte facial. O movimento estimula os canais e colaterais e promove o funcionamento de seus pontos. Os resultados são estes: a mente desperta e os olhos brilham.

A pressão dentro do abdômen se altera com a inspiração e expiração lentas, profundas e regulares. Como conseqüência, o estômago e os intestinos são massageados ao mesmo tempo. Por isso, a prática do *Qigong* pode melhorar a digestão e o processo de absorção e, assim, aumentar as secreções das glândulas digestivas. Depois da prática, o apetite é estimulado.

IV. COMO SE REALIZA A PRÁTICA?

O melhor tempo para se praticar o *Qigong* Meridiano é entre as cinco e as sete horas da manhã ou ao final da tarde, já que nesses momentos o meio ambiente está mais tranqüilo e o ar mais fresco. A freqüência da prática depende da condição individual de quem a executa. Pessoas de idade avançada, pacientes com enfermidades sérias e aqueles que estão com a saúde debilitada devem praticar menos, geralmente uma ou duas vezes ao dia, de 20 a 40 minutos para cada exercício. Porém, os jovens, os que têm problemas leves e os robustos podem praticar mais, duas ou três vezes ao dia, de 20 a 40 minutos para cada exercício. Se o paciente está hospitalizado, a freqüência da prática deve ser decidida pelos médicos. Em geral, para melhorar a saúde, as pessoas podem praticar o *Qigong* pelo menos uma vez ao dia durante 30 minutos, imediatamente após levantar-se pela manhã. A freqüência e a duração da prática dependem, em última instância, da reação do corpo, e não deve causar fadiga.

Durante o exercício, o praticante deve colocar-se em uma posição paralela à linha magnética da Terra, olhando em direção ao sul ou ao norte. Pode também realizar a prática em direção à saída do Sol pela manhã ou voltado para a Lua à noite. Contudo, a capacidade de adaptação do homem é mais forte e pode não observar as condições acima mencionadas. Os êxitos são o resultado de uma prática constante.

V. NOTAS PARA A PRÁTICA DO *QIGONG* MERIDIANO

A. *Condições antes da prática*

1. O praticante não deve ser influenciado ou distraído pelo meio ambiente, encontrando-se em um estado de esquecimento de si mesmo. Deve eliminar todos os pensamentos e concentrar-se em mover a energia pelos meridianos. Na seqüência, indicam-se estes procedimentos:

a) O praticante deve concentrar-se em que a energia circule pelos 14 meridianos e colaterais, partindo do meridiano do pulmão para o meridiano do fígado, passando pelos meridianos do intestino grosso, estômago, baço-pâncreas*, coração, intestino delgado, bexiga, rins, da circulação-sexo**, *Sanjiao* (do triplo-aquecedor)***, da vesícula biliar e, depois, voltando ao meridiano do pulmão. Além disso, a energia se move do Meridiano *Ren* (do Vaso da Concepção) para o Meridiano *Du* (do Vaso Governador).

Nota da tradutora: para a versão em português, usaremos alguns dos nomes dos meridianos como já estão consagrados em nossa língua, em vez da forma utilizada em castelhano, do qual se origina esta tradução. Assim, usaremos: * baço-pâncreas, em vez de baço; ** circulação-sexo, em vez de pericárdio; *** o do triplo-aquecedor, grafaremos com a forma chinesa (*Sanjiao*).

b) Na prática, requer-se que a pessoa mova suavemente todas as articulações e partes do corpo, a fim de transmitir a energia ao longo dos meridianos, produzindo deste modo a energia de forma adequada. Os movimentos devem ser sutis, estabelecendo um fluxo entre o movimento e a tranqüilidade; a força é praticada com doçura, e o relaxamento e a tensão são alternados.

c) O praticante pode respirar naturalmente, inspirando pelo nariz e expirando pela boca. A respiração deve ser lenta, profunda, suave e agradável. Não deve superventilar.

d) Se no meio ambiente ocorrer ruído ou distúrbio enquanto o praticante estiver realizando o exercício, este deve continuar praticando como se não tivesse visto ou ouvido.

2. Se for possível, o praticante deve selecionar um ambiente tranqüilo, onde haja flores e árvores e o ar seja fresco. Se realizar a prática dentro de casa, esta deve estar bem ventilada. No inverno, deve adotar as precauções apropriadas contra o frio.

3. A prática do *Qigong* Meridiano exige que o praticante conheça a distribuição, a rota de fluxo e as conexões dos meridianos com os órgãos e vísceras.

4. Antes de realizar a prática, a pessoa deve lavar os dentes e o rosto e ir ao banheiro. A gola da veste e o cinto não devem estar apertados.

5. Os anciãos, os que estão mal de saúde e os que padecem enfermidades crônicas e não podem ficar em pé devem praticar o *Qigong* sentados na borda da cama ou em um banco. No mais, as condições para a prática devem ser as mesmas.

B. *Precauções durante a prática*

Vejam-se as solicitações para cada um dos 14 meridianos descritas no capítulo III (tópico: *Condições*)*.

C. *Exigências para o término da prática*

1. A prática deve terminar bem. O praticante dobra os joelhos, mantém a energia nos braços, transmite-a ao coração e faz uma pausa. Depois disso, alça a energia três vezes ao rim, levanta os calcanhares enquanto inspira profundamente, e logo volta os calcanhares ao solo, acompanhando esse movimento com a expiração. E, então, relaxa todas as partes do corpo. Se a prática precisar ser interrompida, usa-se o método acima mencionado para terminá-la, a fim de que não ocorra nenhum incômodo.

2. De acordo com a enfermidade de que padece, o praticante pode escolher um ou vários canais e colaterais para exercitar da melhor forma o *Qigong* Meridiano. Não é indispensável praticar as 14 séries de movimentos. Contudo, devem-se observar as exigências acima descritas para a finalização da prática.

---

* *Nota da tradutora.*

D. *Efeitos da prática*

1. Efeitos imediatos depois da prática:

Imediatamente depois de terminar a prática, a pessoa sentirá o pensamento mais rápido e desperto; terá o espírito expandido e relaxado; a audição e a potência da visão melhoradas. Uma prática matutina produz bom apetite e faz com que o praticante possa trabalhar energicamente durante todo o dia. Isto se deve a que, através da prática do *Qigong*, o praticante aprende a concentrar-se no processo de movimento da energia pelos canais e colaterais. Além disso, uma respiração profunda e regular aumenta o oxigênio no sangue. Finalmente, todos os membros e todas as articulações se movem, e os pontos na cabeça e na parte facial (olhos, orelhas, nariz e boca) são estimulados pela massagem.

2. Efeitos a longo prazo depois da prática (de um a três meses):

Depois de praticar o *Qigong* Meridiano durante um mês, o praticante estará em condições de melhorar os seguintes sintomas: enxaqueca, vertigem, insônia, sono, falta de apetite, falta de força, tosse, respiração débil, catarro demasiado, desânimo, palpitação, menstruação irregular, impotência, ejaculação precoce, lumbago, dor nas articulações e memória ruim. Depois de dois meses de prática persistente, esses sintomas melhoram sensivelmente ou desaparecem. A força se renova, o aparelho digestivo funciona melhor e o edema é reduzido. Aqueles que se recobram lentamente e não sentem os efeitos esperados devem persistir na prática para alcançar êxito. Depois de três meses de prática, serão observados efeitos na pressão sangüínea, visão, cérebro, fígado, rins, funções do pulmão, no nível de oxigênio do sangue, na língua e no pulso.

VI. PRÁTICA ALTERNATIVA DO *QIGONG* MERIDIANO PARA DESARRANJOS ESPECÍFICOS

Exige-se que um praticante de *Qigong* Meridiano domine todos os movimentos e os realize com facilidade. Sob essas circunstâncias, pode selecionar os meridianos para exercitá-los devidamente concentrado, segundo seu estado de saúde e a variação de enfermidades. Contudo, quais e quantos canais e colaterais vai escolher, isso depende da situação de sua enfermidade. A seguir, daremos alguns exemplos:

1. A situação de neurastenia, insônia, amnésia, ejaculação precoce, emissão seminal, impotência e dor na coluna cervical está no coração, rins e nos Meridianos *Ren* e *Du*. Por isso, ao praticar o *Qigong*, o paciente que sofre esses desarranjos deve concentrar-se nesses meridianos. Contudo, deve prestar atenção também aos meridianos do intestino delgado e da bexiga, que se relacionam interna e superficialmente com o coração e os rins.

2. A situação de dispepsia, bronquite crônica, emaciação e edema está nos pulmões, baço-pâncreas, rins e no Meridiano *Ren*. Por isso, ao praticar os movimen-

tos do *Qigong*, o paciente que sofre dessas enfermidades deve concentrar a prática nesses meridianos e nos do intestino grosso e do estômago, que se relacionam interna e superficialmente com o baço-pâncreas e os pulmões.

3. A fonte de hipertensão na primeira etapa, insuficiência de sangue nas artérias cerebrais, palpitação, edema, hepatite crônica e colecistite crônica se localiza no fígado, vesícula biliar, circulação-sexo e no Meridiano *Sanjiao* (triplo-aquecedor). Por isso, ao praticar o *Qigong*, o paciente que sofre com esses problemas deve concentrar-se em executar novamente os movimentos desses meridianos. O *Qigong* Meridiano pode ser praticado por aqueles que estejam exercitando ou tenham praticado outras formas de *Qigong*. Todavia, sugerimos que, antes de praticar o *Qigong* Meridiano, se pratique a "forma quieta", para relaxar o corpo, e, logo a seguir, a "forma de princípio", para transmitir a energia ao coração.

Forma de princípio

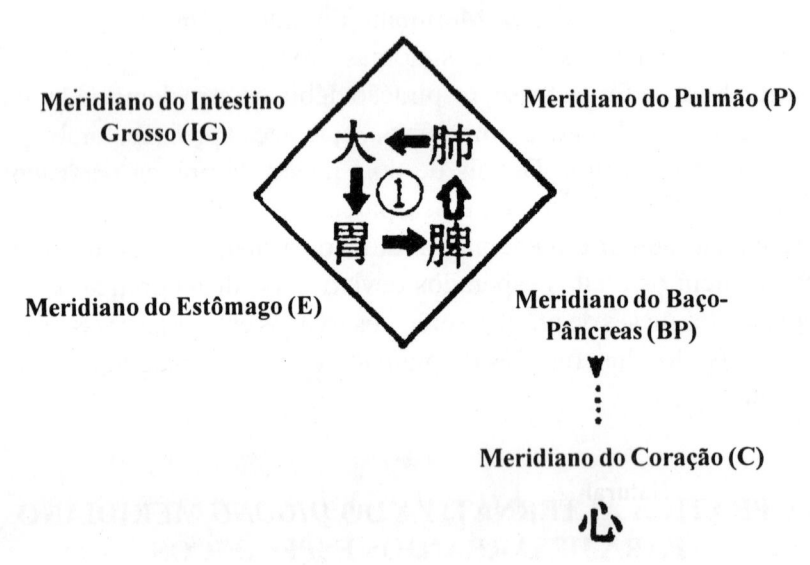

CAPÍTULO II

FORMA DE INICIAR

I. FAZENDO A ENERGIA ENTRAR NO PONTO *DANTIAN*

Instruções:

1. Pára-se direito com os pés separados (Fig. 1).

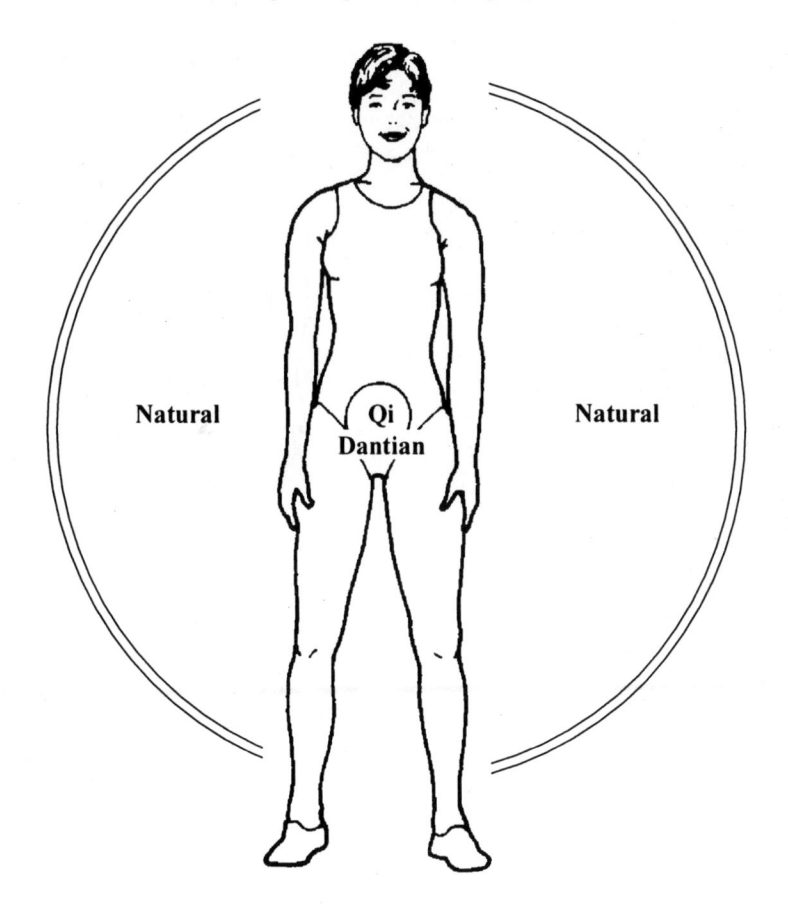

Fig. 1

O praticante mantém a coluna reta e relaxa o corpo. Respira normalmente. Não deve exibir o peito nem encolher o abdômen conscientemente. Mantém os pés paralelos e separados tanto quanto estão os ombros. Entreabre os olhos para concentrar-se melhor, contempla diretamente à frente e baixa os braços naturalmente de ambos os lados. Cerra a boca ligeiramente e faz a ponta da língua tocar o palato. Libera a mente de todas as distrações.

2. Levantando os braços (Figs. 2, 3, 4).

Enquanto inspira, levanta lentamente os braços em frente do corpo até chegar à altura dos ombros.

3. Baixando os braços (Fig. 2).

Pressiona lentamente os braços contra a frente da pélvis enquanto inspira.

4. Levantando os braços pelos lados (Fig. 4).

Enquanto inspira, levanta os braços lentamente pelos lados do corpo até chegar à altura dos ombros.

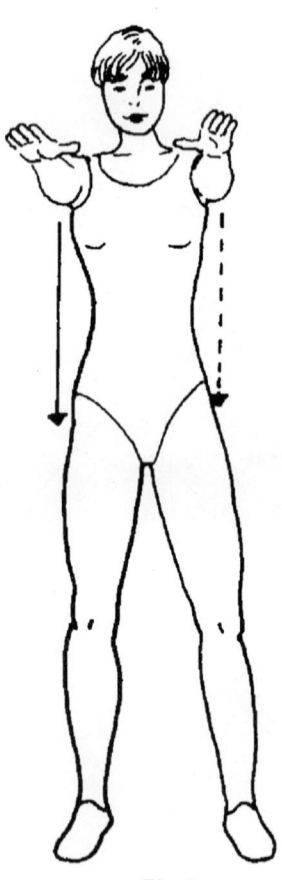

Fig. 2

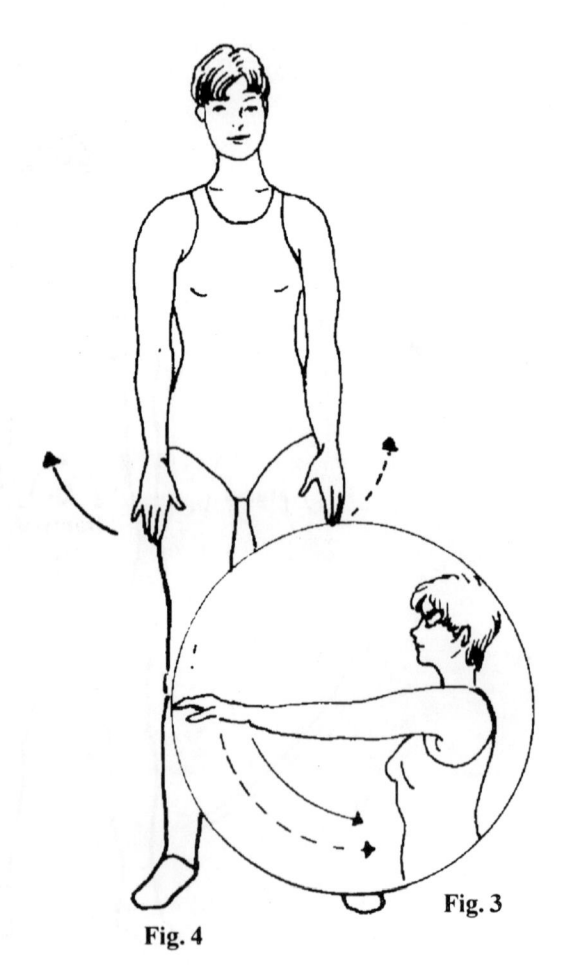

Fig. 4

Fig. 3

5. Flexionando os joelhos e mantendo a energia (Figs. 5, 6).

Enquanto inspira, dobra os joelhos lentamente até sentar-se em cócoras. Os braços parecem segurar uma grande bola.

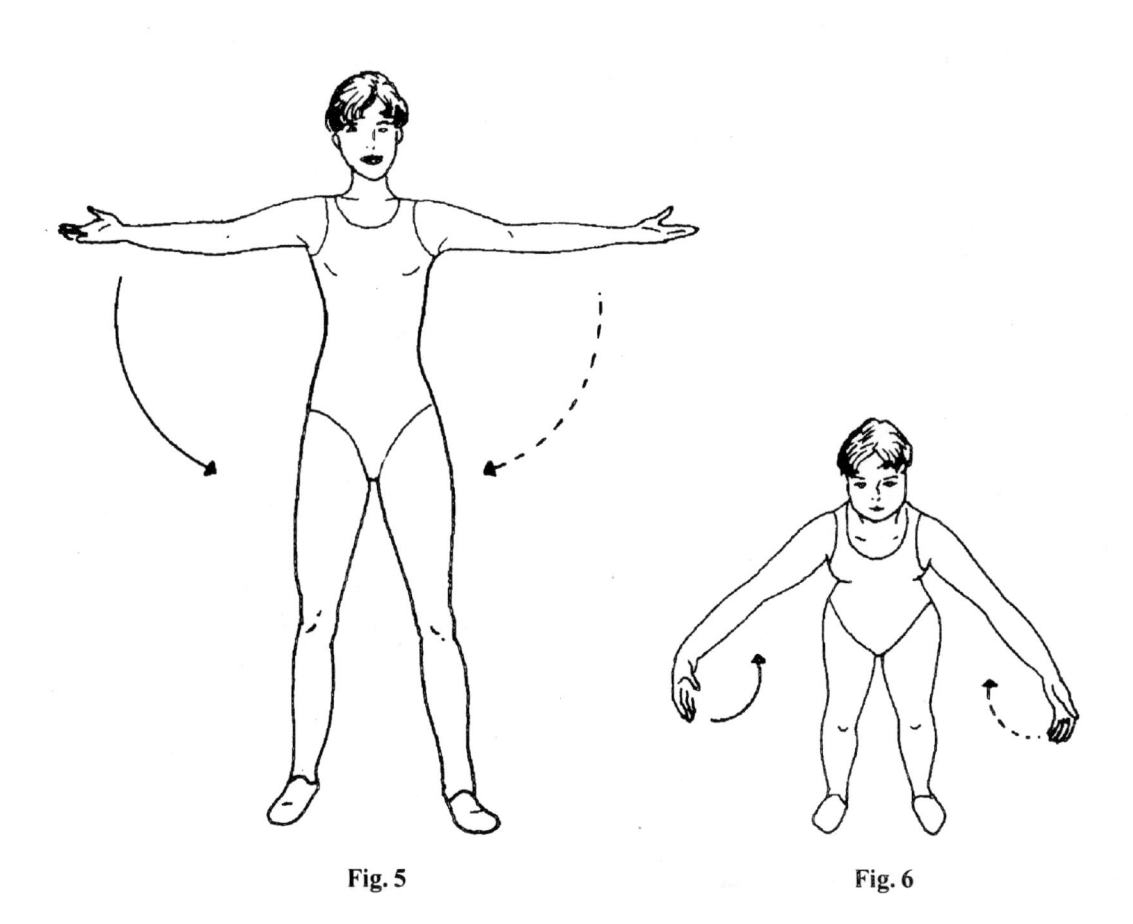

Fig. 5   Fig. 6

6. Endireitando o corpo e levantando os braços acima da cabeça (Figs. 7, 8).

Enquanto inspira profundamente, endireita o corpo lentamente e levanta a bola com os braços vagarosamente acima da cabeça.

Fig. 7

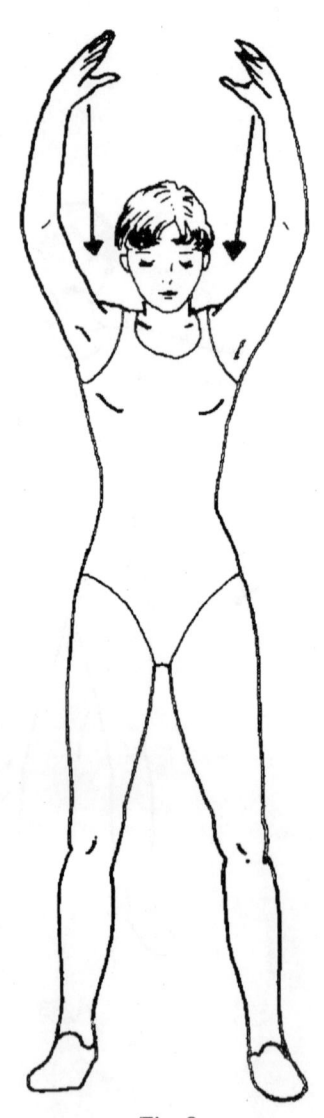

Fig. 8

7. Movendo a energia para baixo e expirando a energia turva (Figs. 8, 9).

Enquanto expira, lentamente move os braços, com as mãos sustendo a energia até embaixo e passando pelo rosto, pescoço e peito. A energia turva é expelida.

8. Concentrando a energia em *Dantian* (Fig. 10).

Continua empurrando a energia para baixo até o *Dantian*, onde a concentra. Tensiona o abdômen, contrai os músculos ao redor dos órgãos genitais e do ânus, e aperta os dentes enquanto respira normalmente. Faz estes movimentos três vezes. Isso se chama "levantar a energia dos rins através do movimento interno".

Notas: Dantian, em sentido amplo, é a região que cobre os pontos *Guanyuan* (*Ren* 4), que se encontra 3 *cun*(*) acima do umbigo; *Qihai* (*Ren* 6); *Shimen* (*Ren* 5) e *Zhongji* (*Ren* 3). O ponto *Qihai* é o coração do *Dantian*. Em sentido restrito, *Dantian* é a área ao redor do ponto *Guanyuan*. Aqui se expõe seu sentido amplo.

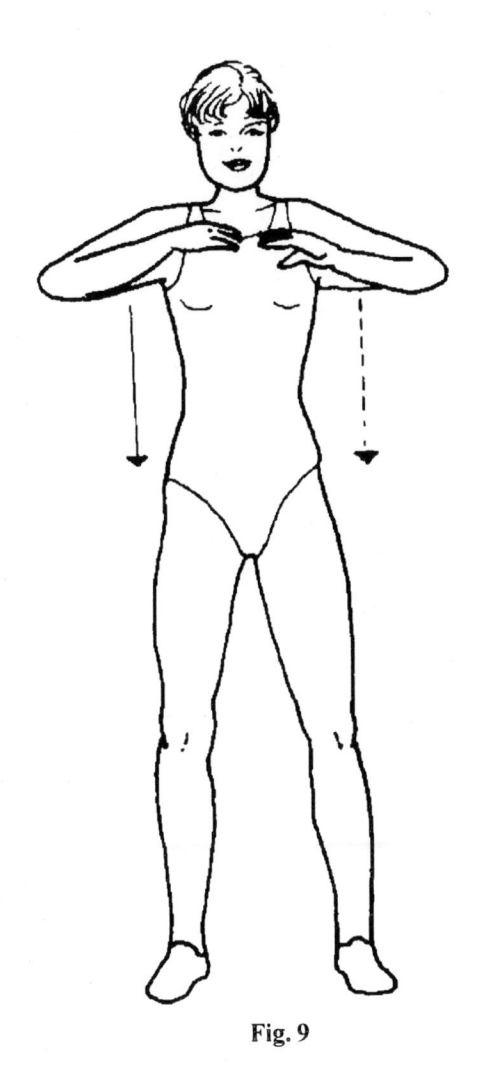

Fig. 9

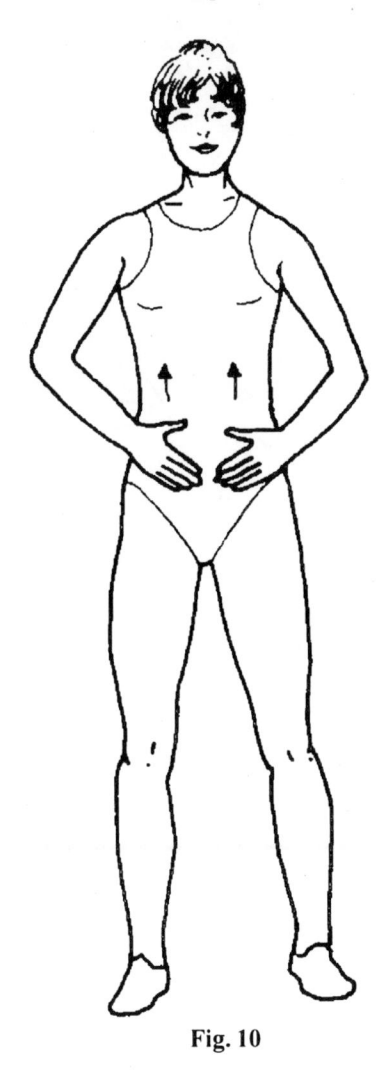

Fig. 10

---

* Um *cun* equivale a 3,3 cm ou um pouco mais longo que uma polegada.

II. EXPIRAÇÃO E INSPIRAÇÃO

1. Estende os braços à frente (Fig. 11).

Com ambas as palmas voltadas para cima, estende lentamente os braços dobrados à frente e levanta-os, enquanto inspira lentamente.

2. Olhando para o céu, estende os braços para os lados (Fig. 12).

Enquanto inspira lenta e profundamente, estende os braços levantados para os lados. Ao mesmo tempo, levanta a cabeça e olha para cima.

3. Endireitando o corpo e juntando as mãos (Fig. 12).

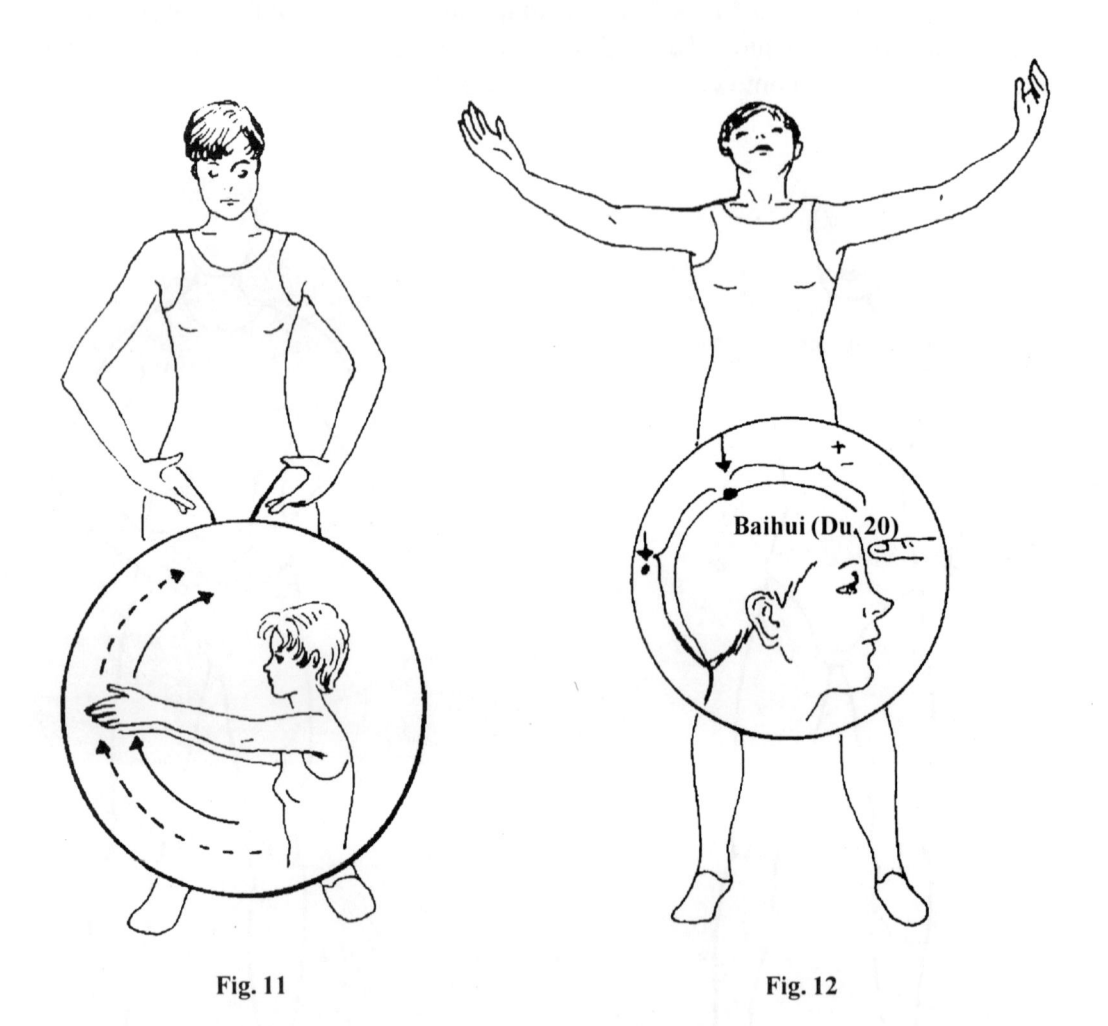

Fig. 11   Fig. 12

Endireita o corpo e move gradualmente as mãos juntas por cima da cabeça, enquanto inspira lenta e profundamente.

4. Enlaçando os dedos por cima da cabeça (Fig. 13).

Enlaça os dedos, exceto os polegares, e estende os braços por cima da cabeça. Geralmente, a mão direita se sobrepõe à esquerda. Detém a inspiração.

5. O ponto *Laogong* (CS 8) tocando o ponto *Fengchi* (VB 20) (Fig. 14).

Enquanto expira, baixa as mãos até o occipício (*nuca*) e faz com que o ponto *Laogong* toque o *Fengchi*.

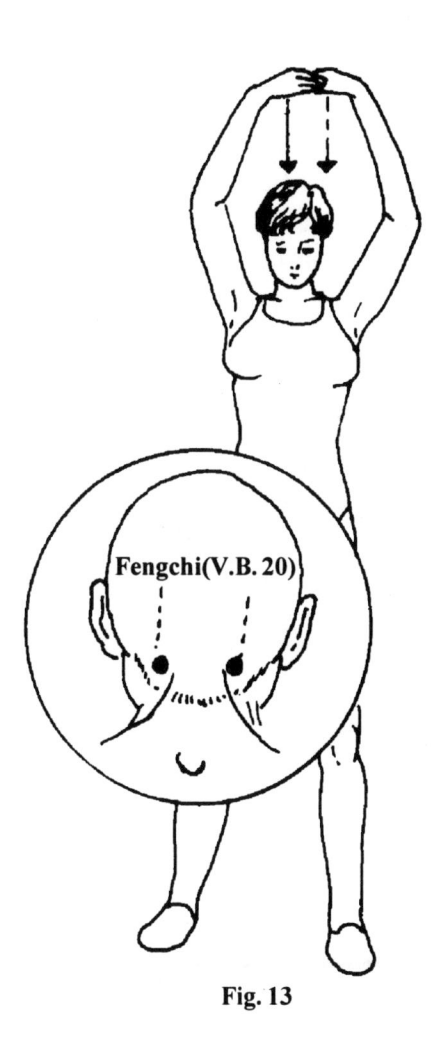

Fig. 13

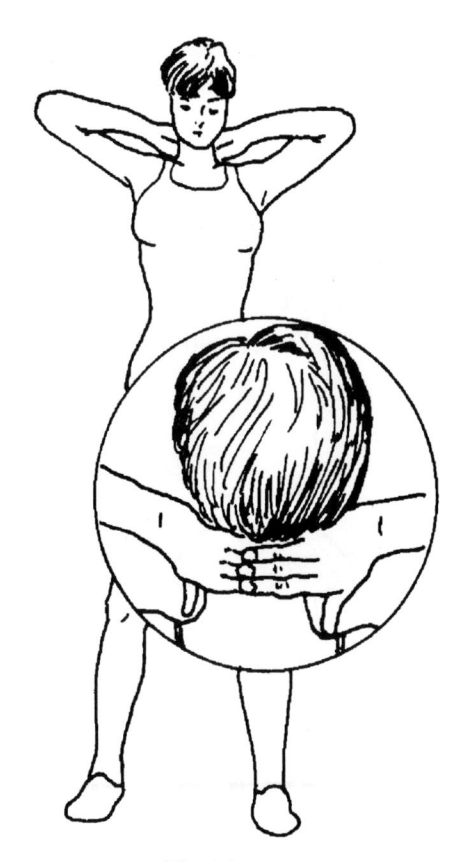

Fig. 14

6. Inspirando e expirando: enquanto expira, concentra a energia no ponto *Yongquan* (R 1) (Fig. 15).

Primeiro inspira. Enquanto expira lentamente, mira fixamente o horizonte e vai curvando o corpo para a frente até que os olhos fixem o chão. Concentra-se no ponto *Yongquan* até cessar a expiração.

7. Inspirando e expirando: enquanto inspira, concentra-se no ponto *Laogong* (CS 8) (Fig. 16).

Endireita o corpo lentamente; sente uma corrente de energia que vai para cima a partir de ambos os pontos *Yongquan* até os *Laogong*, passando pelos membros inferiores e voltando para trás lentamente. Durante todo o processo, o praticante deve fazer uma ampla e profunda inspiração. Quando a mente chegar ao ponto *Laogong* (CS 8), a inspiração deve ser detida.

Notas: Os exercícios de expiração e inspiração podem ser repetidos várias vezes, geralmente de três a nove. Para os que apresentam energia pulmonar débil ou enfermidades crônicas na área respiratória, tais como traqueíte e bronquite crônicas, os exercícios podem ser repetidos mais de nove vezes. Depois que o *qi* puro (oxigênio) e o *qi* turvo (anidrido carbônico) tiverem sido trocados, o praticante se sentirá, com freqüência, mais refrescado.

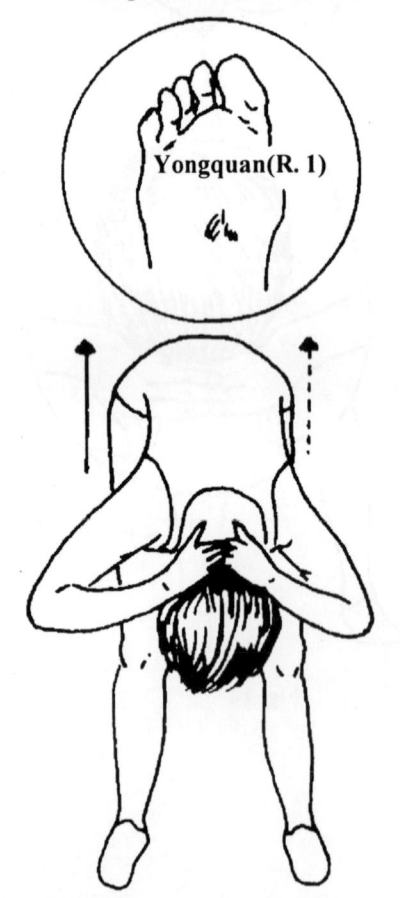

Fig. 15

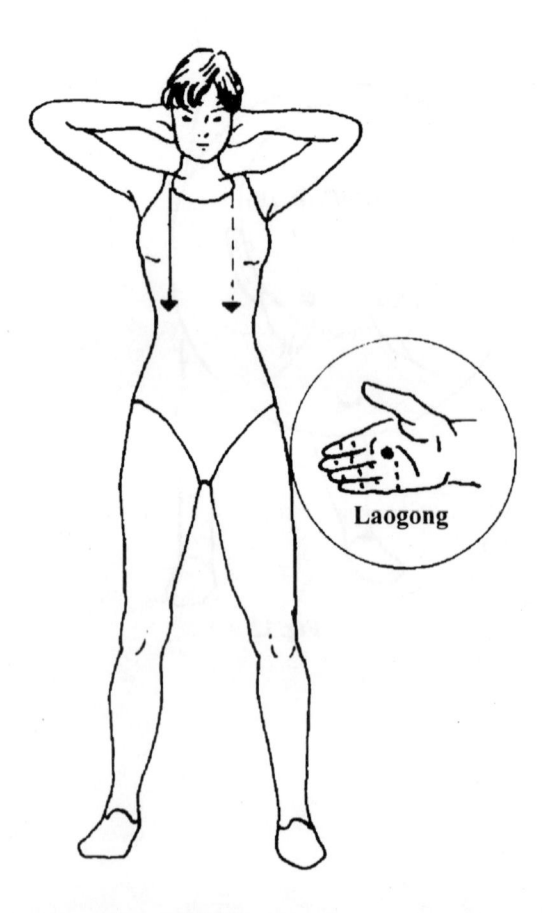

Fig. 16

8. Separando ambas as mãos e abaixando ambos os braços (Fig. 17).

Separa as mãos lentamente desde o ponto *Fengchi* (VB 20). Baixa ambos os braços até o *jiao* médio, que é o ponto de partida do primeiro dos 12 meridianos, o Meridiano do Pulmão *Taiyin* da Mão.

Pontos-chave:

O praticante expira enquanto a energia começa a se mover até o *jiao* médio. Faz uma pausa e logo se concentra nessa posição.

Notas: O *jiao* superior está situado entre o diafragma e a garganta.

O *jiao* médio se localiza entre o diafragma e o umbigo.

O *jiao* inferior se encontra entre o umbigo e o púbis.

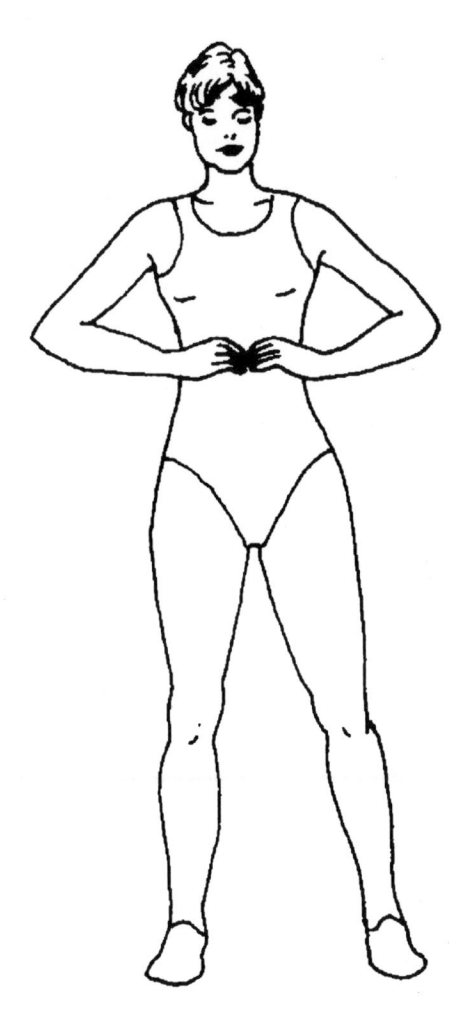

Fig. 17

CAPÍTULO III

OS 14 MERIDIANOS

I. O MERIDIANO DO PULMÃO *TAIYIN* DA MÃO

Via de fluxo: (Fig. P-1)

O Meridiano do Pulmão *Taiyin* da Mão se origina do *jiao* médio e corre para baixo a fim de unir-se com o intestino grosso. Voltando atrás, vai ao longo do piloro (boca do estômago), passa através do diafragma e entra no pulmão, o órgão a que pertence. Da parte do pulmão que se une à garganta, passa pelas fossas nasais, chega à língua e logo corre através das orelhas. Novamente, a partir da mesma parte do pulmão, o meridiano marcha transversalmente e desce ao longo da linha anterior da parte mediana do membro superior até o lado radial da ponta do polegar. O primeiro ponto deste meridiano é *Zhongfu* (P1), sendo *Shaoshang* (P11) o seu ponto terminal. A ramificação próxima ao pulso sai do ponto *Lieque* (P 7) e corre diretamente até o lado radial da ponta do dedo indicador (*Shangyang*, IG 1), onde se enlaça com o Meridiano do Intestino Grosso *Yangming* da Mão.

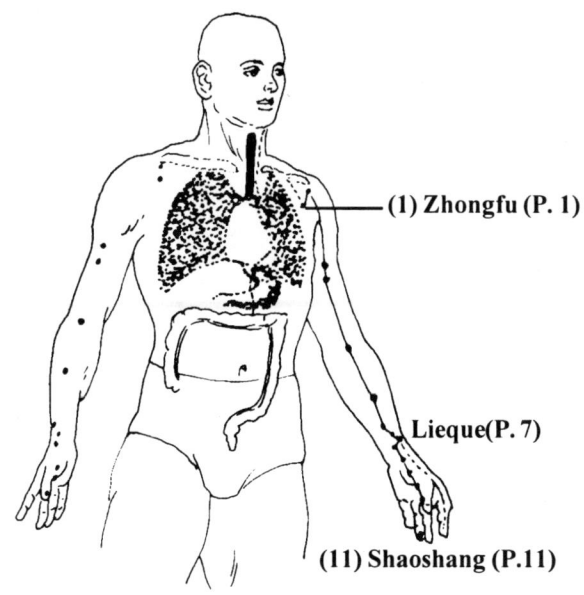

Fig. P-1. O Meridiano do Pulmão *Taiyin* da Mão.

Indicações:

A prática do *Qigong* por este meridiano tem efeitos curativos para a distensão, opressão e dor no peito, tosse, asma, inflamação e dor de garganta, dor no ombro, nas costas e no lado radial do braço, irritabilidade, palmas ardentes (sensação febril nas palmas das mãos).

Indicações especiais:

É particularmente efetivo para os que padecem de bronquite (não crônica) e sofrem resfriados freqüentes.

Condições:

O praticante deve concentrar-se na regulação da mente, respiração e no movimento da energia pelos meridianos. Realize uma longa e profunda respiração. Tenha em conta os pontos *Zhongfu* (P 1), *Yunmen* (P 2), *Chize* (P 5) e *Shaoshang* (P 11). O meridiano vai desde o peito até a cabeça. Os acupunturistas e mestres de *Qigong* devem recitar todos os pontos ao longo do meridiano enquanto movem a energia por ele.

Localização dos pontos importantes (Fig. P-2):

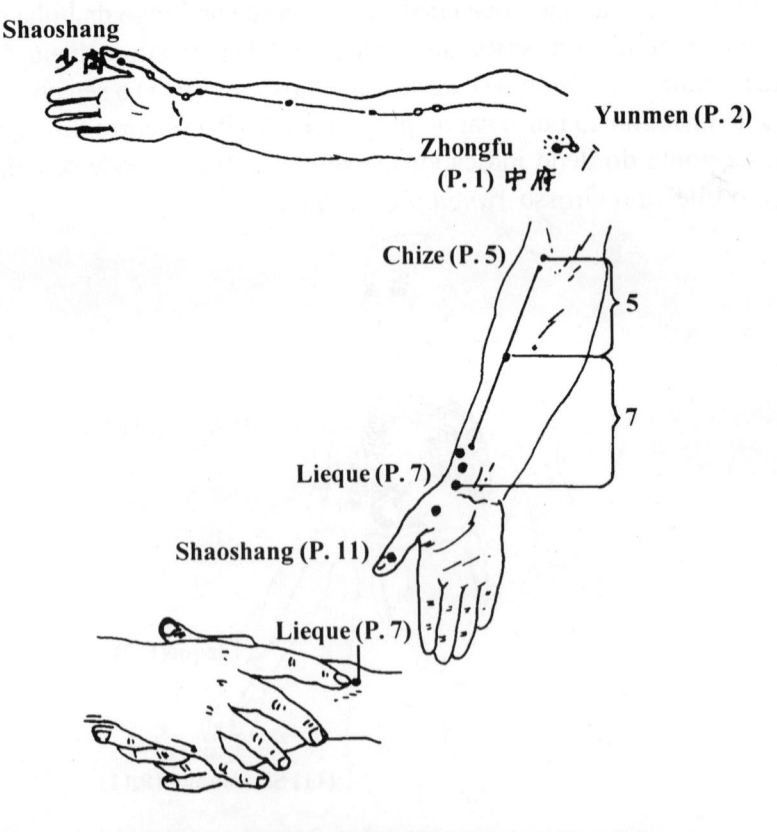

Fig. P-2. O Meridiano do Pulmão *Taiyin* **da Mão.**

1. *Zhongfu*: encontra-se abaixo da extremidade acromioclavicular, um *cun* diretamente abaixo do ponto *Yunmen* (P 2).

2. *Yunmen*: está na depressão por baixo da extremidade acromioclavicular, 6 *cun* laterais (por fora) do Meridiano *Ren*.

3. *Chize*: está localizado na dobra do cotovelo, em direção ao lado radial do tendão do bíceps braquial.

7. *Lieque*: acha-se por cima da apófise estilóide do rádio, 1,5 *cun* acima da primeira dobra do pulso.

11. *Shaoshang*: sobre a borda radial do polegar, a 0,1 *cun* do ângulo ungueal externo.

Instruções:

1. Começando do *jiao* médio (Fig. 1-1).

Enquanto inspira, levante as mãos ligeiramente, com as palmas voltadas para cima.

2. Baixando e unindo-se com o intestino grosso (Fig. 1-2).

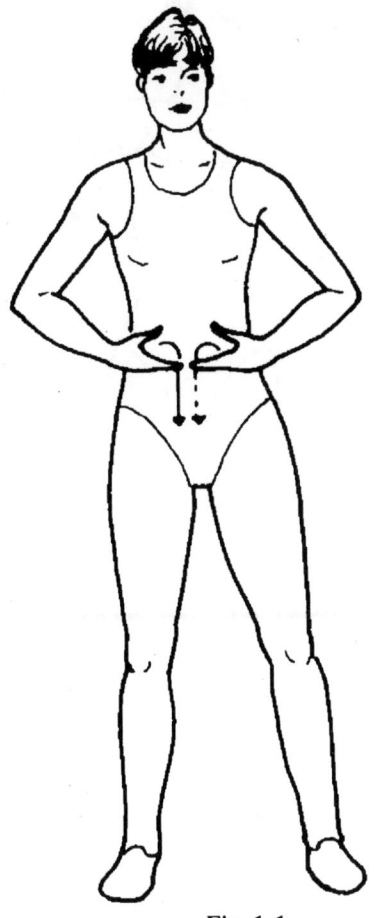

Fig. 1-1

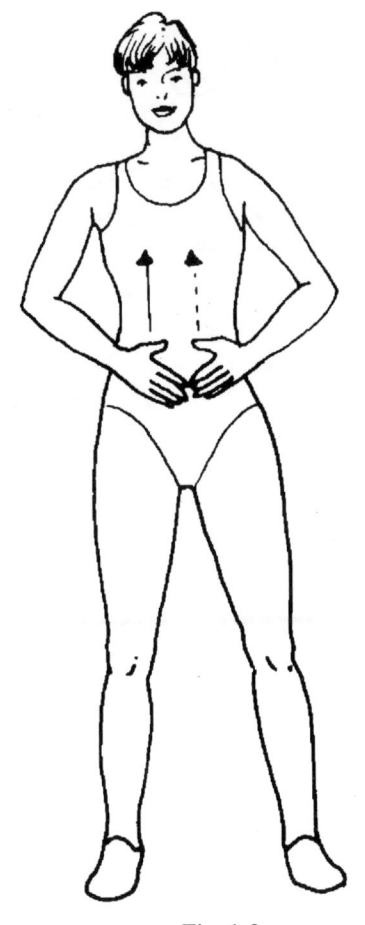

Fig. 1-2

Volte as palmas até embaixo e, enquanto expira, baixe-as lentamente até o nível do intestino grosso.

3. Voltando atrás até o estômago (Fig. 1-3).

Volte as palmas para cima e, enquanto inspira, levante as mãos lentamente até o estômago.

4. Passando pelo diafragma e fazendo entrar a energia nos pulmões (Fig. 1-4).

Enquanto inspira profundamente, levante as mãos, passando pelo diafragma, e toque os pulmões com as palmas e os dedos.

5. Fazendo girar os braços, três vezes (Fig. 1-4).

Toque com as mãos os músculos do peito, e agite os braços estendidos três vezes. Mova as articulações dos ombros, cotovelos e pulsos.

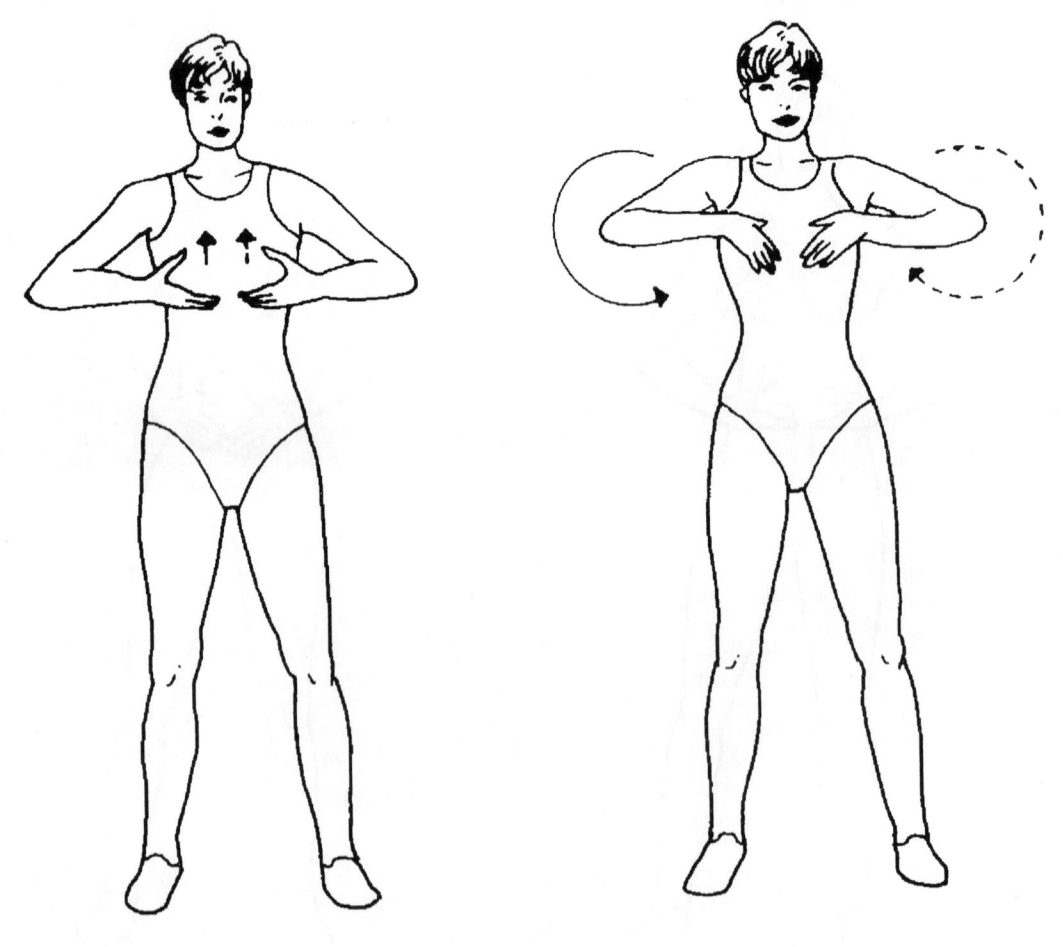

Fig. 1-3   Fig. 1-4

Pontos-chave:

Enquanto agita os braços, o praticante deve prestar atenção às direções: primeiro, enquanto inspira, move os braços para baixo e para trás; segundo, enquanto expira, move os braços para cima e para a frente.

6. Entrando no nariz, espalhando-se pela língua e indo através das orelhas (Fig. 1-5).

Mova a energia com as mãos para cima, desde os pulmões até a parte que se une com a garganta. Concentre-se em como a energia entra no nariz, espalha-se pela língua e passa através das orelhas.

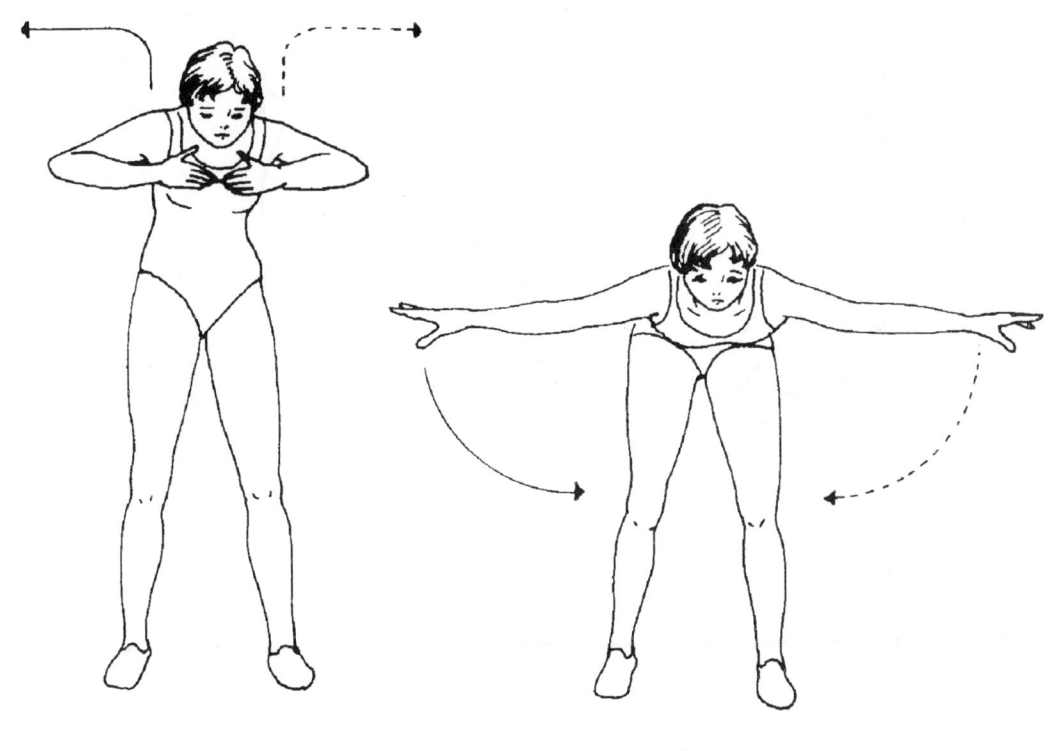

Fig. 1-5   Fig. 1-6

Pontos-chave:

Curve-se gradualmente, ao mesmo tempo em que expira o *qi* turvo lentamente.

7. Dobrando os joelhos e mantendo a energia (Figs. 1-6, 1-7).

Estenda os braços para ambos os lados. Ao mesmo tempo que expira, curve-se e se agache. Estique os dedos estendidos.

8. Endireitando o corpo e levantando os braços sobre a cabeça (Fig. 1-8).

Enquanto inspira profundamente, endireite o corpo lentamente, e levante com os braços uma bola imaginária, grande e pesada, sobre a cabeça.

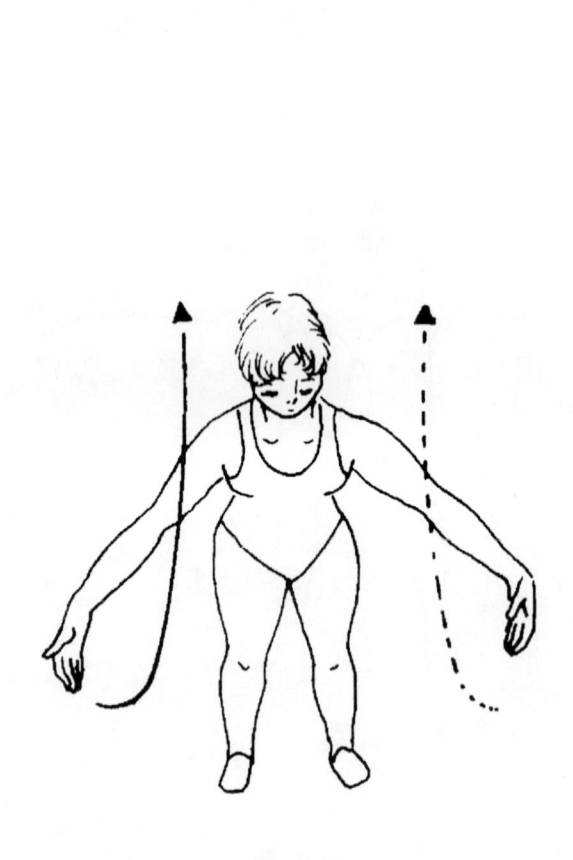

Fig. 1-7

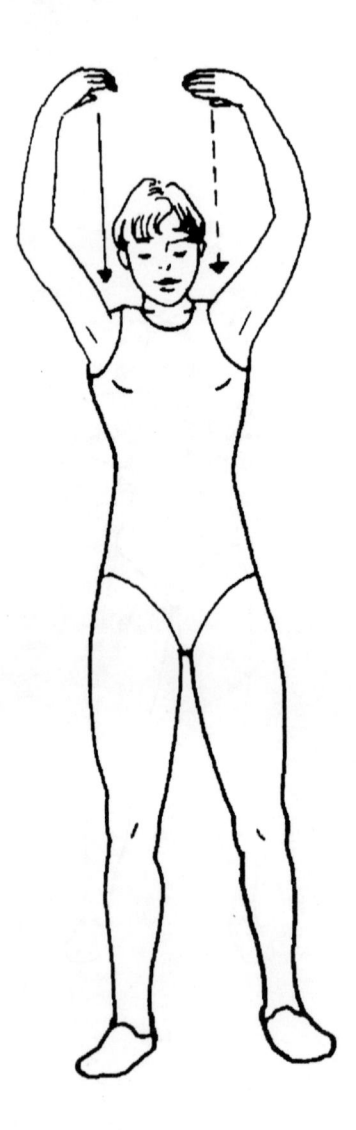

Fig. 1-8

9. Vertendo a energia nos pulmões (Fig. 1-9).

Enquanto expira o *qi* turvo, abaixe os braços levantados lentamente até a altura dos pulmões. Coloque as palmas sobre os pulmões e aperte o ponto *Zhongfu* (P 1) com os polegares e o ponto *Yunmen* (P 2) com os indicadores.

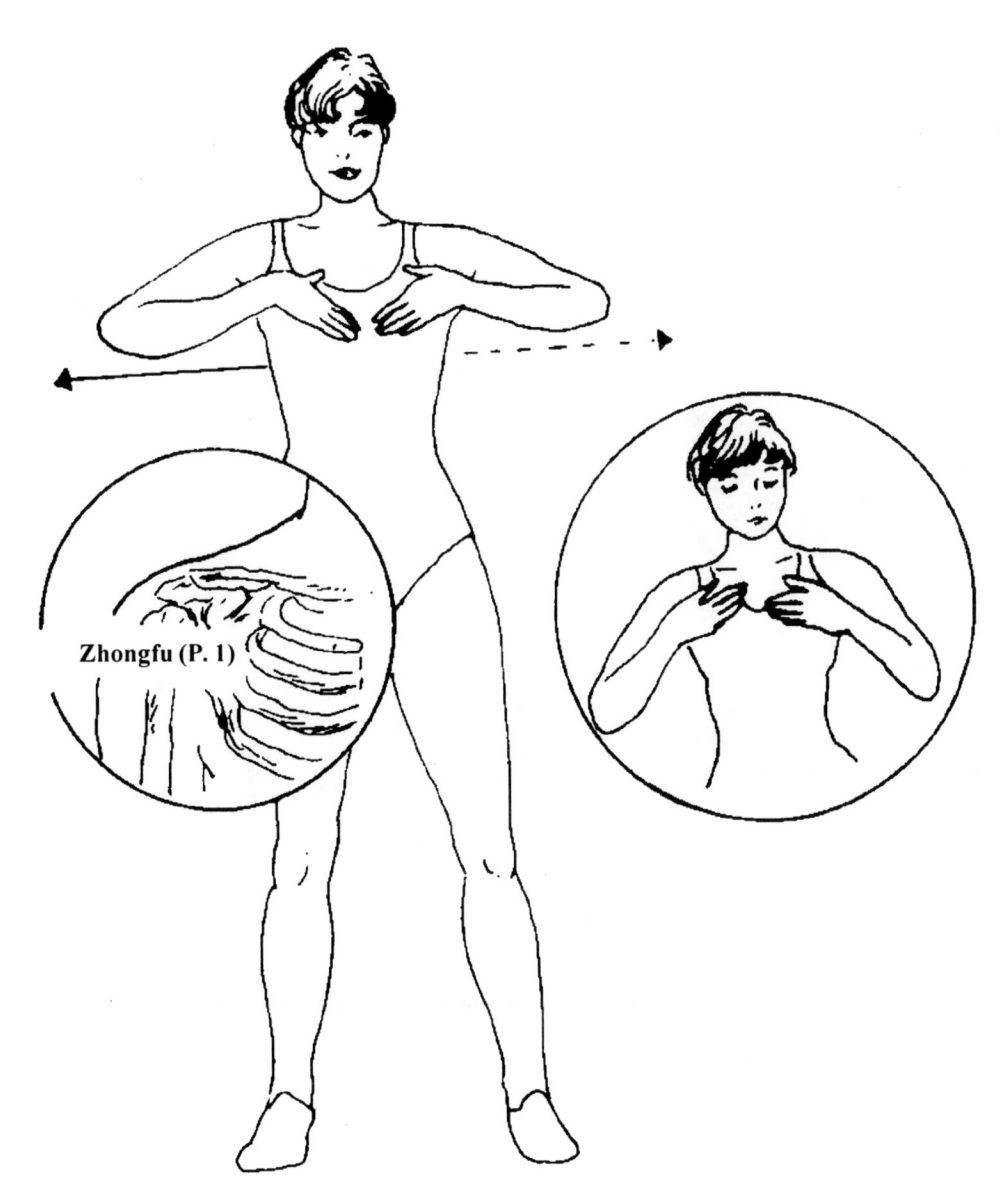

Fig. 1-9

10. Esticando os braços e estendendo os polegares (Fig. 1-10).

Enquanto inspira profundamente, estique lentamente os braços para ambos os lados, estendendo simultaneamente os polegares e dobrando os demais dedos.

11. Indo desde os pulmões até as mãos (Figs. 1-10, 1-11).

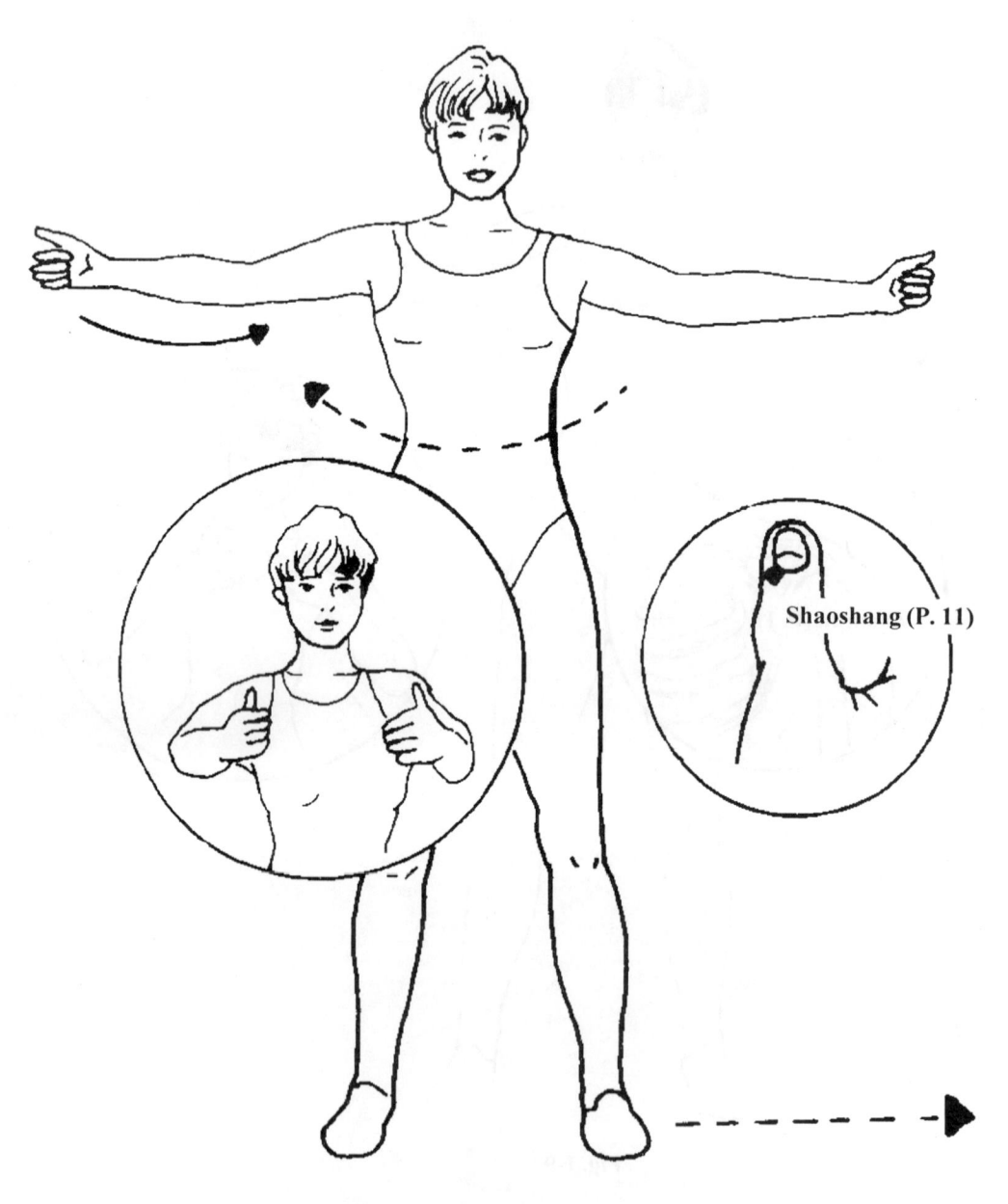

Fig. 1-10

Estique os braços, estendendo-os. Enquanto inspira lentamente, concentre-se nos polegares, passando pelos pulmões e pela linha anterior do meio dos braços.

12. Volvendo o corpo para a direita a fim de mover a energia do lado esquerdo (Fig. 1-11).

Vire completamente o tronco para a direita. Transfira o peso para o pé direito. Flexione o braço direito e coloque os dedos sobre o ponto *Zhongfu* do lado esquerdo. A seguir, faça estes movimentos com a perna esquerda.

13. Movendo a energia ao longo do meridiano esquerdo (Figs. 1-12, 1-13).

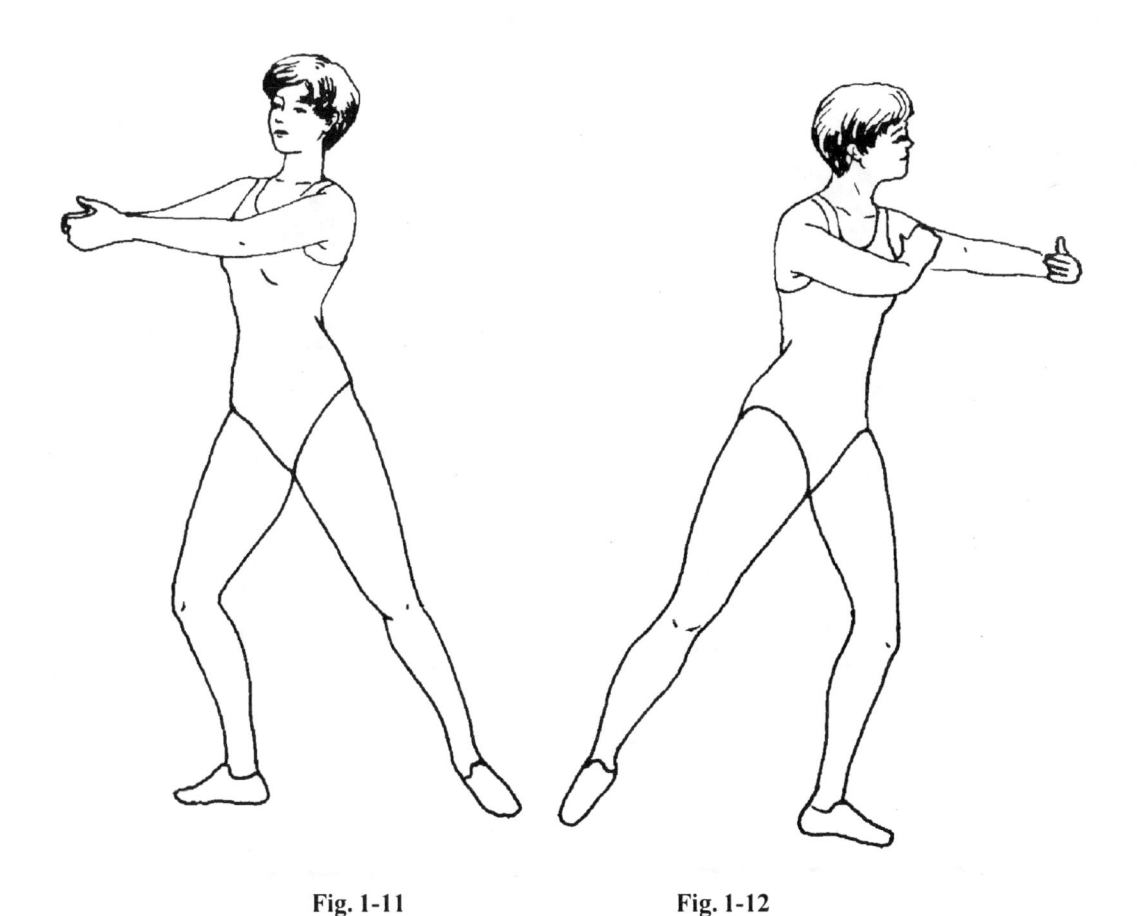

Fig. 1-11   Fig. 1-12

Enquanto expira lentamente, volte o tronco gradualmente para a esquerda e, ao mesmo tempo, mova a energia com a mão direita pelo meridiano, decifrando mentalmente os pontos.

14. Passando o pé direito ao lado do pé esquerdo (Figs. 1-13, 1-14).

Quando a energia tiver sido deslocada até o ponto *Shaoshang* (P 11), mova o pé direito em direção ao pé esquerdo. Enquanto inspira profundamente, levante os braços e vire o tronco para a direita. O peso se transfere para trás do pé direito. Dê um passo para a esquerda com o pé esquerdo e volte os dedos da mão direita ao ponto *Zhongfu* (P 1). Enquanto expira, comece a mover a energia do meridiano esquerdo. Movimente a energia ao longo do meridiano esquerdo duas vezes.

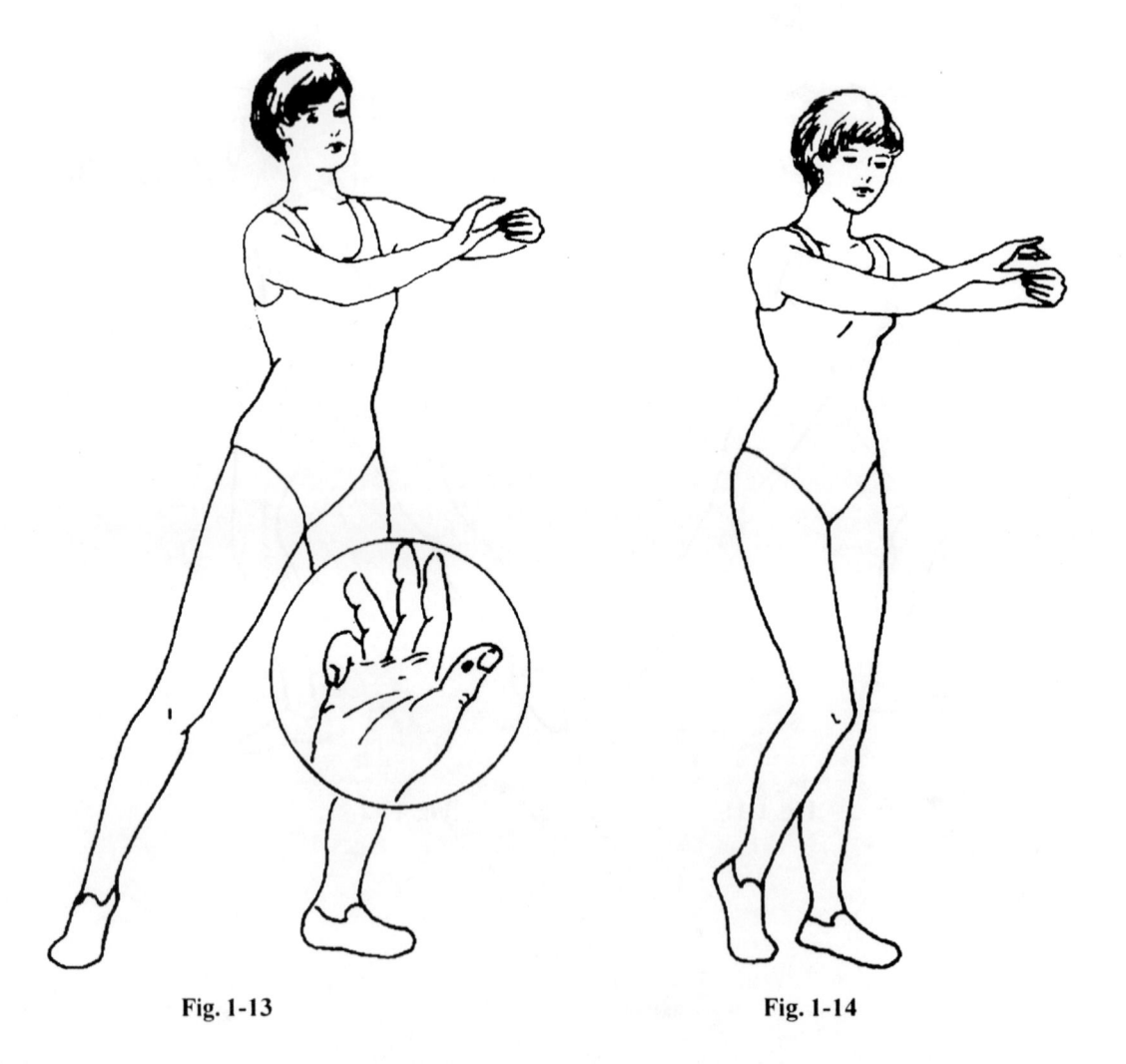

Fig. 1-13   Fig. 1-14

15. Movendo a energia pelo meridiano direito (Figs. 1-15, 1-16).

Enquanto inspira, volte completamente o tronco para a esquerda. Aproxime o pé direito do pé esquerdo. Transfira o peso ao pé esquerdo e dê um passo para a direita com o pé direito. Toque com os dedos da mão esquerda o ponto *Zhongfu* (P 1) direito. Enquanto expira lentamente, volte o tronco para a direita. Ao mesmo tempo, mova com a mão esquerda a energia pelo meridiano, recitando mentalmente os pontos. Movimente a energia ao longo do meridiano direito duas vezes (veja o tópico 14).

Fig. 1-15　　　　　　Fig. 1-16

16. Levantando os braços e inspirando (Fig. 1-17).

Quando a mão esquerda estiver no ponto direito *Shaoshang* (P 11), mova o pé esquerdo até que os pés fiquem à distância da largura dos ombros. Então, levante os braços em forma de arco por cima da cabeça, enquanto inspira profundamente.

17. Movendo a energia para a frente dos pulmões e cruzando a borda da membrana entre o polegar e o indicador da outra mão (Fig. 1-18).

Quando o corpo estiver endireitado, mova a energia com as mãos até a frente dos pulmões. Junte as mãos entre os polegares e os dedos indicadores, acompanhando com uma expiração lenta.

18. Os pontos *Lieque* (P 7) e *Shangyang* (IG 1) (Fig. 1-18).

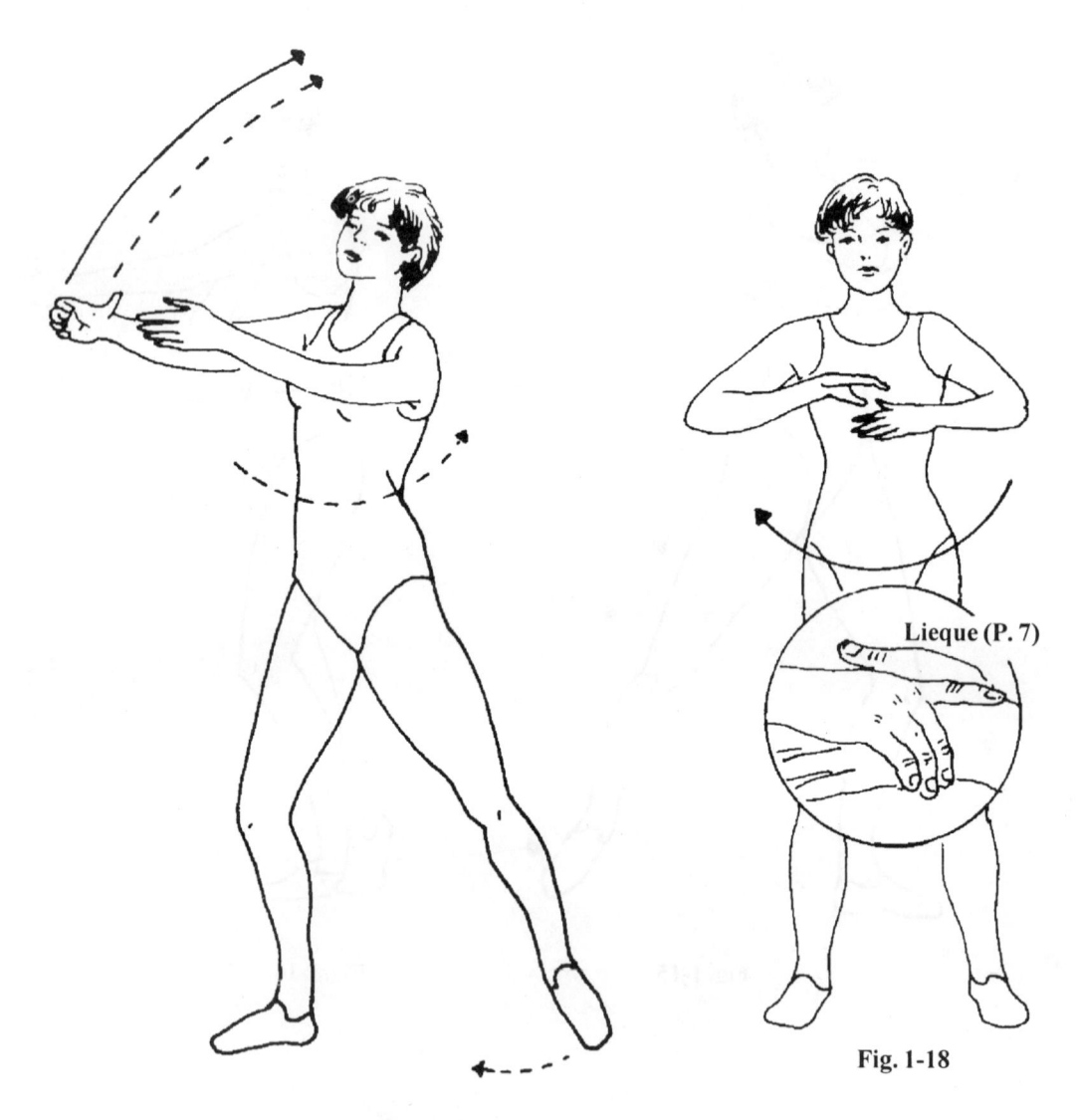

Lieque (P. 7)

Fig. 1-18

Fig. 1-17

Depois de cruzar as mãos, mova o dedo indicador do ponto *Lieque* ao *Shangyang*. Primeiro, faça-o do lado esquerdo com o dedo indicador da mão direita, e a seguir, no lado direito com o dedo indicador da mão esquerda. Respire normalmente. O meridiano do pulmão se une com o meridiano do intestino grosso no ponto *Shangyang*.

II. O MERIDIANO DO INTESTINO GROSSO *YANGMING* DA MÃO

Via de fluxo: (Fig. IG-1)

O Meridiano do Intestino Grosso *Yagming* da Mão parte do meio da ponta do dedo indicador (*Shangyang*, IG 1). Correndo para cima ao longo do lado radial do dedo indicador e passando através do ponto *Hegu* (IG 4), vai até em cima pela parte anterior lateral do braço ao *Jianyu* (IG 15), o ponto mais alto do ombro. De *Jianyu*, ascende para encontrar-se com o ponto *Dazhui* (*Du* 14), chegando a seguir à fossa supraclavicular. Daí o meridiano se divide em duas ramificações. A ramificação interna entra no peito e se une com os pulmões. A seguir, passando através do diafragma, entra no intestino grosso. A energia, desde o intestino grosso, termina no ponto *Shangjuxu* (E 37). A ramificação superficial, a partir da fossa supraclavicular, corre para cima até o pescoço, passando pela face e entrando na gengiva inferior. A seguir, serpenteia pelo lábio superior e atravessa o meridiano oposto no *filtrum*. Daí, o meridiano esquerdo vai à direita e o meridiano direito à esquerda; os meridianos se deslocam por ambos os lados do nariz (*Yingxiang*, IG 20), de onde o intestino grosso se une com o Meridiano do Estômago *Yangming* do Pé. A energia em *Yingxiang* percorre o nariz, espalha-se pela língua e passa pelas orelhas.

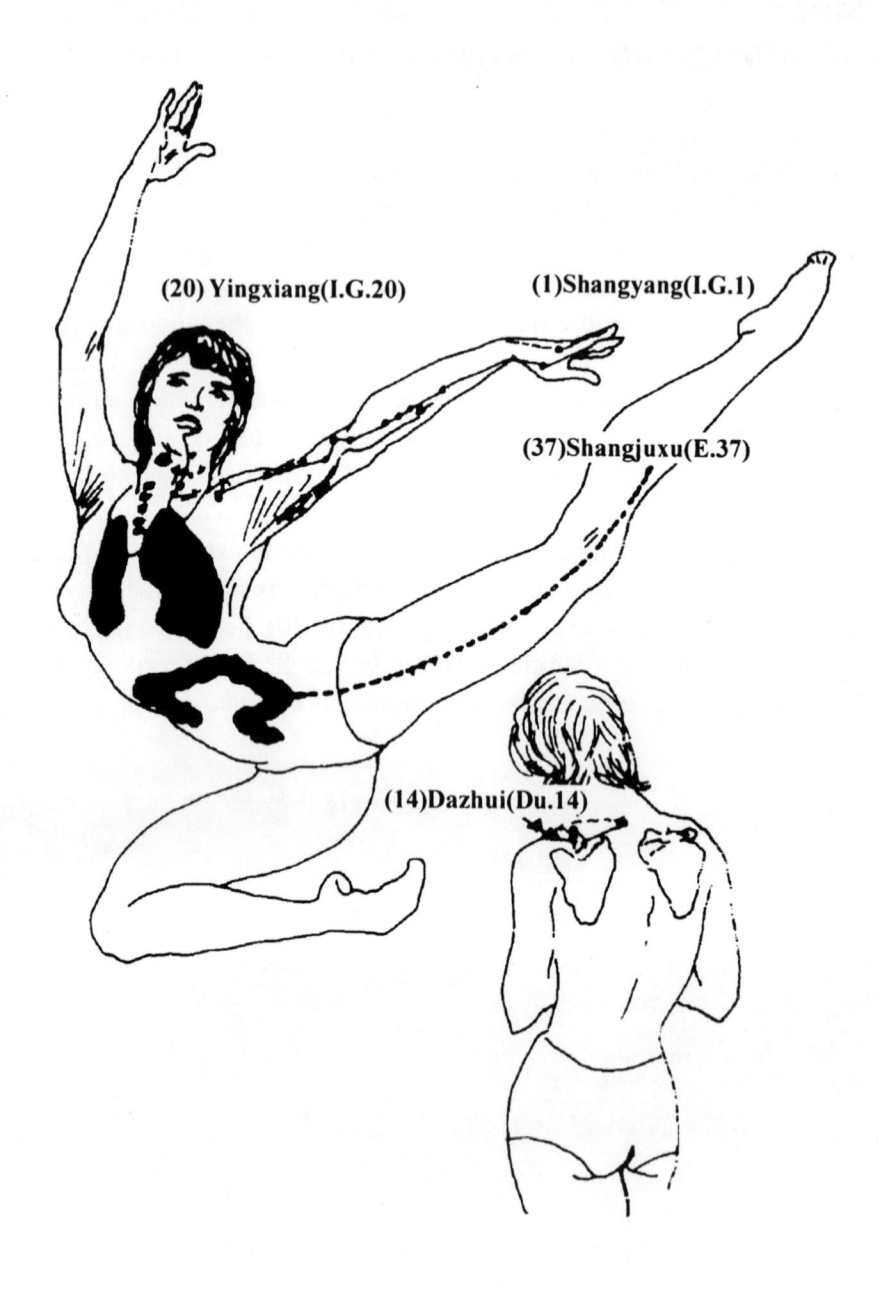

Fig. IG-1. O Meridiano do Intestino Grosso *Yangming* da Mão.

Indicações:

A prática por este meridiano tem efeitos curativos para a obstrução nasal, epistaxe, rinorréia aquosa, inflamação e dor de garganta, sede, dor abdominal, diarréia, prisão de ventre habitual, dor nos ombros e braços.

Condições:

O praticante deve concentrar-se na regulação da respiração. Enquanto expira, move a energia desde o ponto de partida até o cotovelo; enquanto inspira, move a energia desde o cotovelo até *Dazhui* (*Du* 14). O meridiano vai desde a mão até à cabeça. Há aí 20 pontos no total. Devem-se ter em conta o ponto de partida, *Shangyang* (IG 1), e o ponto terminal, *Yingxiang*, assim como os pontos *Hegu* (IG 4), *Quchi* (IG 11) e *Jianyu* (IG 15). Os acupunturistas e mestres de *Qigong* devem recitar todos os pontos mentalmente enquanto movem a energia pelo meridiano.

Localização dos pontos importantes (Fig. IG-2):

1. *Shangyang*: acha-se no lado radial do dedo indicador, 0,1 *cun* após o ângulo ungueal.

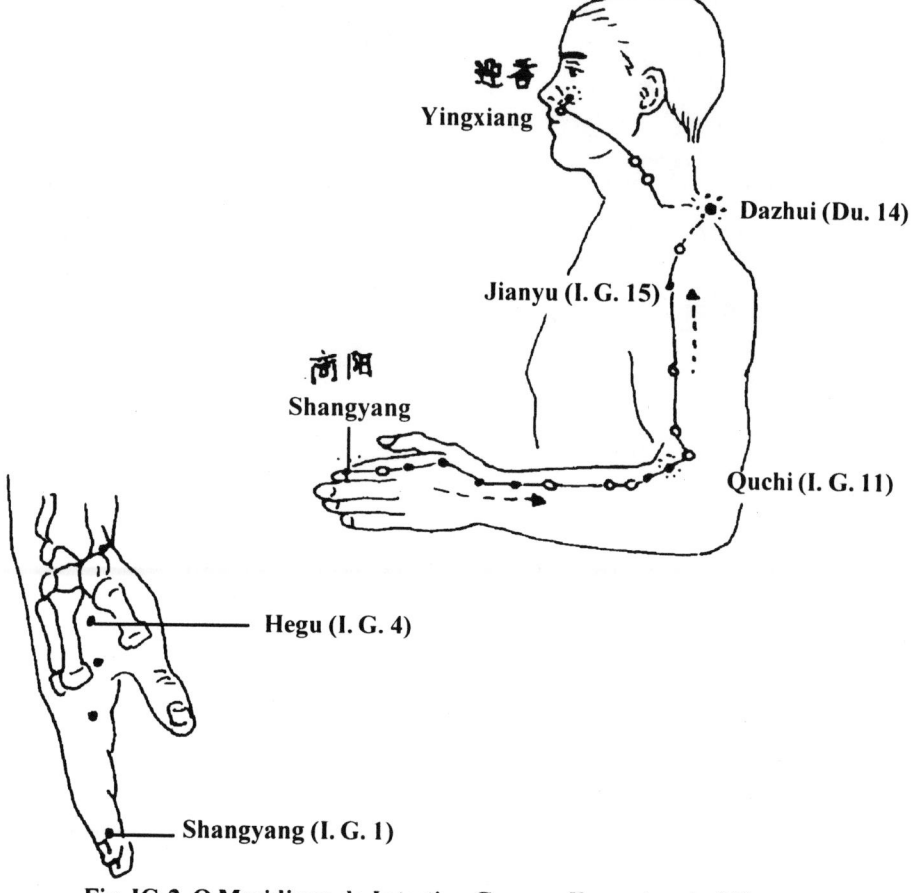

Fig. IG-2. O Meridiano do Intestino Grosso *Yangming* da Mão.

4. *Hegu*: está entre o primeiro e segundo metacarpos, ao nível da metade do segundo metacarpo em sua borda radial.

11. *Quchi*: com o cotovelo flexionado, acha se na depressão da dobra do cotovelo.

15. *Jianyu*: na parte superior do ombro, em uma depressão entre o acrômio e a proeminência maior do ombro.

20. *Yingxiang*: no sulco nasolabial, ao nível do ponto médio da borda externa das alas do nariz.

Instruções:

1. Volvendo o corpo e esticando os braços (Fig. 2-1).

Volte o tronco e o pé direito para a direita 90 graus. Simultaneamente, estique os braços para a direita. Coloque o dedo indicador da mão direita sobre o ponto *Shangyang* (IG 1) do dedo indicador da mão esquerda. Transfira o peso ao pé direito. Dê um passo atrás com o pé esquerdo e respire normalmente.

2. Volvendo para a esquerda para mover a energia do lado esquerdo (Fig. 2-2).

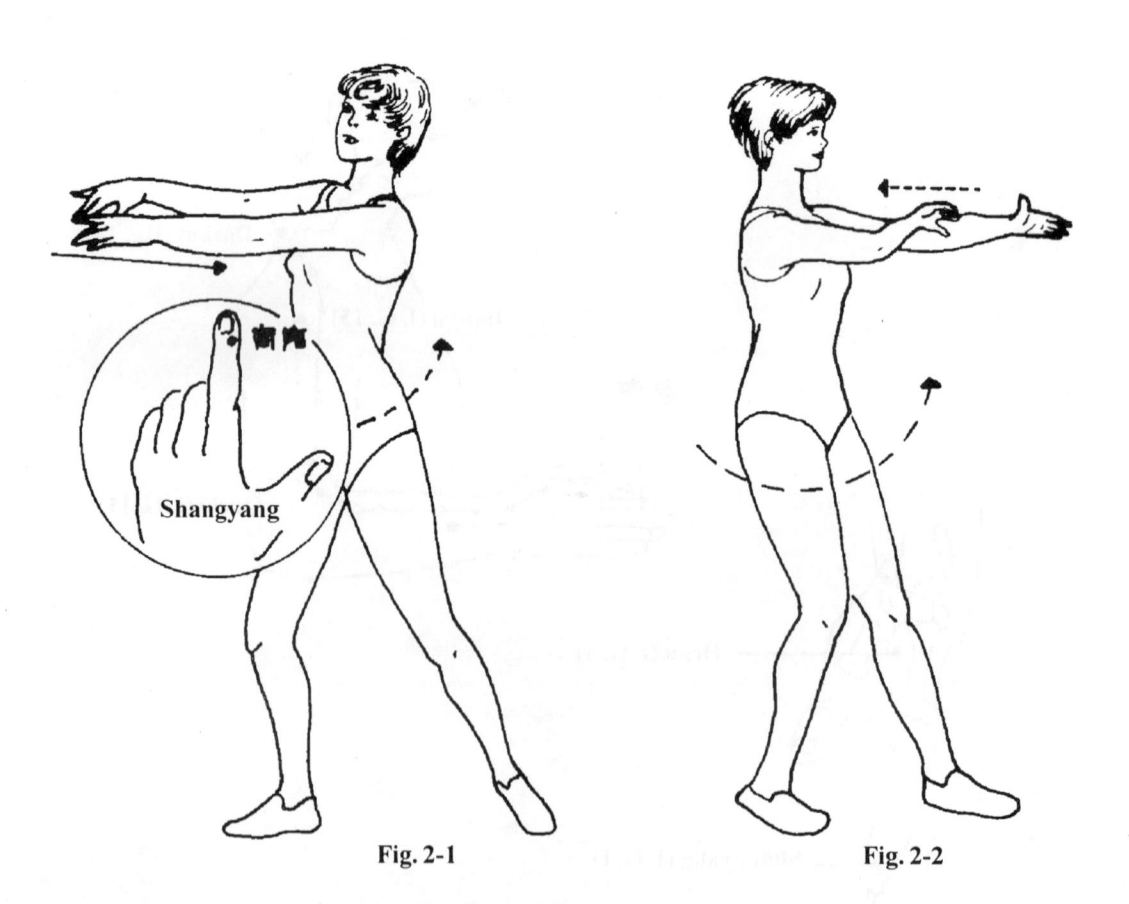

Fig. 2-1　　　　　　　　　　Fig. 2-2

Vire gradualmente o tronco, e ao mesmo tempo vire o pé direito 135 graus e o pé esquerdo 90 graus para a esquerda, enquanto move a energia pelo meridiano.

Pontos-chave:

Enquanto expira, mova a energia desde o início do meridiano até o cotovelo. Enquanto inspira, mova a energia do cotovelo até o *Dazhui*.

3. Alcançando o *Dazhui* (*Du* 14) (Fig. 2-3).

Enquanto move a energia até o *Dazhui*, flexione o braço esquerdo. Volte o pé esquerdo 45 graus para a esquerda. Coloque o dedo indicador esquerdo sobre o dedo indicador direito. Estes movimentos são realizados durante a expiração.

4. Volvendo o tronco para a esquerda e dando um passo adiante com o pé direito (Fig. 2-4).

Enquanto expira, vire o tronco ligeiramente para a esquerda e dê um passo adiante com o pé direito. Estique os braços para a frente.

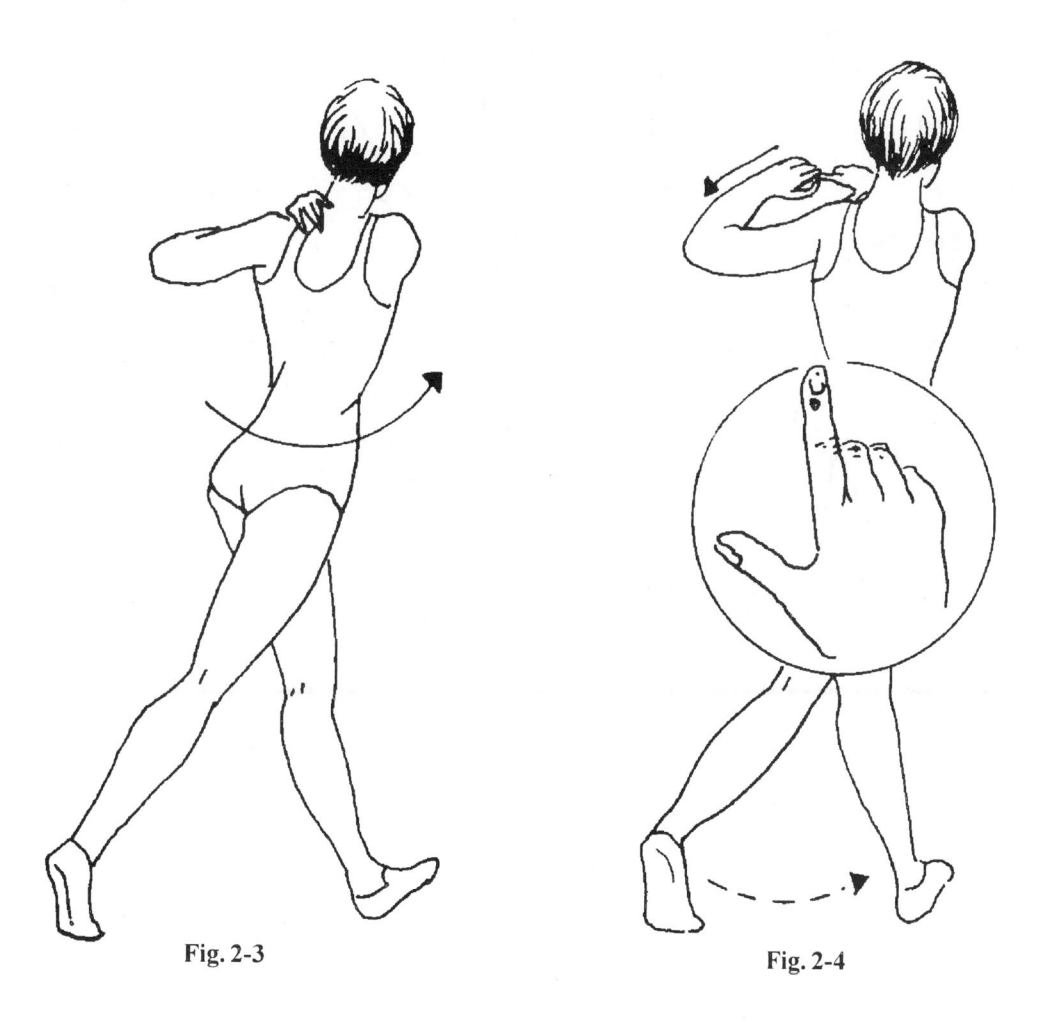

Fig. 2-3   Fig. 2-4

5. Volvendo para a direita para mover a energia do lado direito (Fig. 2-5).

Vire gradualmente o tronco e o pé direito 45 graus para a direita, enquanto move a energia ao longo do meridiano até o ponto *Dazhui* (*Du* 14). Coloque o dedo indicador direito sobre o dedo indicador esquerdo. Dê um passo adiante com o pé esquerdo e mova novamente a energia para o meridiano esquerdo.

Notas: veja os pontos-chave no tópico 2.

Move-se a energia duas vezes para cada lado.

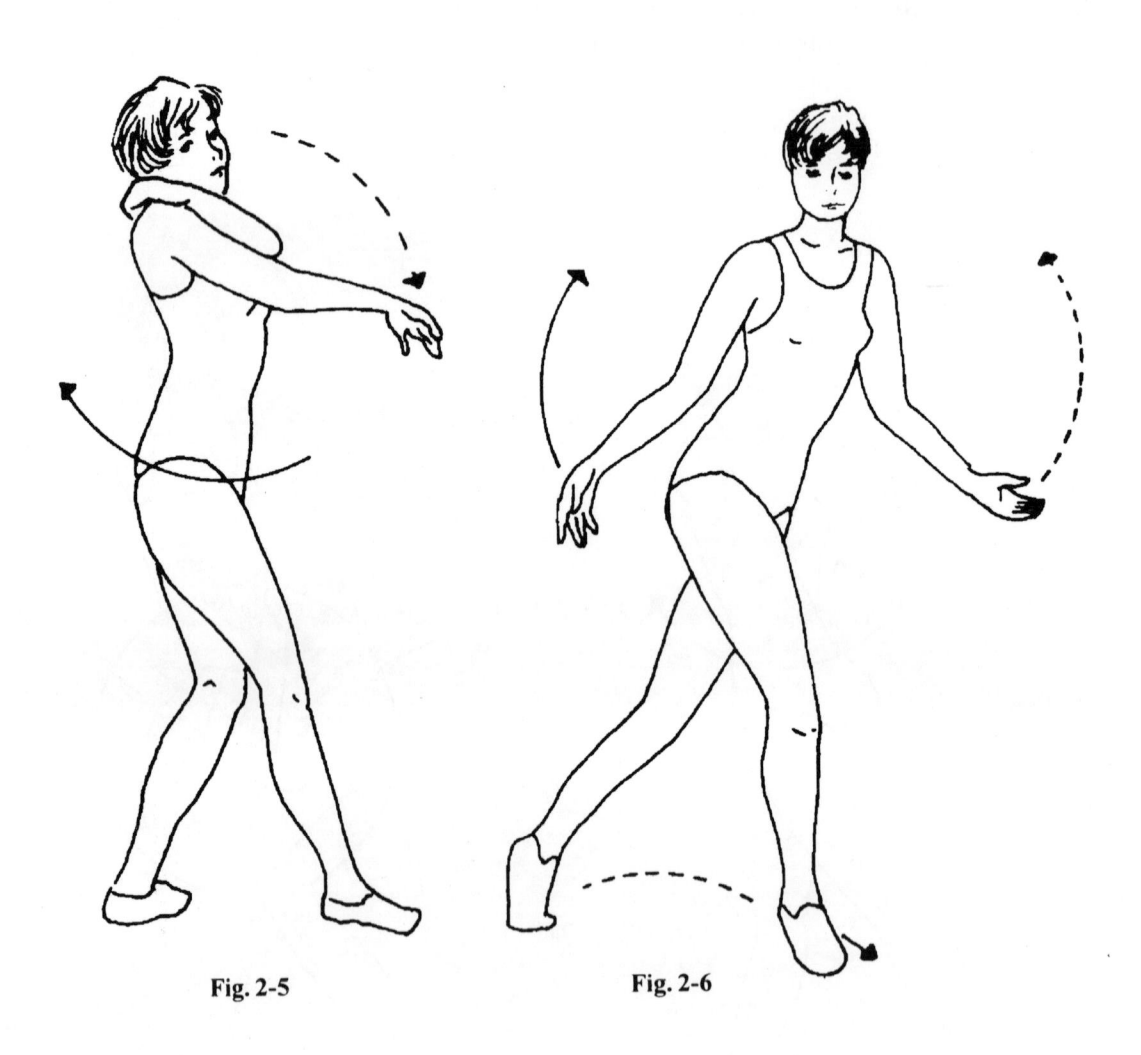

Fig. 2-5   Fig. 2-6

6. Virando o corpo levando os dedos junto (Figs. 2-6, 2-7).

Vire o corpo e o pé direito 90 graus para a direita. Mova o pé esquerdo e mantenha os pés à distância da largura dos ombros. Enquanto inspira, levante os braços desde as costas e junte os dedos.

7. Tocando o ponto *Dazhui* (*Du* 14) (Fig. 2-8).

Enquanto expira, baixe as mãos até tocar o ponto *Dazhui*.

8. Movendo o ponto *Dazhui* (*Du* 14) e inclinando a cabeça (Fig. 2-8).

Mantenha o corpo ereto. Incline a cabeça e respire normalmente.

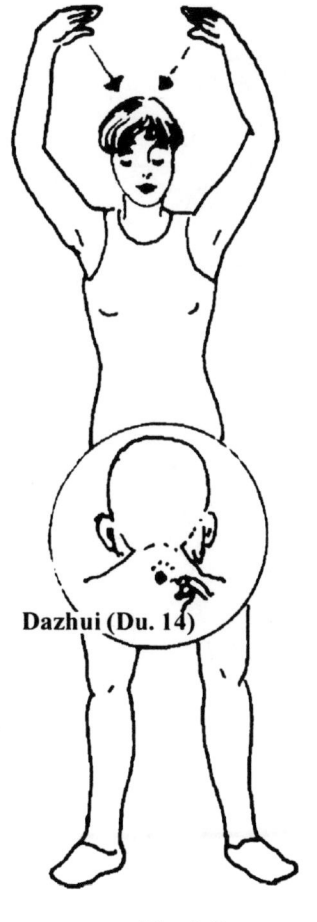

Dazhui (Du. 14)

Fig. 2-7

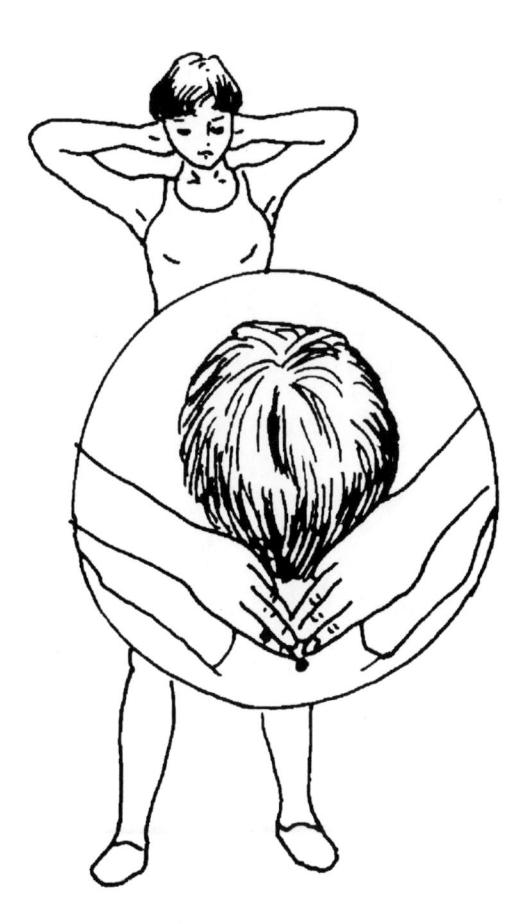

Fig. 2-8

9. Movendo o ponto *Dazhui* e levantando a cabeça (Fig. 2-9).

Mantenha o corpo ereto. Levante a cabeça e respire normalmente. Faça os movimentos dos tópicos 8 e 9 seis vezes no total.

10. Movendo o ponto *Dazhui* e voltando-se para a esquerda (Fig. 2-10).

Gire o tronco para a esquerda e flexione os joelhos. Endireite os joelhos, com o cotovelo esquerdo apontado para baixo e o cotovelo direito apontado para cima.

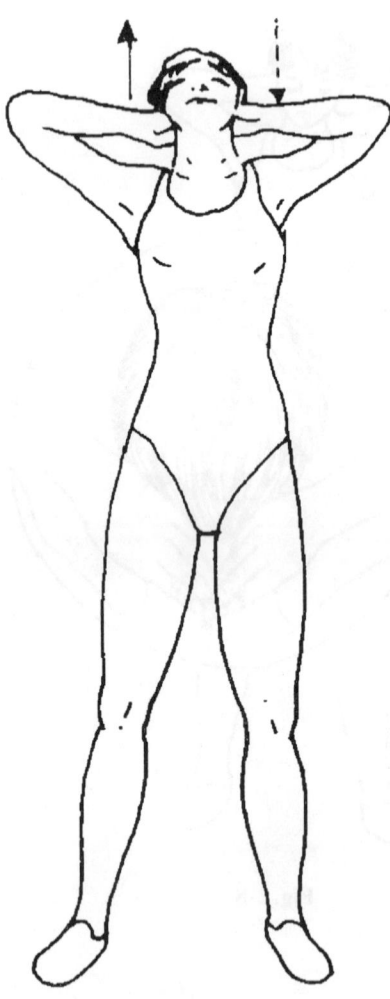

Fig. 2-9

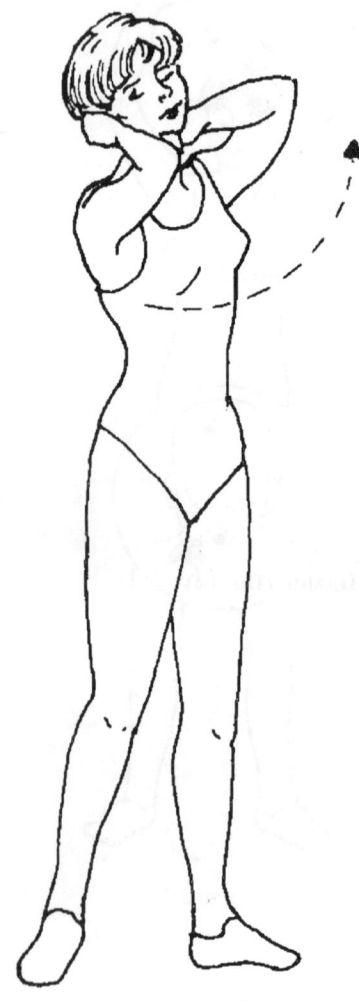

Fig. 2-10

11. Movendo o ponto *Dazhui* (*Du* 14) e voltando-se para a direita (Fig. 2-11). Gire o tronco para a direita e flexione os joelhos. A seguir, endireite os joelhos, com o cotovelo esquerdo apontado para cima e o direito apontado para baixo.

Notas: a prática dos tópicos 10 e 11 move todas as articulações do corpo. Enquanto faz os exercícios, respire naturalmente.

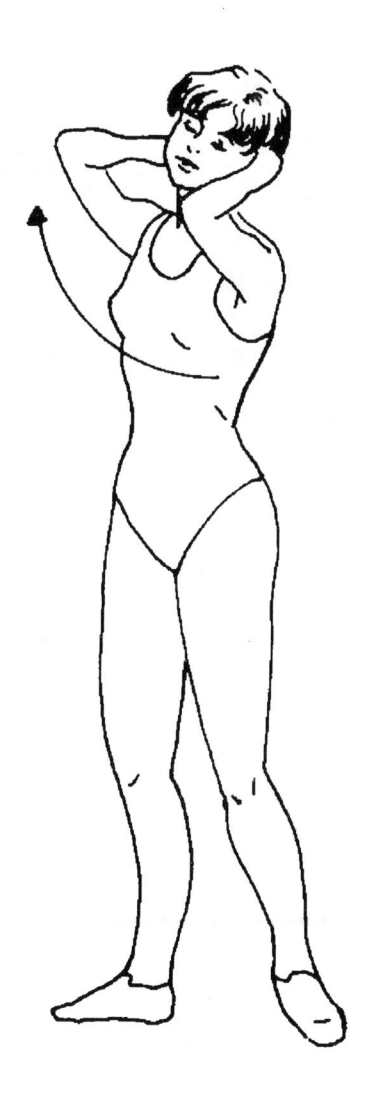

Fig. 2-11

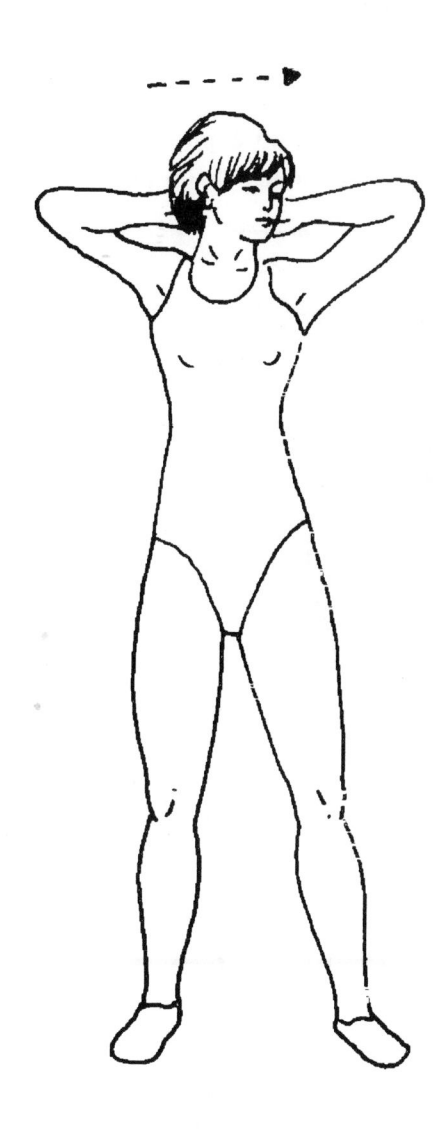

Fig. 2-12

12. Virando o ponto *Dazhui* para ambos os lados (Figs. 2-12, 2-13).

Mantenha o corpo ereto, com as mãos no ponto *Dazhui* (*Du* 14). Gire a cabeça para a esquerda e para a direita seis vezes, e respire normalmente.

13. Movendo até à fossa supraclavicular (Fig. 2-14).

Mova as mãos desde o ponto *Dazhui* até à fossa supraclavicular e respire naturalmente.

14. Movendo os braços três vezes (Fig. 2-14).

Tocando com os dedos a fossa supraclavicular, mova os braços de frente para trás e respire naturalmente.

Notas: Enquanto agita os braços, relaxe as articulações dos ombros, cotovelos, pulsos e dedos.

15. Entrando no corpo desde a fossa supraclavicular (Fig. 2-14).

Enquanto expira, baixe as mãos. Os pensamentos do praticante devem concentrar-se dentro do corpo.

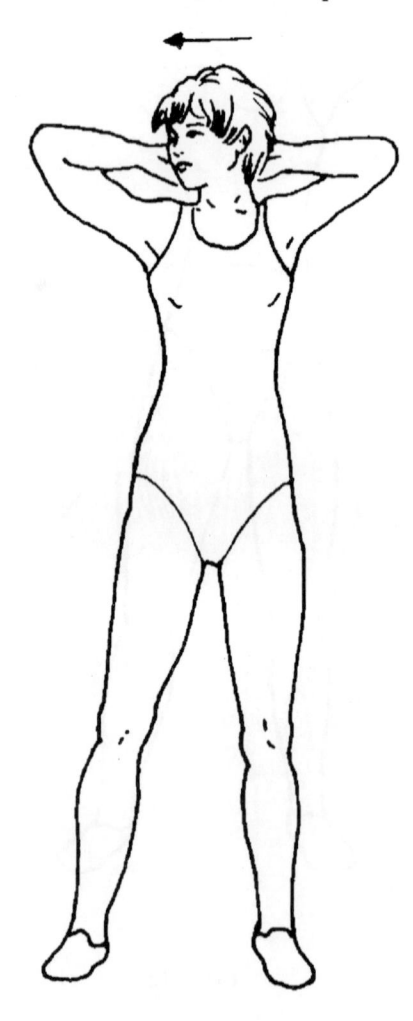

Fig. 2-13

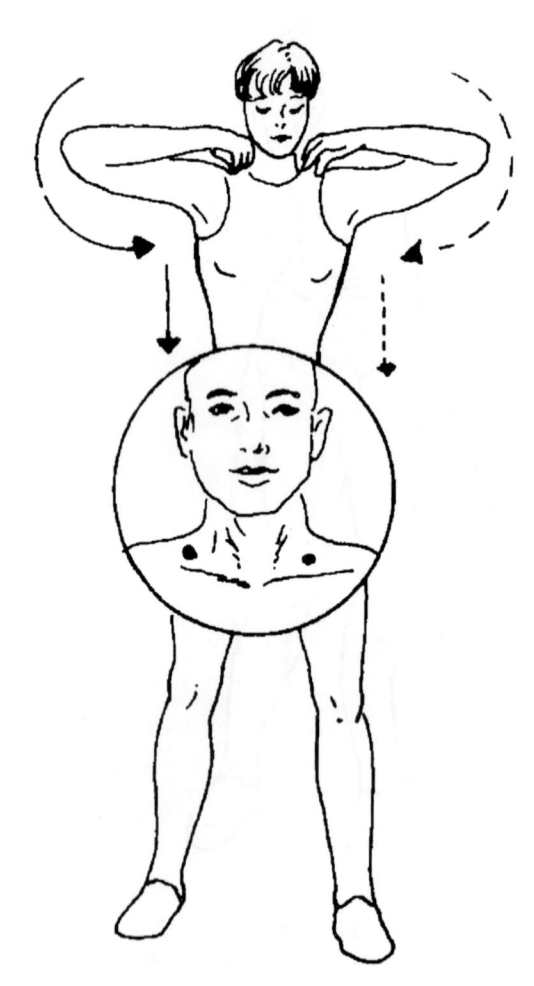

Fig. 2-14

16. Descendo para unir-se com os pulmões (Figs. 2-14, 2-15).

Enquanto expira, faça com que as mãos cheguem aos pulmões. Depois de uma pausa, concentre-se nos pulmões, acompanhando com uma inspiração.

17. Passando pelo diafragma e entrando no intestino grosso (Fig. 2-15).

Baixe as mãos desde os pulmões. Faça entrar a energia no intestino grosso, passando pelo diafragma. Expire enquanto realiza os exercícios.

18. Correndo para baixo a fim de encontrar-se com *Shangjuxu* (E 37) (Fig. 2-16).

Inspire profundamente e levante o corpo ligeiramente. Enquanto expira lentamente, incline-se para a frente e mova as mãos até o ponto *Shangjuxu* (E 37).

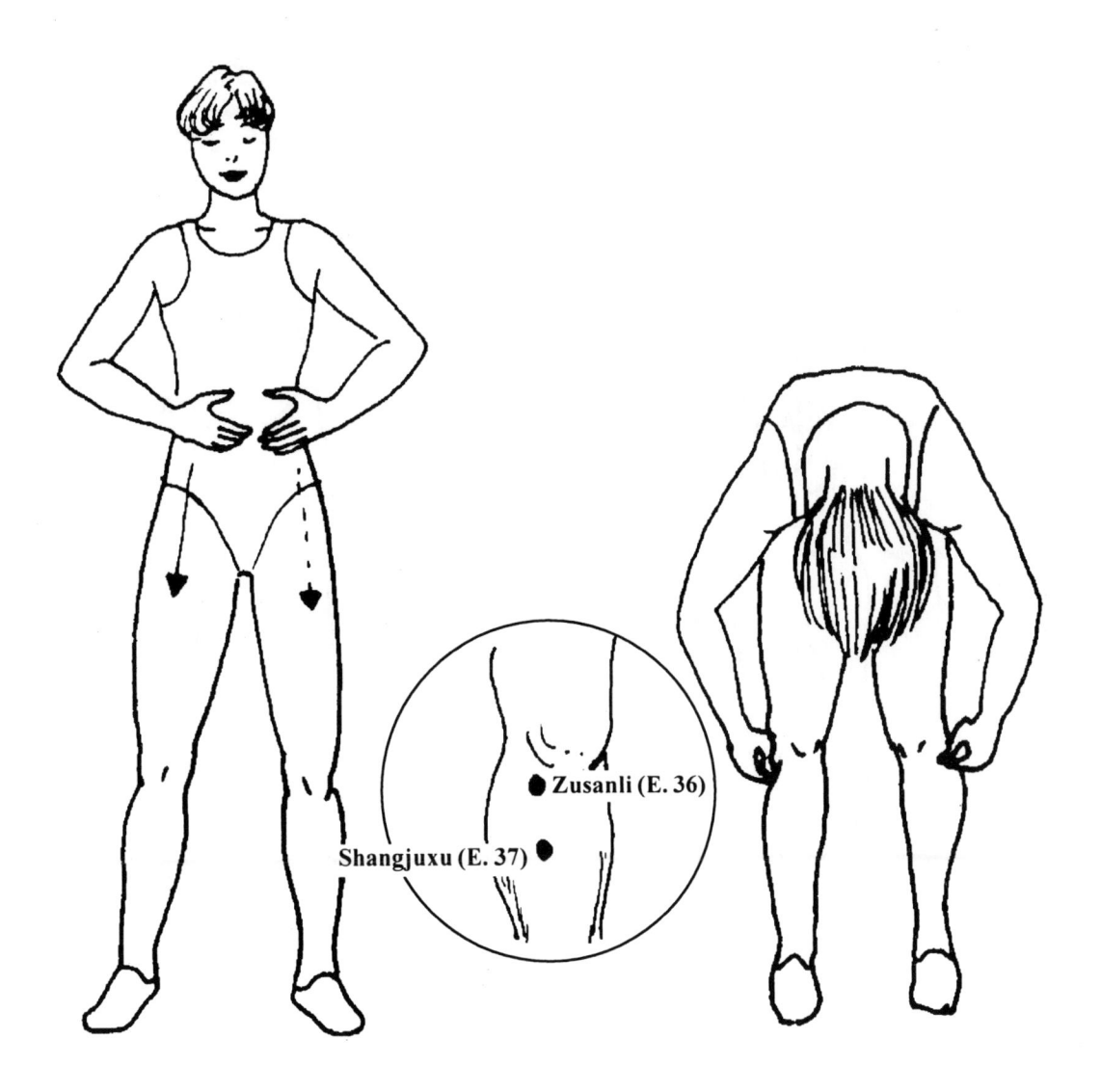

Fig. 2-15   Fig. 2-16

19. Flexionando os joelhos e mantendo a energia (Fig. 2-17).
20. Endireitando o corpo e levantando os braços sobre a cabeça (Fig. 2-18).

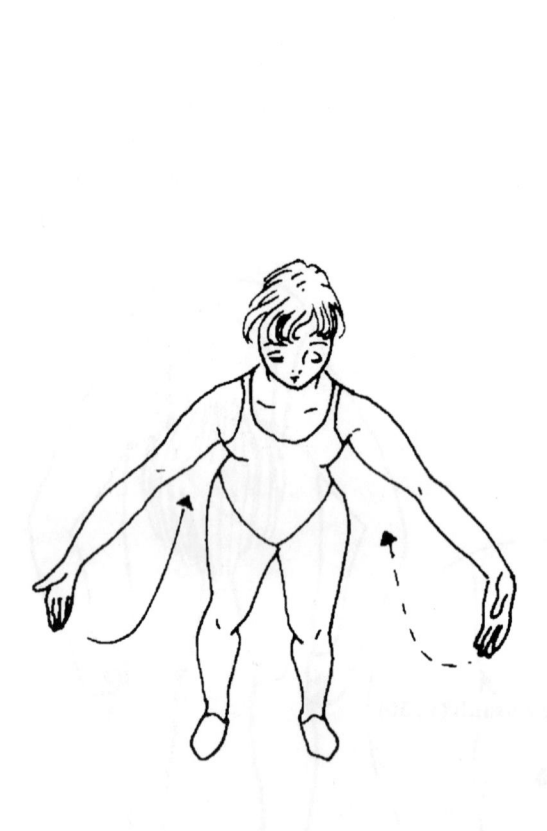

Fig. 2-17

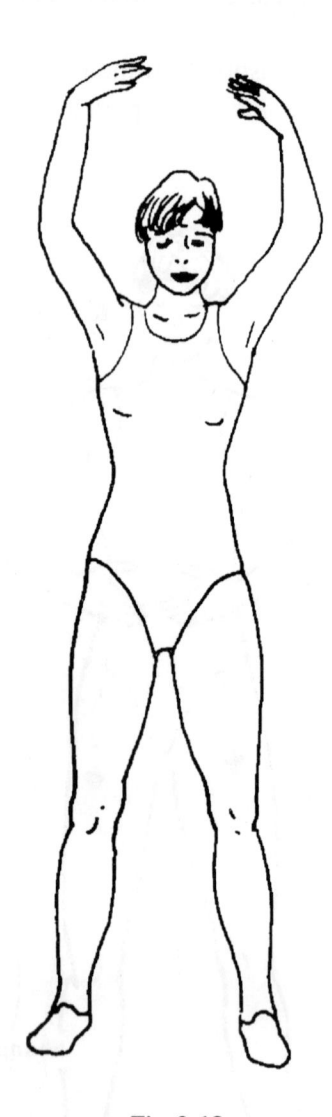

Fig. 2-18

21. Vertendo a energia na fossa supraclavicular (Fig. 2-19).

Baixe as mãos até à fossa supraclavicular, acompanhando com a expiração.

22. A mão esquerda se encontra com o ponto *Yingxiang* (IG 20) direito (Figs. 2-20, 2-21).

Mova para cima a mão esquerda até o ponto *Yingxiang* direito, passando pelo pescoço e o *filtrum,* e fazendo-a retornar, a seguir, à posição original. Respire normalmente.

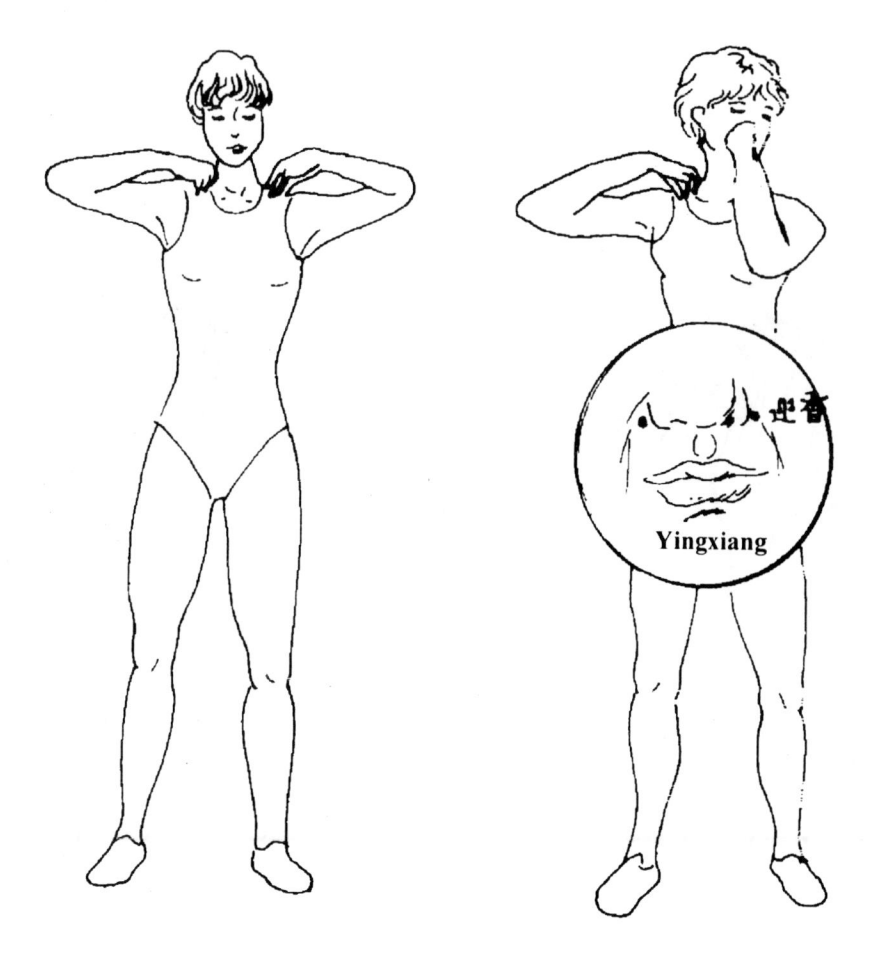

Fig. 2-19   Fig. 2-20

23. A mão direita se encontra com o ponto *Yingxiang* esquerdo (Fig. 2-22).

Mova para cima a mão direita, pela mesma rota, até o ponto *Yingxiang* esquerdo, voltando em seguida à posição original. Respire normalmente.

24. Fazendo massagem no ponto *Yingxiang* (IG 20) com os dedos seis vezes (Fig. 2-23).

Cruze os dedos médios sobre os dedos indicadores. Faça massagem no ponto *Yingxiang* (IG 20) com os dedos, seis vezes. O praticante pode experimentar uma ligeira sensação de dor. Respire normalmente.

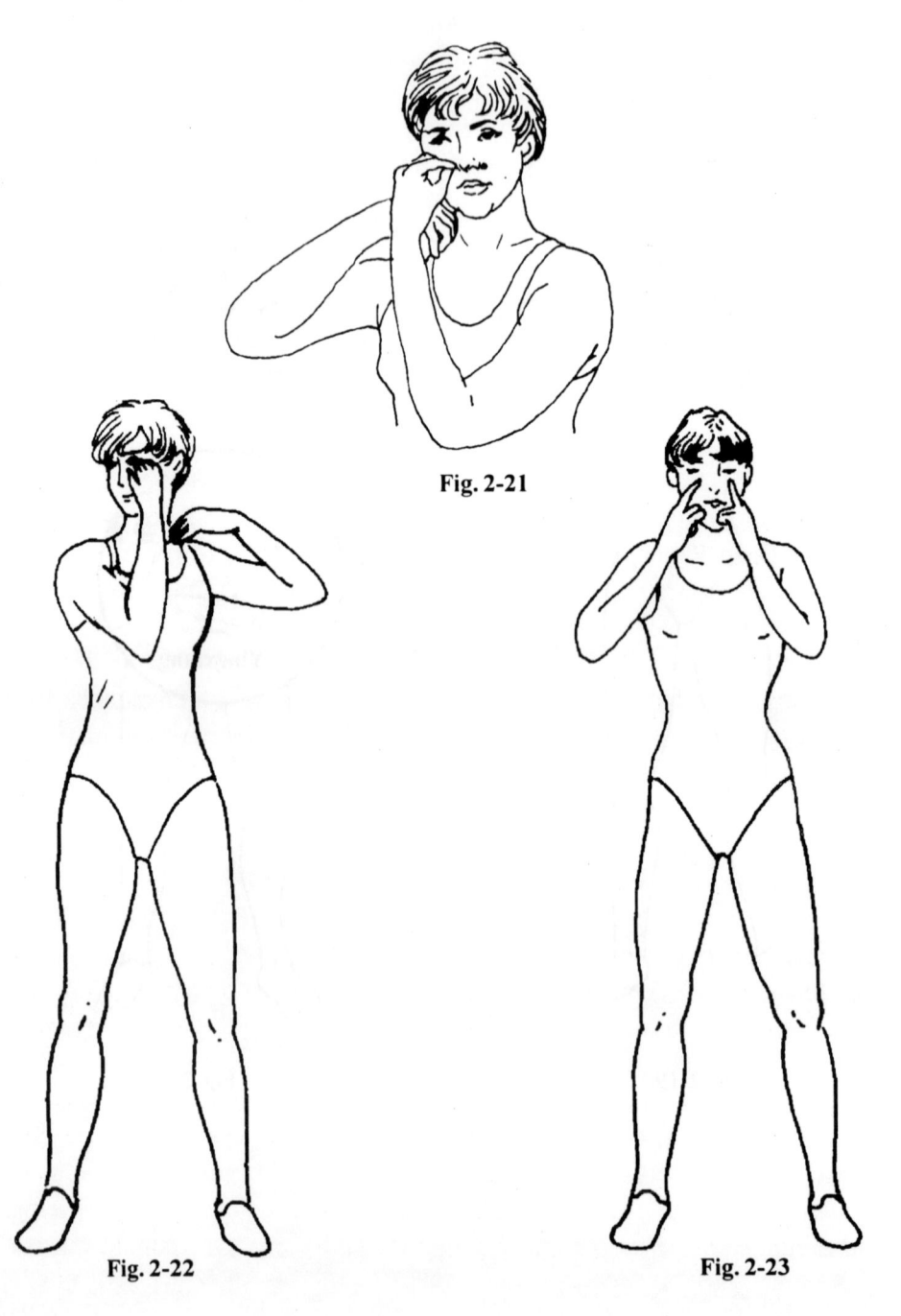

Fig. 2-21

Fig. 2-22   Fig. 2-23

III. O MERIDIANO DO ESTÔMAGO *YANGMING* DO PÉ

Via de fluxo: (Fig. E-1)

O Meridiano do Estômago *Yangming* do Pé se inicia na parte lateral do nariz, corre através da orelha e se espalha pela língua. Sobe ao longo do cavalete do nariz e entra no ângulo interno do olho, de onde se encontra com o ponto *Jingming* (B 1) e se une ao olho. A seguir, se desloca para baixo até os pontos *Chengqi* (E 1), *Sibai* (E 2) e *Chengjiang* (*Ren* 24). Corre posterior e lateralmente através da parte inferior do pescoço até os pontos *Daying* (E 5) e *Jiache* (E 6). Descendo da frente da orelha, chega ao ponto *Touwei* (E 8). Descendo do ponto *Daying* para o *Qishe* (E 11), passando pelo ponto *Renying* (E 9), move-se posteriormente e se une ao ponto *Dazhui* (*Du* 14). Virando para a frente, entra na fossa supraclavicular, de onde o meridiano se divide em duas ramificações. A ramificação interna corre para baixo desde a fossa supraclavicular. Passando pelo diafragma, entra no estômago, seu órgão correspondente, e se une com o baço. Corre para baixo e entra no ponto *Qichong* (E 30). A ramificação superficial vai para baixo, passando pelo mamilo. Continua descendo pelo umbigo e entra no *Qichong*, onde se une com a ramificação interna. A seguir, descendo pelo lado anterior da coxa, chega ao joelho. Daí, continua se deslocando para baixo ao longo da linha anterior da face lateral da tíbia até o ponto *Chongyang* (E 42). A partir daí, chega à parte lateral da ponta do segundo dedo do pé (*Lidui*, E 45). No ponto *Zusanli* (E 36), surge uma ramificação que termina na parte lateral do dedo médio do pé. Do ponto *Chongyang* (E 42), sai outra ramificação que finaliza no lado médio da ponta do dedo polegar do pé (*Yinbai*, BP 1), onde se une com o Meridiano do Baço-Pâncreas *Taiyin* do Pé.

Indicações:

A prática por este meridiano tem efeitos curativos para a enxaqueca frontal, inflamação e dor de garganta, distensão abdominal, anorexia, borborigmo, diarréia, dor na parte inferior das costas e nos joelhos, gastrite crônica, úlcera gastro-duodenal, colite crônica, anemia e hipertensão.

Condições:

Ao massagear o rosto, o praticante pode sentir uma ligeira dor e distensão. Antes de iniciar, é conveniente usar creme para conservar o rosto brando e liso e para tornar a massagem mais confortável. Concentre-se na regulação da respiração. Enquanto move o ponto *Dazhui* (*Du* 14), feche os olhos e mova o ponto lentamente. Aqueles que sofrem de hipertensão ou problemas nas vértebras cervicais devem mover o ponto *Dazhui* mais lentamente. O meridiano do estômago corre desde a cabeça até o pé. Devem-se recordar as fontes das três ramificações (a fossa supraclavicular, *Zusanli* e *Chongyang*), assim como o ponto de partida, *Chengqi*, o ponto terminal, *Lidui*, e os pontos *Qichong* e *Chongyang*. Os acupunturistas e os mestres de *Qigong* devem recordar todos os pontos e recitá-los mentalmente enquanto realizam a prática.

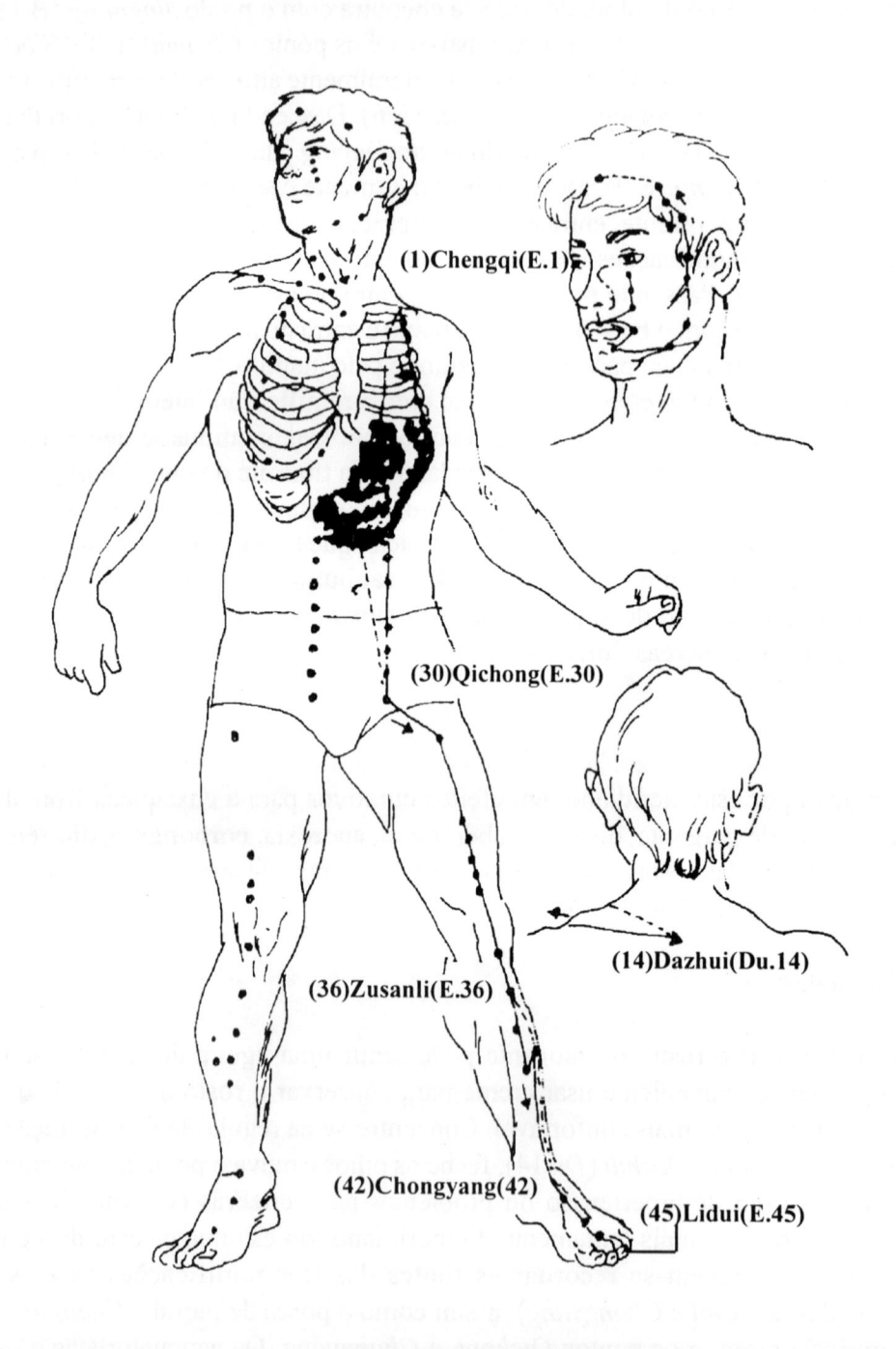

Fig. E-1. O Meridiano do Estômago *Yangming* do Pé.

Localização dos pontos importantes (Fig. E-2):

1. *Chengqi*: localiza-se no ponto médio entre a borda infra-orbitária e o globo ocular.

2. *Sibai*: está abaixo do ponto *Chengqi*, na depressão onde se acha o orifício infra-orbitário.

5. *Daying*: acha-se em posição anterior ao ângulo da mandíbula, na borda anterior do masseter, na depressão que aparece quando se assopra.

6. *Jiache*: localiza-se a partir do ângulo inferior da mandíbula, para cima e para a frente deste, à distância da largura de um dedo, onde se forma a proeminência do masseter quando se apertam os dentes.

8. *Touwei*: acha-se a 0,5 *cun* do ângulo frontal ao nível da borda do nascimento do pêlo; 4,5 *cun* laterais ao Meridiano *Du*.

9. *Renying*: encontra-se ao nível do pomo-de-adão, justamente ao lado da artéria carótida, na borda anterior do músculo esternoclidomastóideo.

11. *Qishe*: está na borda superior da extremidade interna da clavícula, entre a cabeça desta e a cabeça do esterno do esternoclidomastóideo.

30. *Qichong*: acha-se 5 *cun* abaixo do umbigo, 2 *cun* para fora de *Qugu* (*Ren* 2), por cima da dobra inguinal, no lado interno da artéria femoral.

36. *Zusanli*: está 3 *cun* abaixo do ponto *Dubi* (E 35) e um dedo transversal para fora da borda anterior da tíbia.

37. *Shangjuxu*: está 3 *cun* abaixo do ponto *Zusanli*.

39. *Xiajuxu*: localiza-se 6 *cun* abaixo do ponto *Zusanli*.

42. *Chongyang*: encontra-se distante de *Jiexi* (E 41), na parte mais alta do dorso do pé, na depressão entre o segundo e o terceiro ossos metatársicos e o osso cuneiforme.

45. *Lidui*: acha-se no lado externo do segundo dedo do pé, 0,1 *cun* posterior ao ângulo ungueal.

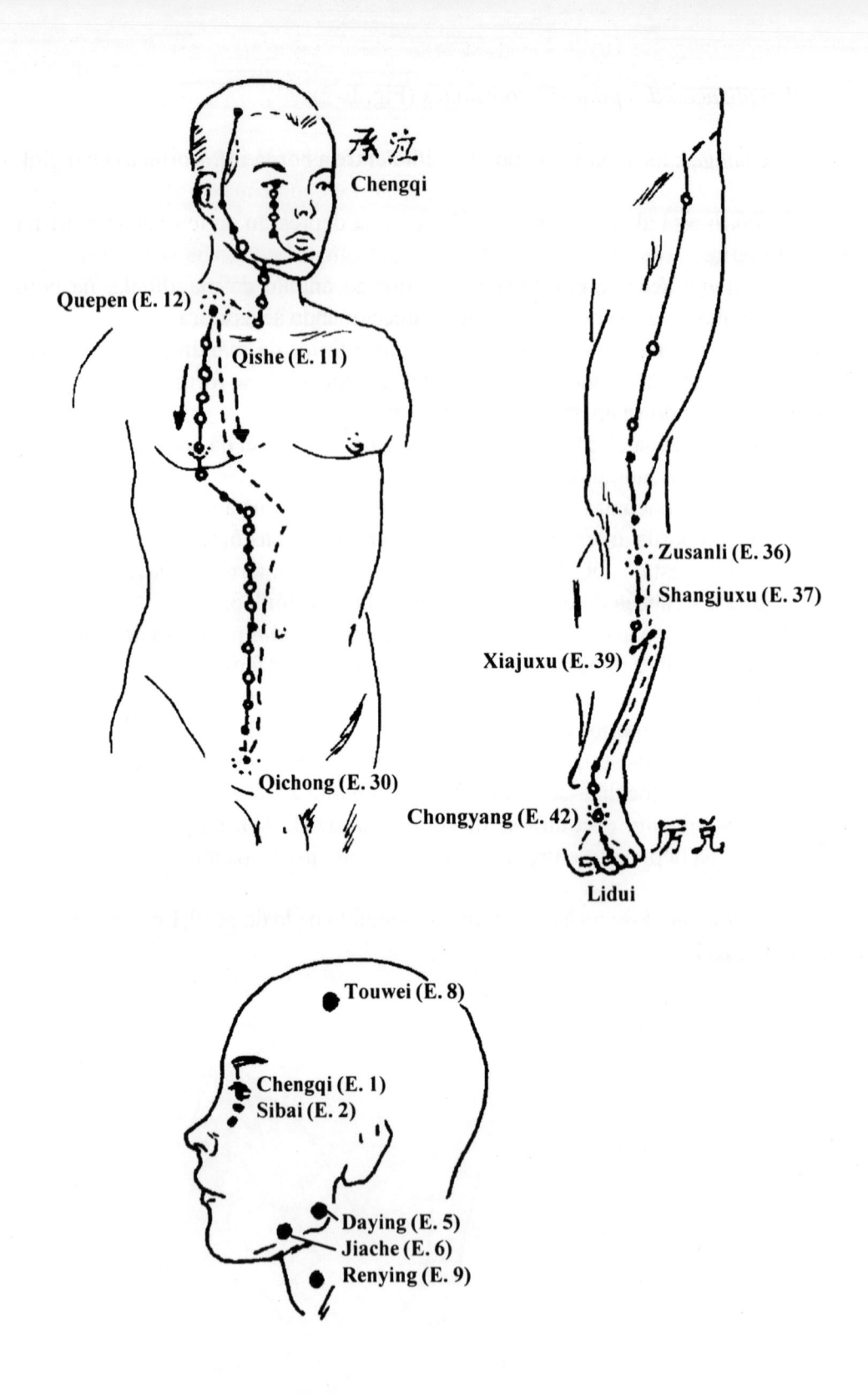

承泣
Chengqi

Quepen (E. 12)

Qishe (E. 11)

Qichong (E. 30)

Zusanli (E. 36)

Shangjuxu (E. 37)

Xiajuxu (E. 39)

Chongyang (E. 42)

厉兑

Lidui

Touwei (E. 8)

Chengqi (E. 1)

Sibai (E. 2)

Daying (E. 5)

Jiache (E. 6)

Renying (E. 9)

Fig. E-2. O Meridiano do Estômago *Yangming* do Pé.

Instruções:

1. Massageando o ponto *Yingxiang* (IG 20) com os tênares seis vezes (Fig. 3-1).
Aperte os pontos *Yingxiang* com os tênares e comprima os pontos seis vezes.
Respire normalmente.

2. Comprimindo o ponto *Jingming* (B 1) com os dedos seis vezes (Fig. 3-2).
Coloque os dedos médios sobre os indicadores. Comprima o ponto *Jingming*
com os dedos, seis vezes. O praticante deve sentir uma ligeira dor.

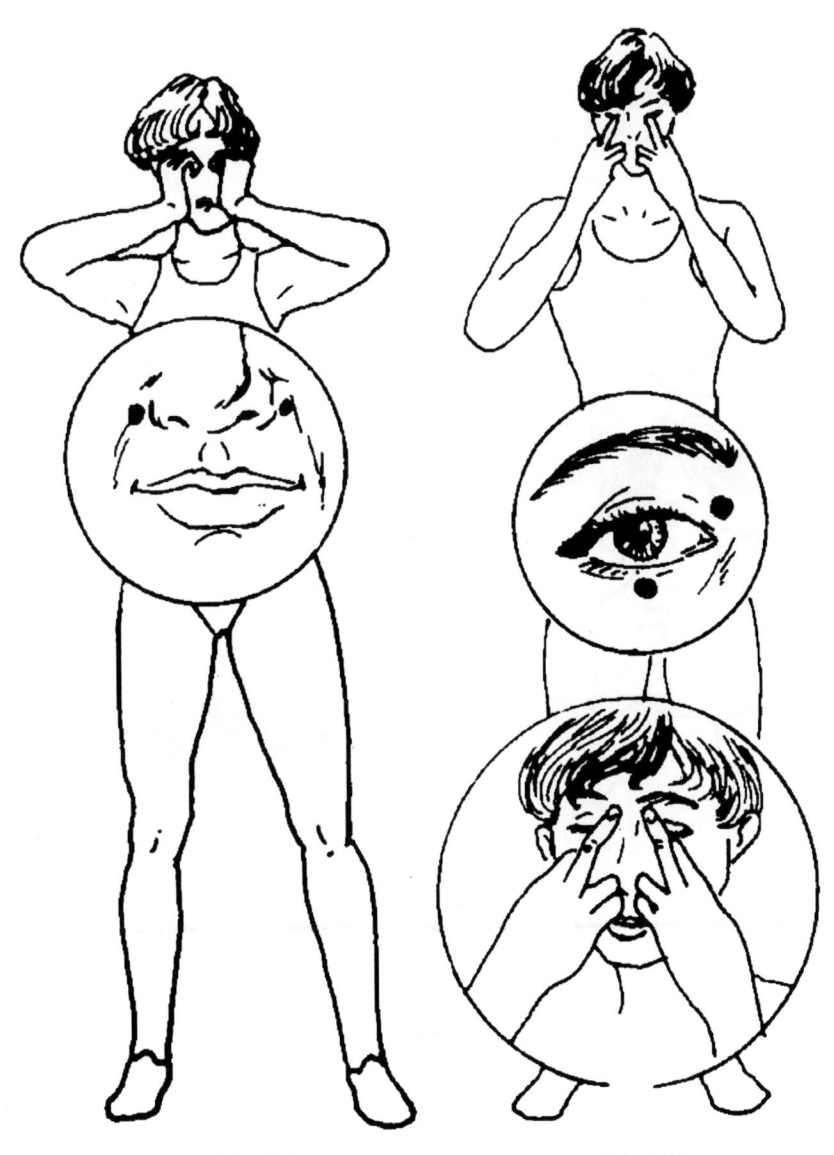

Fig. 3-1   Fig. 3-2

3. Massageando o ponto *Chengqi* (E 1) com os dedos, seis vezes (Fig. 3-3). Comprima o ponto *Chengqi* pelo método mencionado no tópico 2.

4. Comprimindo o rosto seis vezes (Figs. 3-4, 3-5).

Depois de comprimir o ponto *Chengqi* (E 1), mova os dedos, ao longo da rota, no rosto até chegar aos pontos *Touwei* (E 8). Massageie o rosto, pelas rotas, com as palmas das mãos, seis vezes, e respire normalmente.

Fig. 3-3

(8) Touwei (E. 8)

Fig. 3-4

5. Descendo do rosto até o ponto *Qishe* (E 11) (Fig. 3-6).

Baixe os dedos, ao longo das rotas, até *Qishe* e volte para trás até atingir o ponto *Dazhui* (*Du* 14). Respire normalmente.

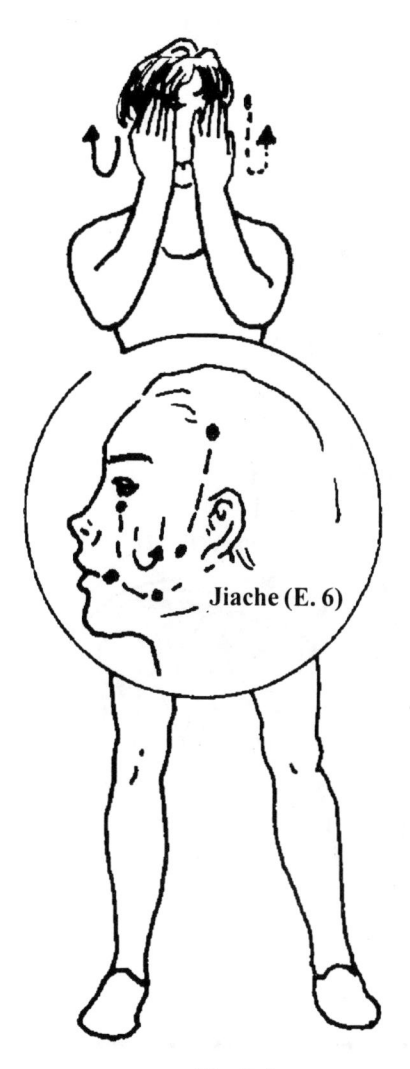

Fig. 3-5

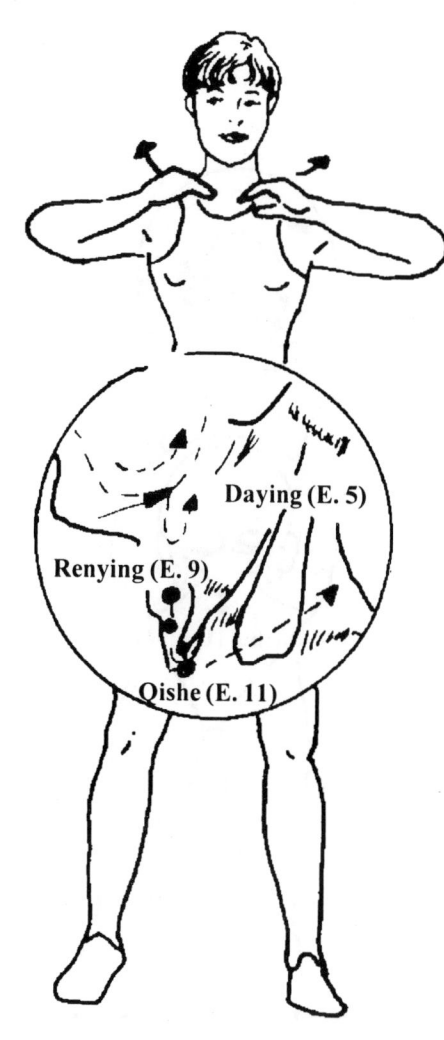

Fig. 3-6

6. Movendo o ponto *Dazhui* (*Du* 14) seis vezes (Fig. 3-7).

Toque o ponto *Dazhui* com os dedos. Mova a cabeça no ponto *Dazhui*, no sentido dos ponteiros do relógio, seis vezes; a seguir, no sentido contrário, seis vezes. Respire normalmente.

7. Indo à fossa supraclavicular e movendo os braços, seis vezes (Fig. 3-8).

Mova as mãos do ponto *Dazhui* (*Du* 14) até à fossa supraclavicular. Agite os braços, seis vezes. Na fossa supraclavicular, o meridiano se transforma em duas ramificações. Primeiro, mova a energia pela ramificação interna e, a seguir, pela superficial.

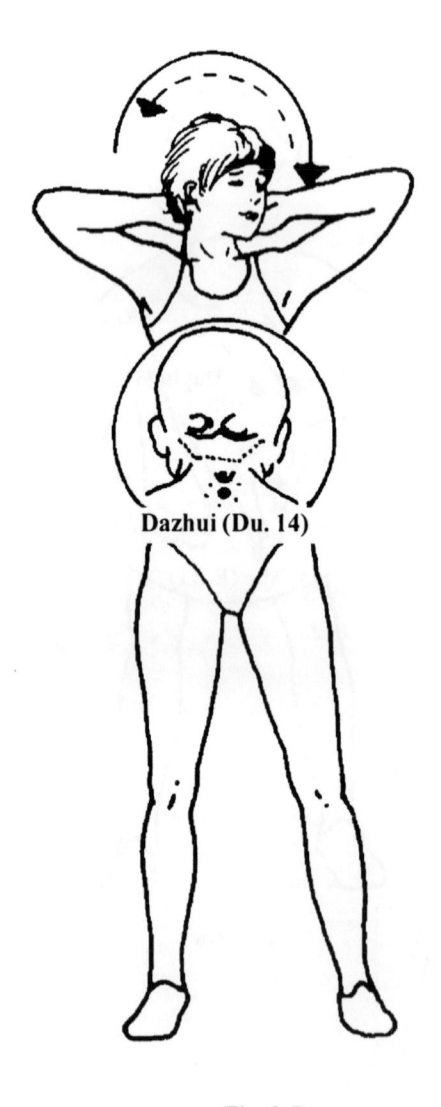

Fig. 3-7

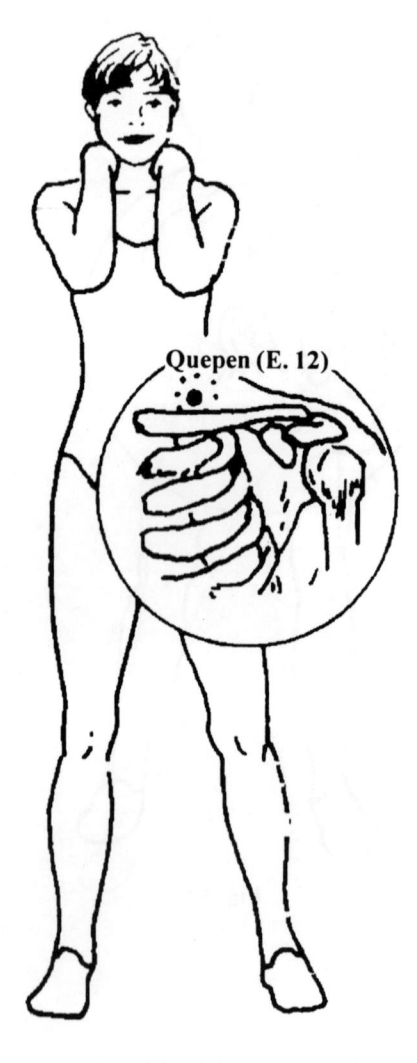

Fig. 3-8

8. Passando pelo diafragma, entrando no estômago e unindo-se ao baço (Fig. 3-9).

Mova as mãos até abaixo da fossa. Passando pelo diafragma, mova-as até o estômago e, a seguir, una-as com o baço.

Notas: Depois que as mãos tiverem movido a energia até o estômago, deve-se fazer uma pausa. A seguir, deve-se movê-las para baixo para unir-se com o baço. Enquanto realiza a prática, expire.

9. Indo abaixo até o ponto *Qichong* (E 30) (Fig. 3-10).

Mova a energia, com as mãos, até o ponto *Qichong*. Enquanto inspira, mova as mãos para ambos os lados.

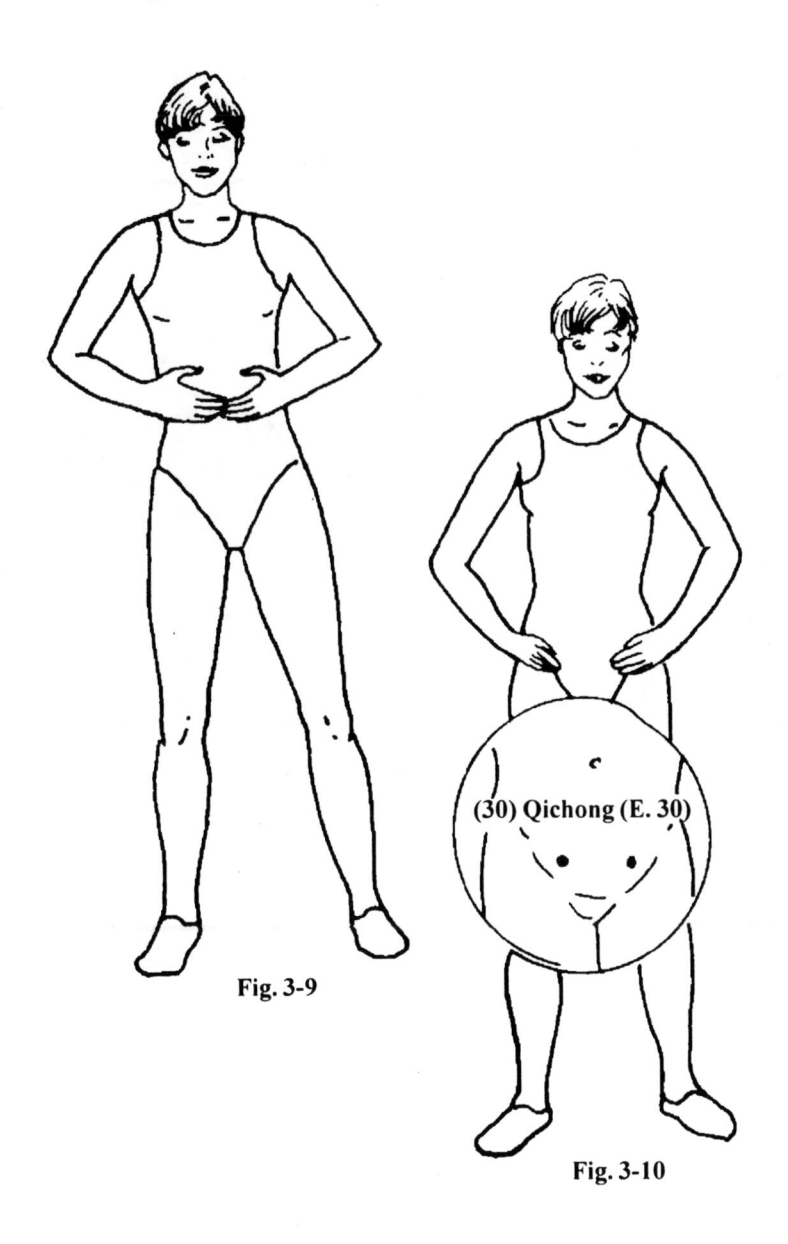

Fig. 3-9

(30) Qichong (E. 30)

Fig. 3-10

Fig. 3-11

10. Flexionando os joelhos e mantendo a energia (Figs. 3-11, 3-12).

Enquanto expira, dobre o corpo para a frente e agache-se. Estique os dedos estendidos e imagine que as mãos seguram uma grande bola.

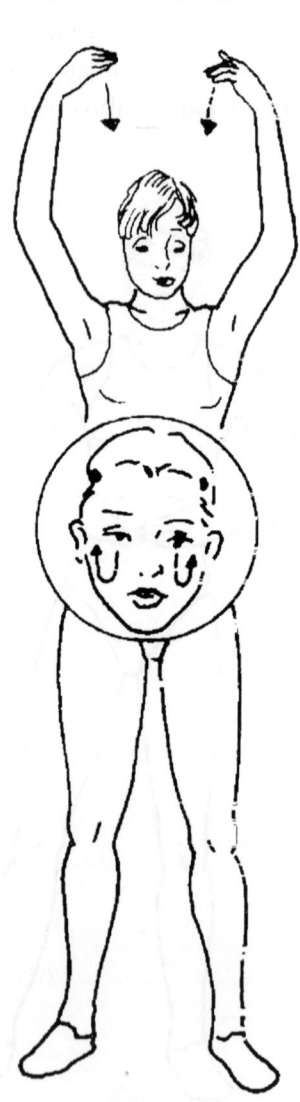

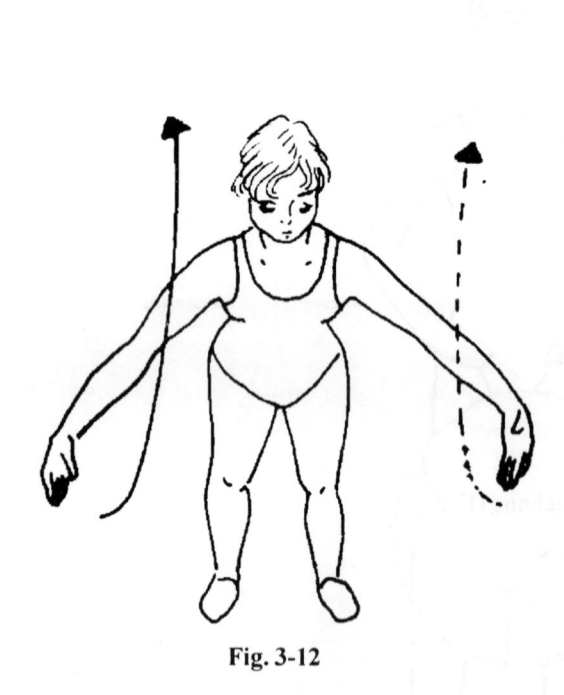

Fig. 3-12

Fig. 3-13

11. Endireitando o corpo e levantando os braços por cima da cabeça (Fig. 3-13).

Enquanto inspira profundamente, endireite o corpo lentamente e levante com os braços a bola imaginária sobre a cabeça, paulatinamente.

12. Fazendo massagem no rosto, três vezes (Figs. 3-5, 3-13).

Enquanto expira, baixe as mãos até o rosto. Faça massagem no rosto, seguindo as rotas, três vezes; e respire naturalmente.

13. Unindo-se a energia nas ramificações no ponto *Qichong* (E 30) (Figs. 3-14, 3-15).

Enquanto expira lentamente, mova as mãos para baixo, pelas rotas, desde o rosto até o ponto *Qichong*, onde a energia das ramificações se reúne. Para mesclar a energia, desenhe com as mãos três círculos em frente da pélvis e respire normalmente.

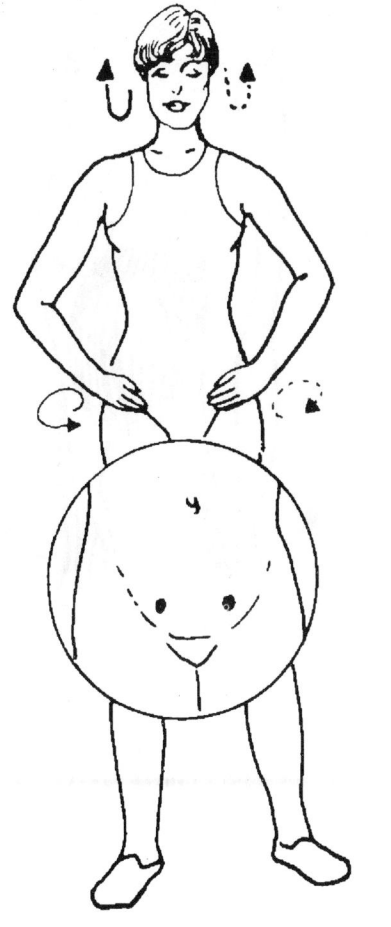

Fig. 3-14

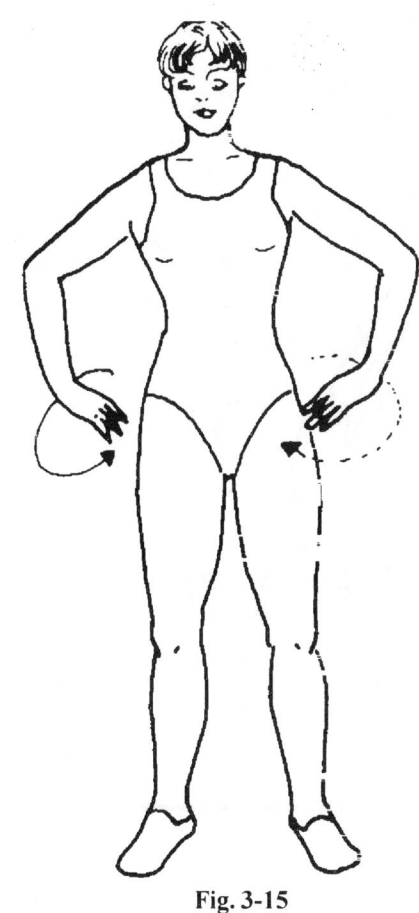

Fig. 3-15

14. Fazendo chegar as mãos à parte lateral do segundo dedo do pé (Figs. 3-16, 3-17).

Levante um pouco os ombros e os calcanhares, enquanto inspira profundamente. Expirando lentamente, curve-se e, simultaneamente, mova a energia para baixo, ao longo das rotas, desde o ponto *Qichong* (E 30). A energia deve chegar ao ponto *Lidui* (E 45), na parte lateral do segundo dedo do pé. Se não puder tocar com seus dedos das mãos os dedos dos pés, deve representar vividamente na mente que os está tocando.

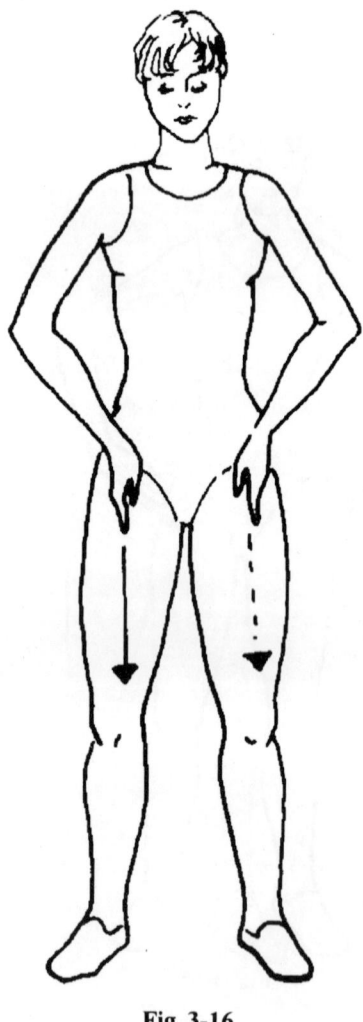

Fig. 3-16

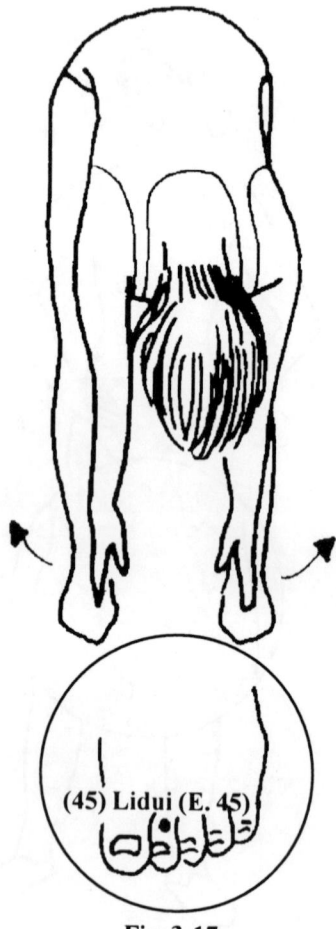

(45) Lidui (E. 45)

Fig. 3-17

15. Repetindo os movimentos dos tópicos 10, 11, 12 e 13 (Figs. 3-18, 3-19).

16. Tocando o ponto *Zusanli* (E 36) (Fig. 3-20).

Mova as mãos, pelas rotas, até o ponto *Zusanli* (Figs. 3-18 e 3-19) e faça uma pausa. Enquanto expira, continue movendo as mãos para baixo, pelas ramificações.

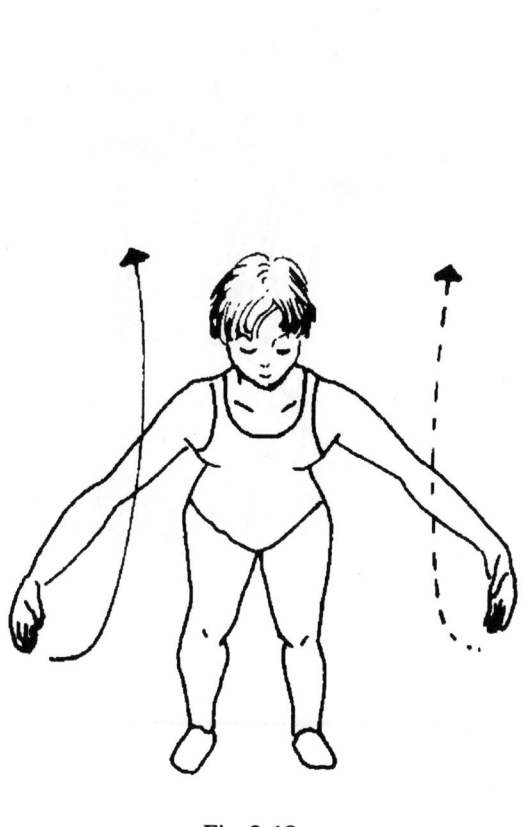

Fig. 3-18   Fig. 3-19

17. Terminando na parte lateral do terceiro dedo do pé (Fig. 3-21).

Finalize a operação na parte lateral do terceiro dedo do pé, acompanhando com a expiração.

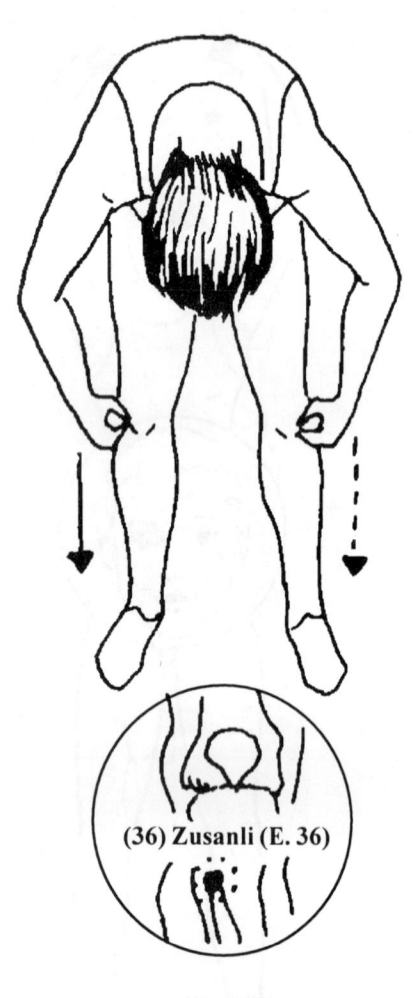

Fig. 3-20

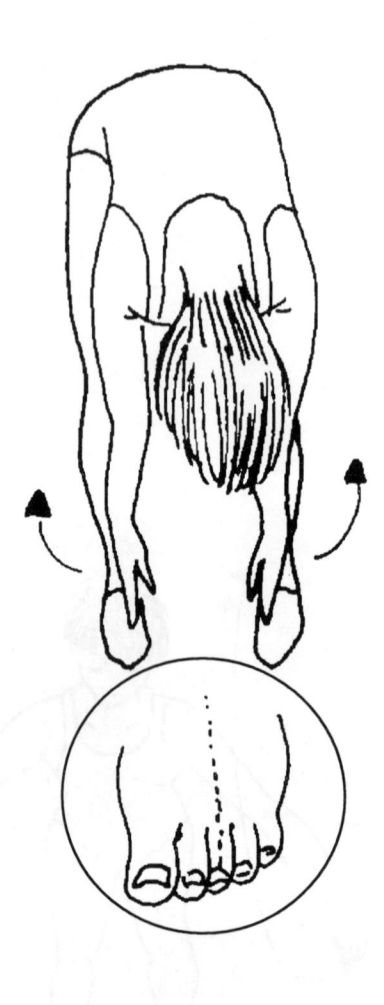

Fig. 3-21

18. Repetindo as operações dos tópicos 10, 11, 12 e 13 (Figs. 3-22, 3-23).

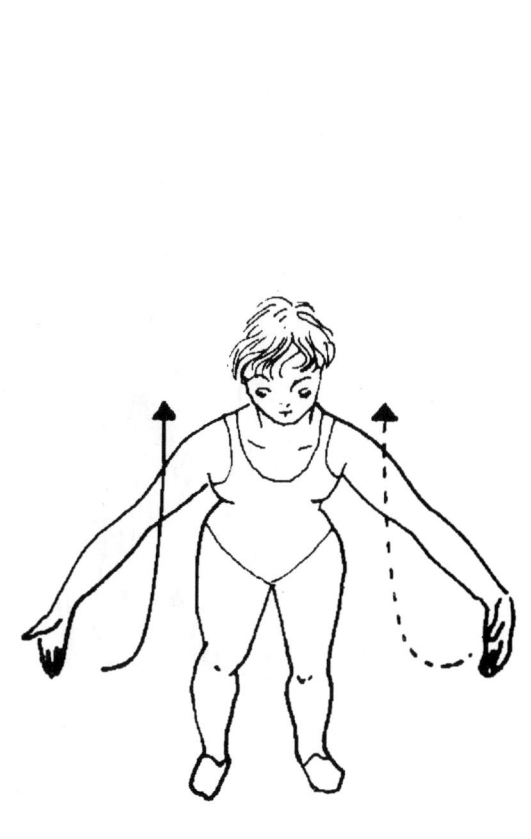

Fig. 3-22

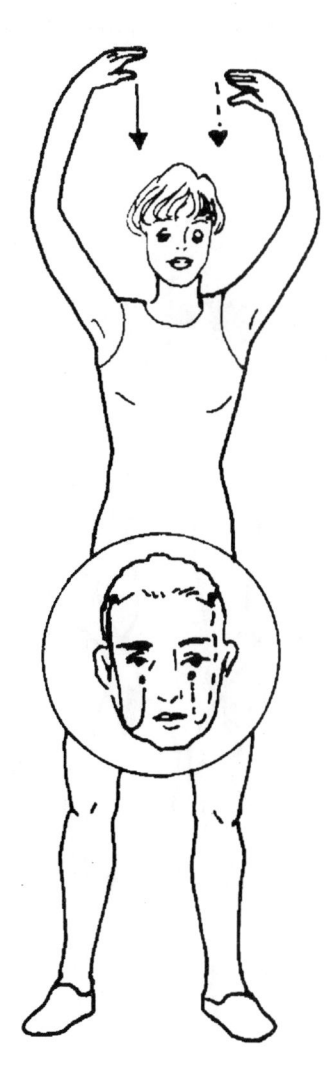

Fig. 3-23

19. Baixando a energia até o ponto *Chongyang* (E 42) (Figs. 3-24, 3-25).

Enquanto expira, mova a energia com as mãos, pelos canais, em direção ao ponto *Chongyang*, onde surge uma ramificação.

20. Terminando a operação no ponto *Yinbai* (BP 1) (Figs. 3-25, 3-26).

Enquanto expira, mova a energia pela ramificação e termine no ponto *Yinbai*, no lado médio da ponta dos polegares dos pés, onde se reúne com o Meridiano do Baço-Pâncreas *Taiyin* do Pé.

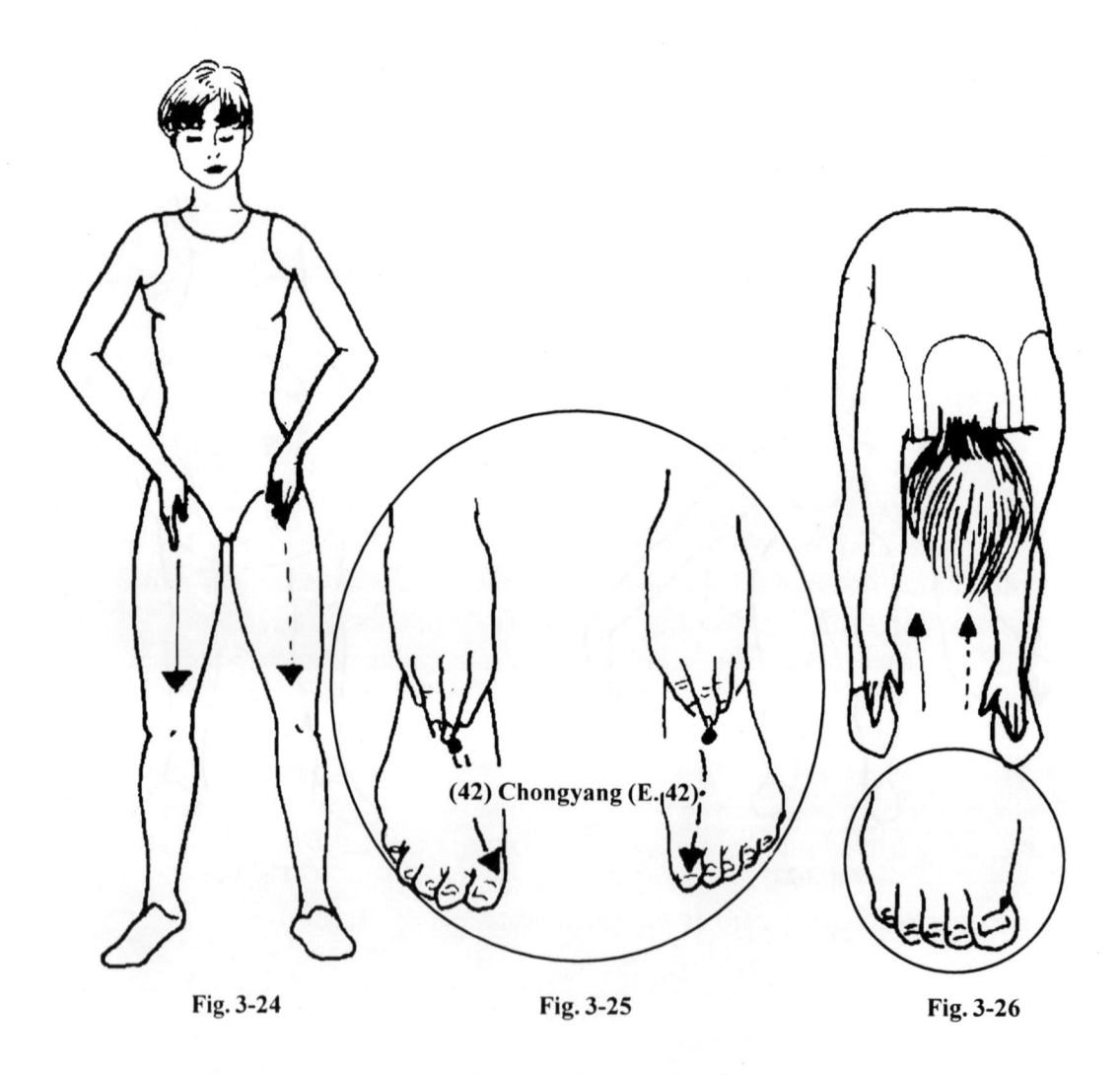

(42) Chongyang (E. 42)

Fig. 3-24   Fig. 3-25   Fig. 3-26

IV. O MERIDIANO DO BAÇO-PÂNCREAS *TAIYIN* DO PÉ

Via de fluxo: (Fig. BP-1)

O Meridiano do Baço-Pâncreas *Taiyin* do Pé sai da ponta do dedo polegar do pé (*Yinbai*, BP 1). Corre pelo lado médio do pé, na conexão entre o dorso e a planta, subindo em frente do meio do tornozelo para a perna. Aí, seguindo sua marcha pela parte posterior da tíbia, cruza o Meridiano do Fígado *Jueyin* do Pé e vai em frente. Corre até o ponto *Yinlingquan* (BP 9). Passando pelo lado médio da parte anterior do joelho e da coxa, entra no abdômen. No ponto *Chongmen* (BP 12), bifurca-se em duas ramificações. A ramificação superficial ascende, pelo canal, até o ponto *Dabao* (BP 21). A ramificação interna entra no baço, órgão a que pertence, e se une com o estômago. Daí, sobe atravessando o diafragma, passando pelo peito e correndo ao longo do esôfago. Entra na boca, une-se com as orelhas e se espalha pela língua. Desde o estômago, a ramificação vai para cima pelo diafragma e se inverte no coração, onde se une com o Meridiano do Coração *Shaoyin* da Mão.

Indicações:

A prática por este meridiano tem efeitos curativos para a obesidade e astenia, anorexia, vômito, distensão abdominal, evacuação do ventre, gastrite crônica, úlcera do estômago, úlcera duodenal, anemia, fezes moles e dor ao longo do meridiano.

Condições:

Durante a prática, deve concentrar-se na regulação da respiração e no domínio do equilíbrio. O praticante novato deve aprender a controlar o centro de gravidade; uma prática persistente pode fortalecer o centro de equilíbrio do cérebro.

Para todos os meridianos *yin* do pé, deve-se primeiro mover a energia pela ramificação superficial e, logo a seguir, pela ramificação interna.

O meridiano do baço-pâncreas se desloca do pé até o peito. Surgem duas ramificações no ponto *Chongmen* (BP 12) e no estômago. Há aqui 21 pontos no total. Devem-se recordar tanto o ponto de partida, *Yinbai*, e o ponto terminal, *Dabao* (BP 21), como os pontos *Sanyinjiao* (BP 6), *Yinlingquan* (BP 9), *Chongmen* (BP 12) e *Zhourong* (BP 20). Os acupunturistas e mestres de *Qigong* devem recitar mentalmente estes pontos enquanto movimentam a energia.

Localização dos pontos importantes (Fig. BP-2):

1. *Yinbai*: localiza-se no lado médio do dedo polegar do pé, 0,1 *cun* após o ângulo da unha.

6. *Sanyinjiao*: está a 3 *cun* da ponta do maléolo interno, sobre a borda posterior da tíbia, na mesma linha que une o meio do maléolo até o ponto *Yinlingquan* (BP 9).

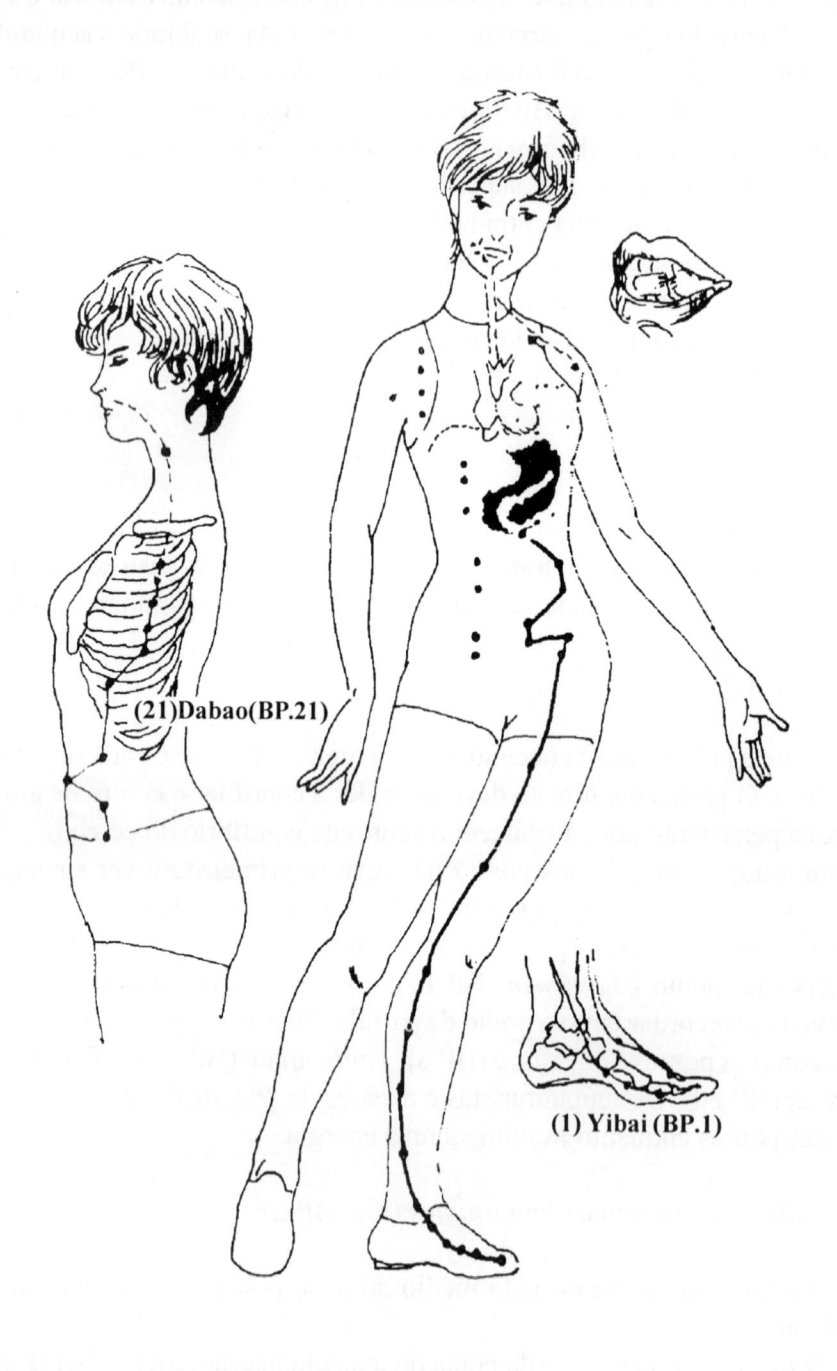

(21)Dabao(BP.21)

(1) Yibai (BP.1)

Fig. BP-1. O Meridiano do Baço-Pâncreas *Taiyin* do Pé.

9. *Yinlingquan*: acha-se na borda inferior do côndilo médio da tíbia, na depressão entre a borda posterior da tíbia e os músculos gastrocnêmicos.

12. *Chongmen*: acha-se na borda superior do extremo externo do sulco inguinal, no lado externo da artéria femoral, ao nível da borda superior da sínfise pubiana, 3,5 *cun* laterais do ponto *Qugu* (*Ren* 2).

20. *Zhourong*: encontra-se uma costela acima do ponto *Xiongxiang* (BP 19), diretamente abaixo do ponto *Zhongfu* (P 1) e *Yunmen* (P 2), no segundo espaço intercostal, 6 *cun* laterais ao Meridiano *Ren*.

21. *Dabao*: localiza-se na linha média das axilas, 6 *cun* abaixo da axila, à metade da distância entre a axila e o extremo da décima primeira costela.

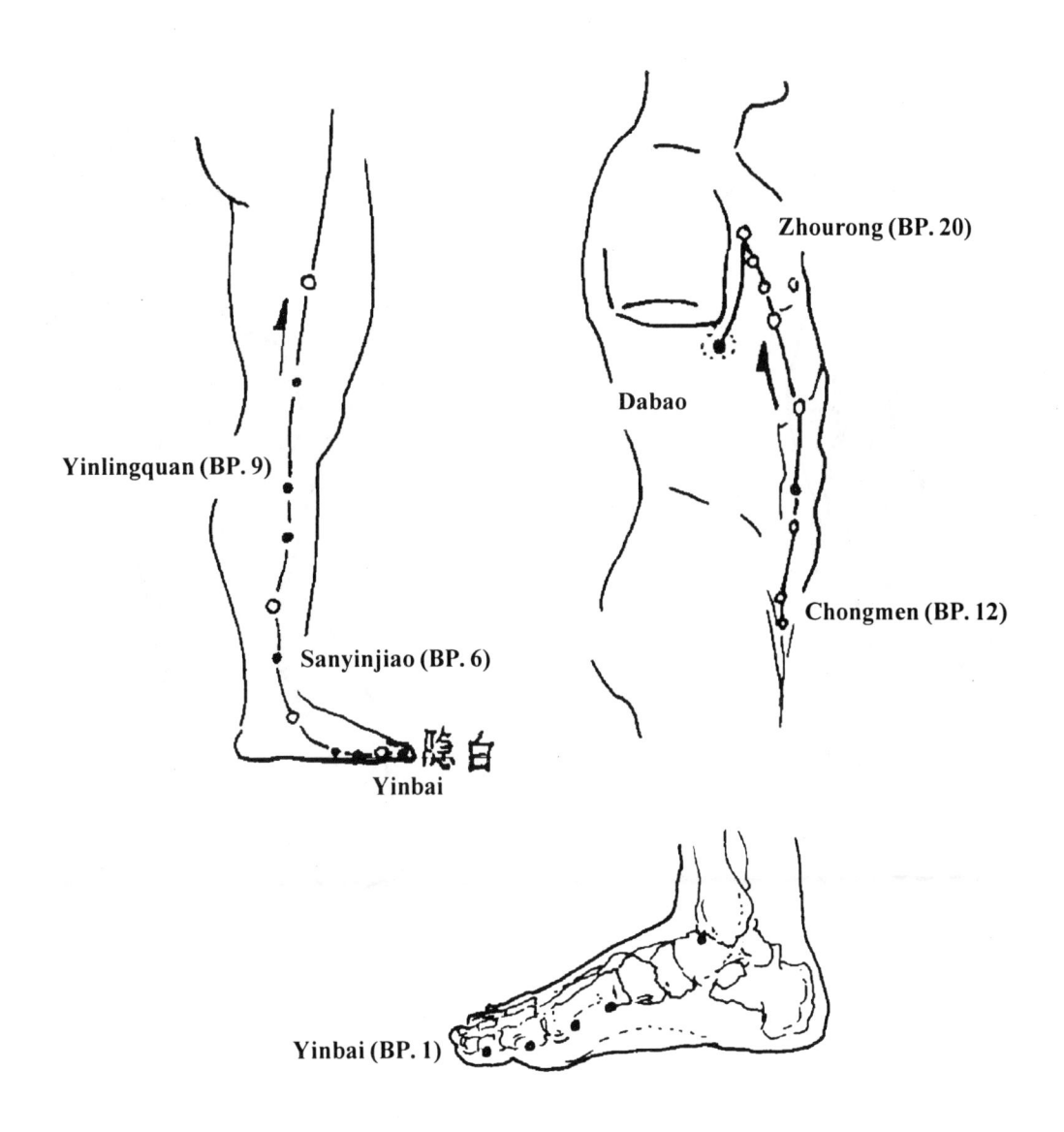

Fig. BP-2. O Meridiano do Baço-Pâncreas *Taiyin* do Pé

Instruções:

1. Voltando o corpo para a esquerda e movendo a energia, ao longo do canal, do lado esquerdo (Figs. 4-1, 4-2, 4-3).

Endireite lentamente o corpo a partir de uma posição curvada. Volte o tronco para a esquerda e vire o pé direito 45 graus e o pé esquerdo 90 graus para a esquerda. Levante o braço esquerdo e a perna esquerda. Simultaneamente, estique o braço direito para a esquerda, partindo do ponto *Yinbai* (BP 1). Se as mãos não puderem chegar ao ponto *Yinbai* (BP 1), então se concentre nele. Mova a energia para cima, ao longo do canal. Inspire enquanto faz o movimento.

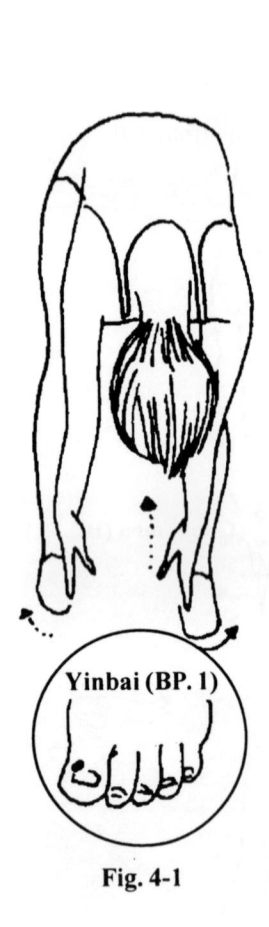

Yinbai (BP. 1)

Fig. 4-1

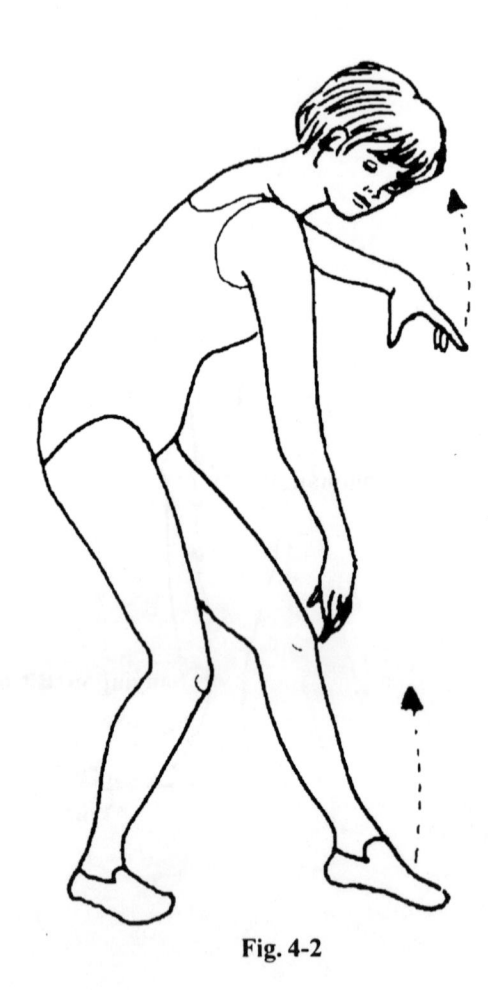

Fig. 4-2

2. Movendo a energia pelo lado esquerdo e dando um passo atrás com o pé esquerdo (Fig. 4-4).

Ao mover a energia até o joelho, dê um passo atrás com o pé esquerdo; contudo, deve continuar movendo a energia para cima com a mão direita. Faça uma pausa depois que a energia tiver chegado ao ponto *Chongmen* (BP 12). A seguir, continue movendo a energia para cima, pelo meridiano. Inspire durante todo o processo.

Fig. 4-3 **Fig. 4-4**

3. Movendo a energia até o ponto *Dabao* (BP 21) pelo lado esquerdo (Fig. 4-5).

Quando a energia tiver chegado ao ponto *Zhourong* (BP 20), volte o tronco ligeiramente para a esquerda e, simultaneamente, mova a energia até o ponto *Dabao*. Neste ponto, deve-se deter a inspiração. A seguir, retorne o tronco à posição original e baixe gradualmente o braço esquerdo, acompanhando com a expiração.

4. Movendo a energia pelo lado direito e dando um passo atrás com o pé direito (Fig. 4-6).

Enquanto expira, levante o braço e a perna direitos e estique o braço esquerdo para a direita, partindo do ponto *Yinbai* (BP 1). Comece a inspirar e mova a energia para cima, pelo canal. Ao mover a energia até o joelho, dê um passo atrás com o pé direito. A energia continua a mover-se para cima.

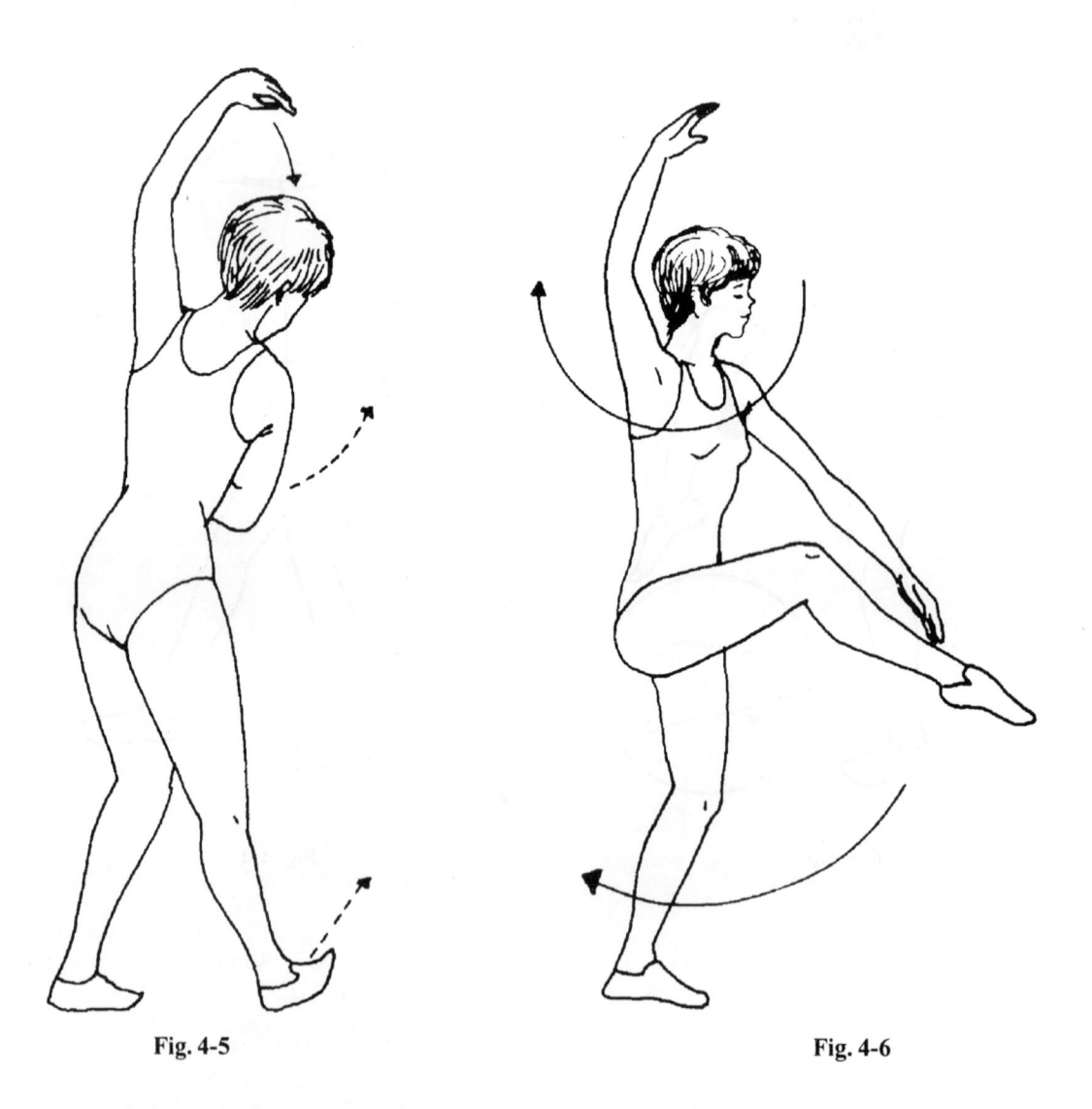

Fig. 4-5 Fig. 4-6

5. Movendo a energia pelo lado direito até o ponto *Dabao* (BP 21).

Quando a energia tiver chegado ao ponto *Zhourong* (BP 20), volte o tronco ligeiramente para a direita e, simultaneamente, mova a energia para o ponto *Dabao*. Neste ponto, deve-se deter a inspiração. Enquanto expira, retorne o tronco à posição original e baixe o braço direito lentamente. Mova a energia, duas vezes, por ambos os lados do meridiano.

6. Voltando o corpo e levantando os braços (Figs. 4-7, 4-8).

Enquanto expira, mova os braços para baixo e para trás, voltando o corpo para a direita. Enquanto inspira, levante gradualmente os braços desde a posição posterior e lateral. Mova o pé direito para manter ambos os pés à distância da largura dos ombros.

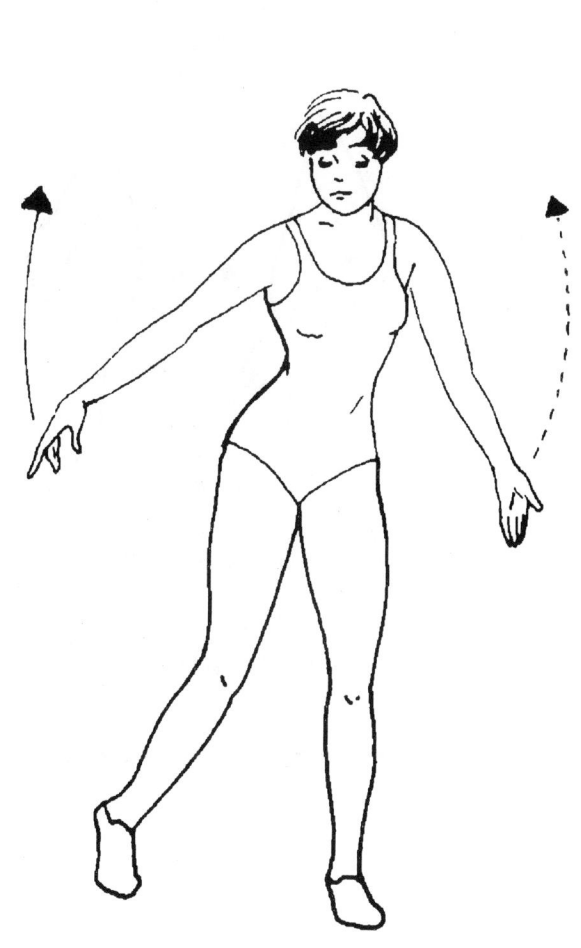

Fig. 4-7

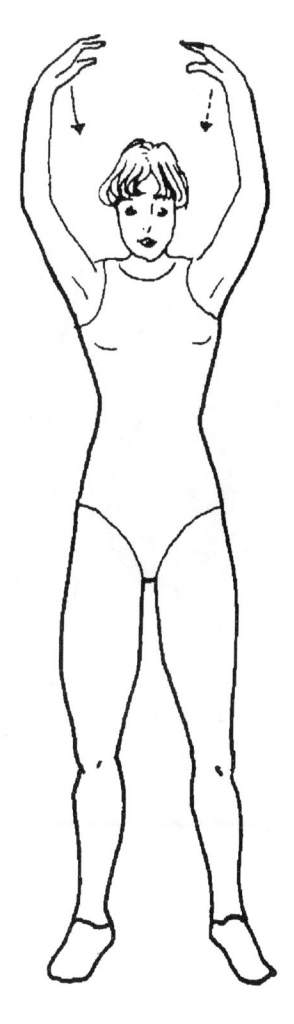

Fig. 4-8

7. Movendo a energia bilateral (Fig. 4-9).

Enquanto expira profundamente, incline-se para a frente e toque com as mãos o ponto de partida, *Yinbai* (BP 1). Enquanto inspira profundamente, mova com as mãos a energia para cima, ao longo do canal, endireitando lentamente o corpo.

8. Fazendo entrar a energia no abdômen desde o ponto *Chongmen* (BP 12) (Fig. 4-10).

Quando a energia tiver chegado ao ponto *Chongmen*, faça uma pausa. A seguir, enquanto expira, concentre-se para mover a energia no abdômen.

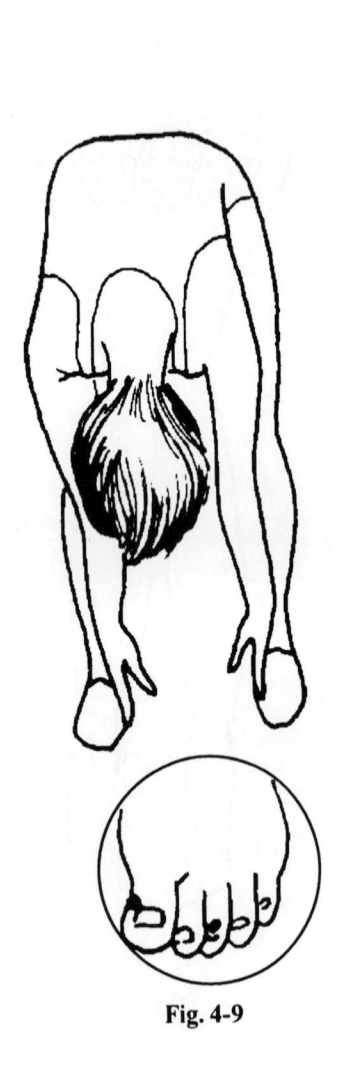

Fig. 4-9

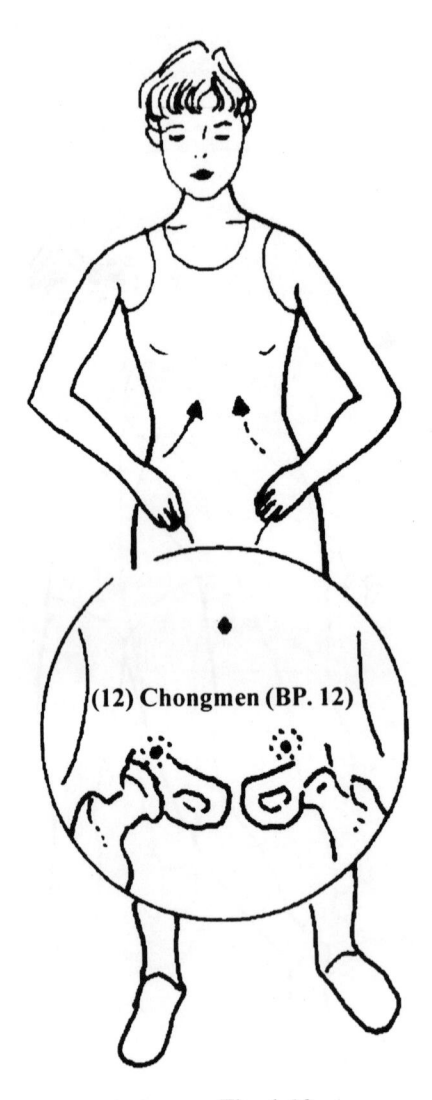

(12) Chongmen (BP. 12)

Fig. 4-10

9. Fazendo entrar a energia no baço e unindo-a com o estômago (Fig. 4-11).

Mova a energia para cima até que entre no baço e se una com o estômago. Respire naturalmente.

10. Cruzando o diafragma e percorrendo o esôfago (Fig. 4-12).

Enquanto inspira profundamente, faça com que as mãos atravessem o diafragma e venham através do peito, percorrendo ao longo do esôfago.

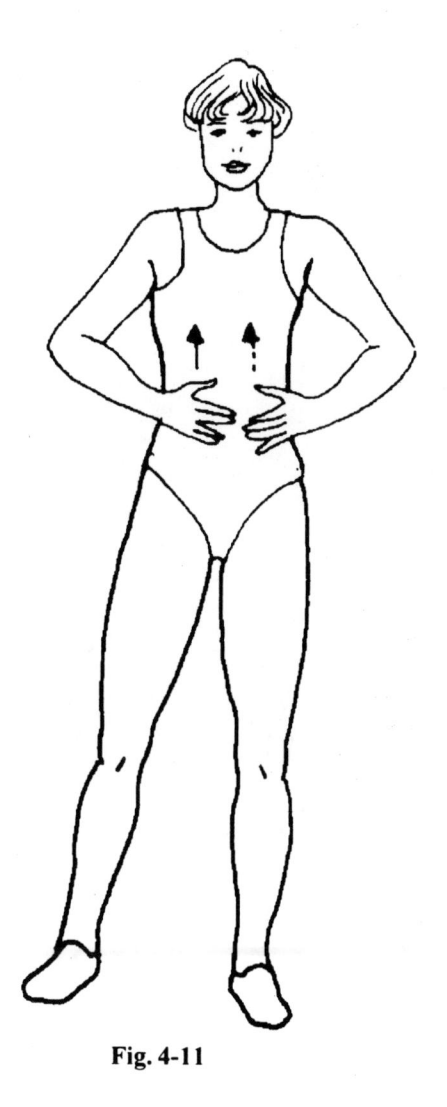

Fig. 4-11

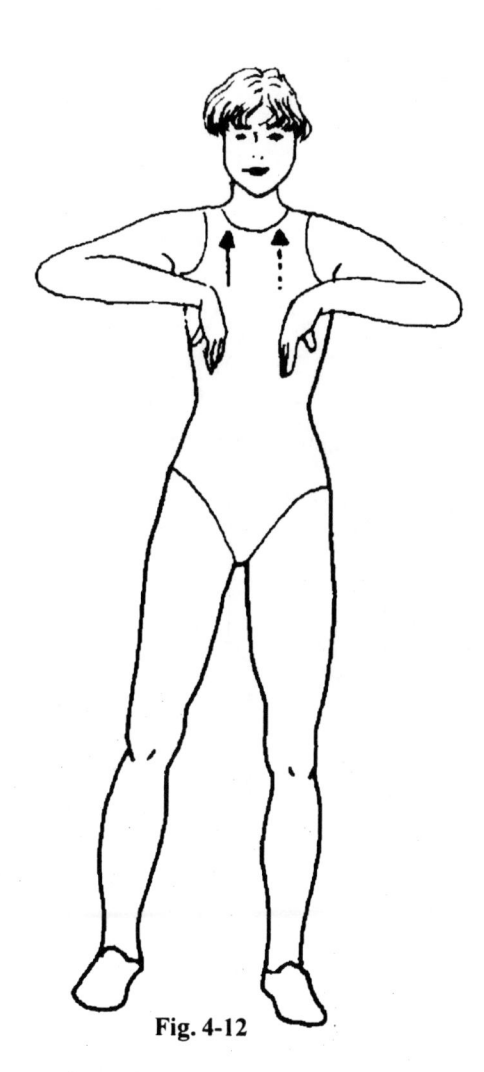

Fig. 4-12

11. Entrando na boca (Fig. 4-13).

Coloque os dedos indicadores sobre os lábios superior e inferior, respectivamente. Friccione-os seis vezes, representando vividamente na mente que a energia se espalha pela língua e se une com as orelhas. Respire normalmente.

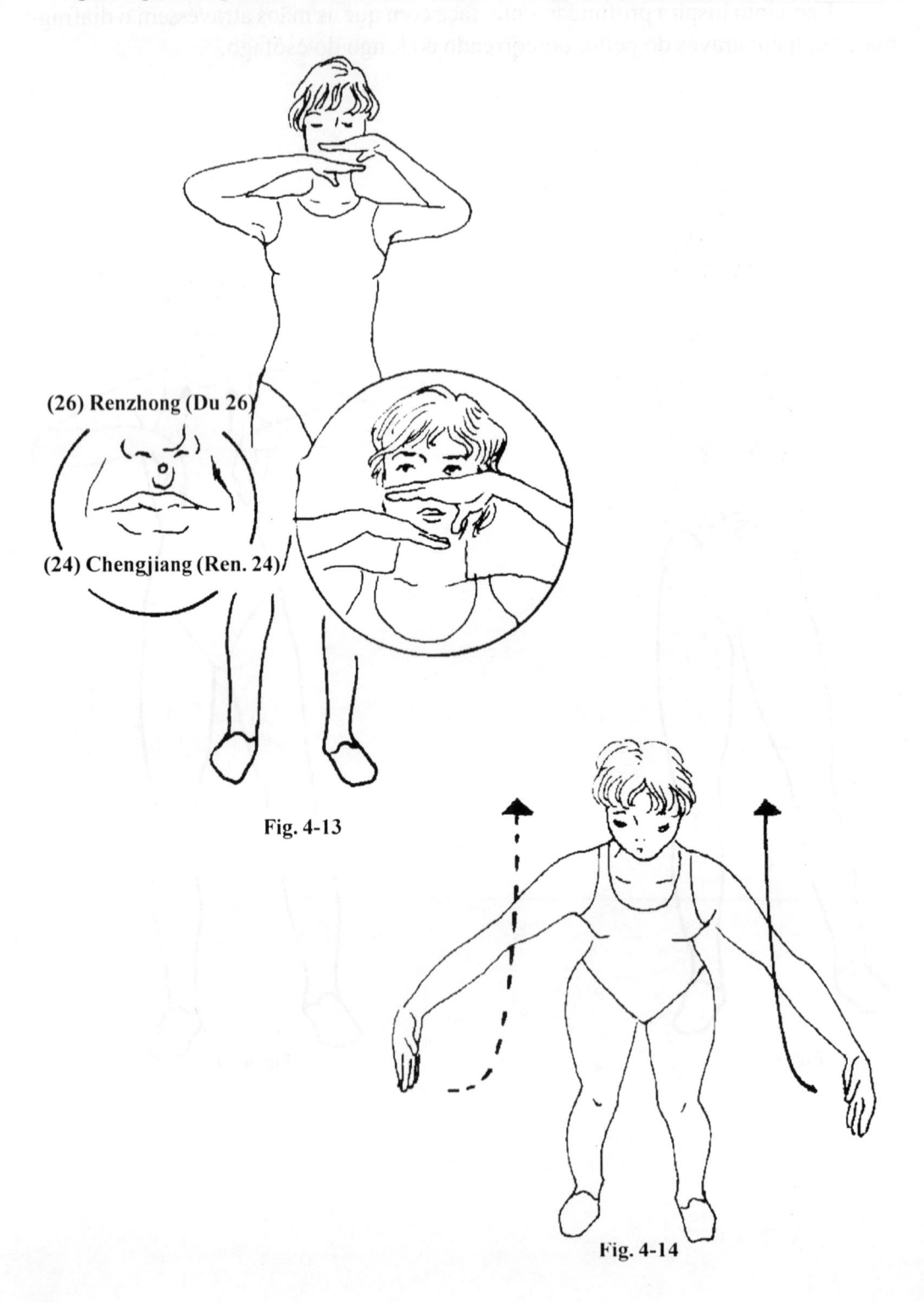

(26) Renzhong (Du 26)

(24) Chengjiang (Ren. 24)

Fig. 4-13

Fig. 4-14

12. Mantendo a energia e movendo a energia bilateral (Figs. 4-14, 4-15, 4-16, 4-17).

Dobre os joelhos e mantenha a energia.
Endireite o corpo e levante os braços por cima da cabeça.
Mova a energia bilateral.
Repita os movimentos dos tópicos 8 e 9 (Figs. 4-10, 4-11).

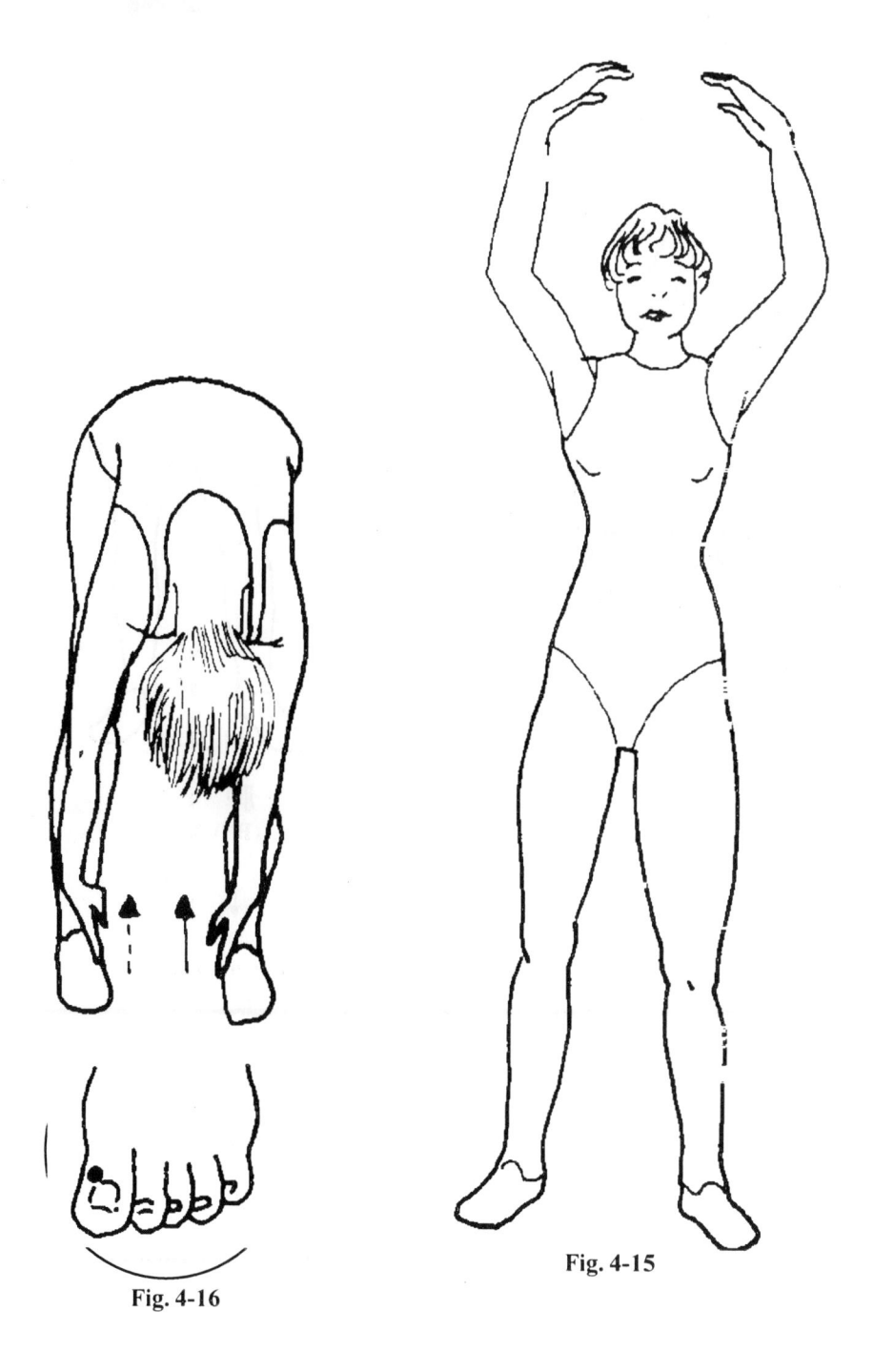

Fig. 4-16

Fig. 4-15

13. Vertendo a energia no coração (Fig. 4-18).

Depois de uma pausa curta, mova a energia do estômago para cima, com as mãos, pelo canal. Mova-a através do diafragma até que esta se inverta no coração. Aqui, une-se com o Meridiano do Coração *Shaoyin* da Mão. Respire normalmente.

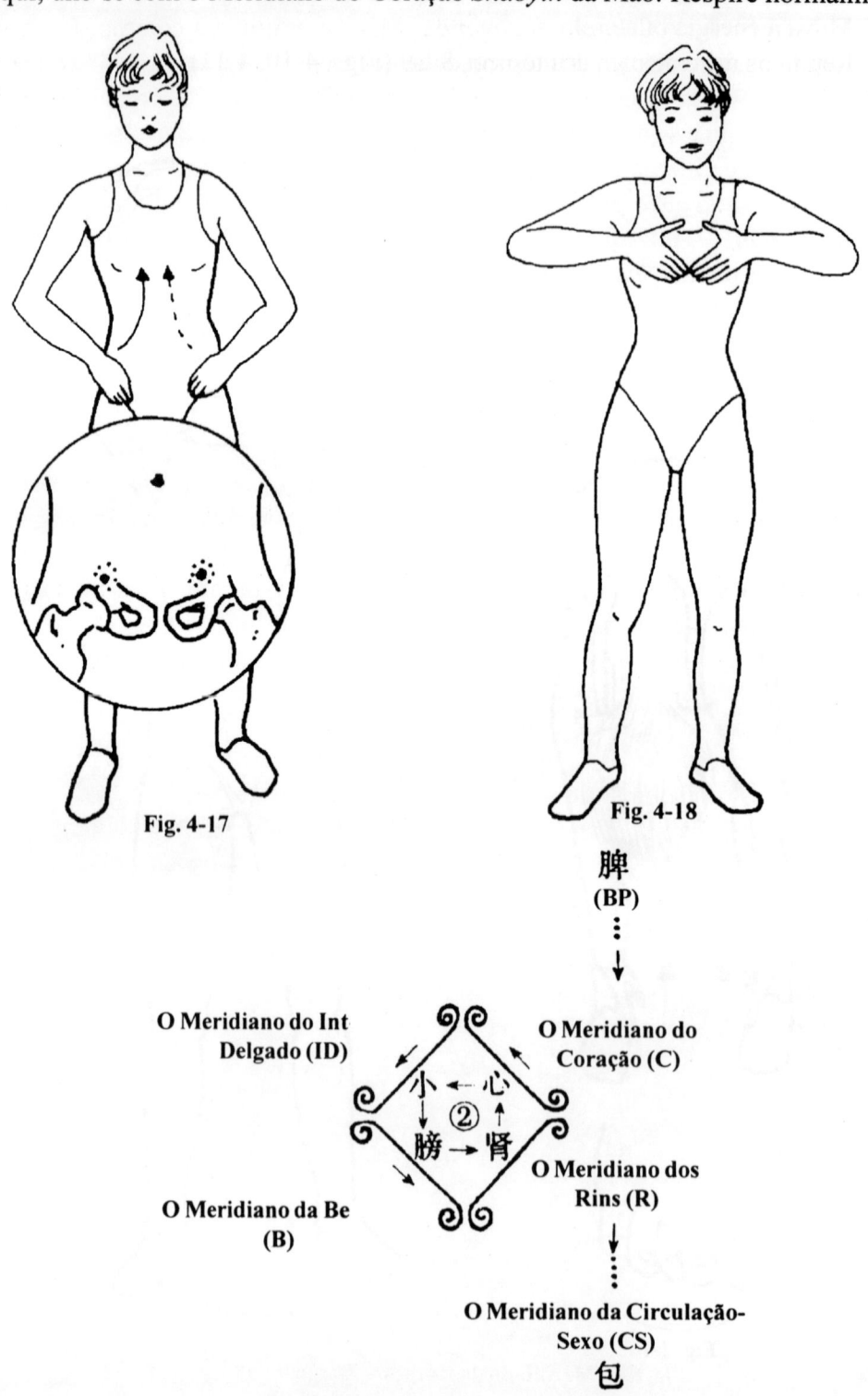

Fig. 4-17

Fig. 4-18

脾
(BP)

O Meridiano do Int Delgado (ID)

O Meridiano do Coração (C)

小 ← 心
②
膀 → 肾

O Meridiano dos Rins (R)

O Meridiano da Be (B)

O Meridiano da Circulação-Sexo (CS)

包

V. O MERIDIANO DO CORAÇÃO *SHAOYIN* DA MÃO

Via de fluxo: (Fig. C-1)

O Meridiano do Coração *Shaoyin* da Mão se origina no coração. Passando pelo diafragma, une-se com o intestino delgado. Depois de ir atrás do "sistema do coração" (que são os vasos que conectam o coração com os outros órgãos *Zang-fu*), percorre o esôfago e se une com os olhos, entra no cérebro e vai através das orelhas. A seguir, entra na língua e se espalha por sua ponta. A partir do "sistema do coração", vai para cima até o pulmão direito. Depois, estende-se lateralmente e emerge na axila (*Jiquan*, C 1). Daqui se desloca ao longo do lado médio do braço levantado. Passando pelos pontos *Shaohai* (C 3) e *Shenmen* (C 7), chega à ponta média do dedo mínimo (o ponto terminal, *Shaochong*, C 9), onde se une com o Meridiano do Intestino Delgado *Taiyang* da Mão.

Indicações:

Este meridiano é usado principalmente para tratar as desordens do sistema nervoso e do sistema cardiovascular, tais como deficiência da circulação sangüínea para o coração, arritmia, taquicardia, braquicardia, estenocardia moderada, secura na garganta, sede, dor no peito e no hipocôndrio, calor nas palmas das mãos, insônia, sono excessivo e dor na parte média do braço.

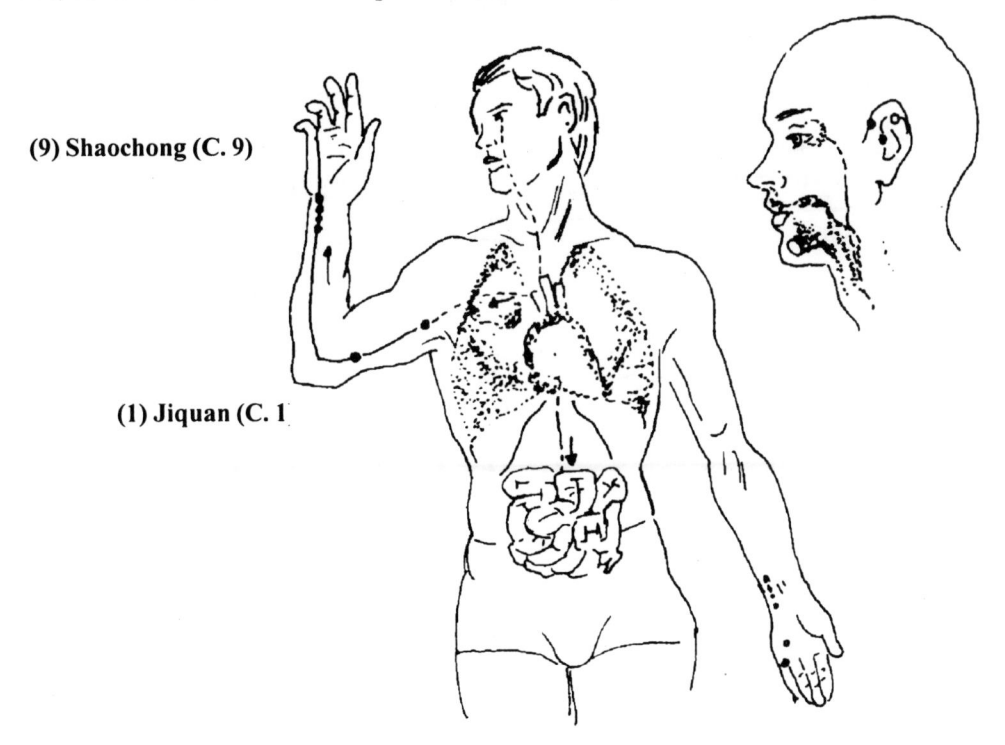

(9) Shaochong (C. 9)

(1) Jiquan (C. 1)

Fig. C-1. Meridiano do Coração *Shaoyin* da Mão.

Durante a execução, o praticante deve concentrar-se na regulação da mente, da respiração e da força física. A regulação da mente implica que esta se tranqüilize e relaxe; a regulação da respiração significa prestar atenção ao seu ritmo; e a regulação da força física, ao movimento suave. O meridiano vai desde o peito até à mão. A energia, no meridiano, deve unir-se com os olhos e espalhar-se pela língua. Há aqui nove pontos no total. Têm-se de recordar tanto o ponto de partida, *Jiquan* (C 1), e o ponto terminal, *Shaochong* (C 9), como os pontos *Shaohai* (C 3) e *Shenmen* (C 7). Os acupunturistas e mestres de *Qigong* devem rememorá-los.

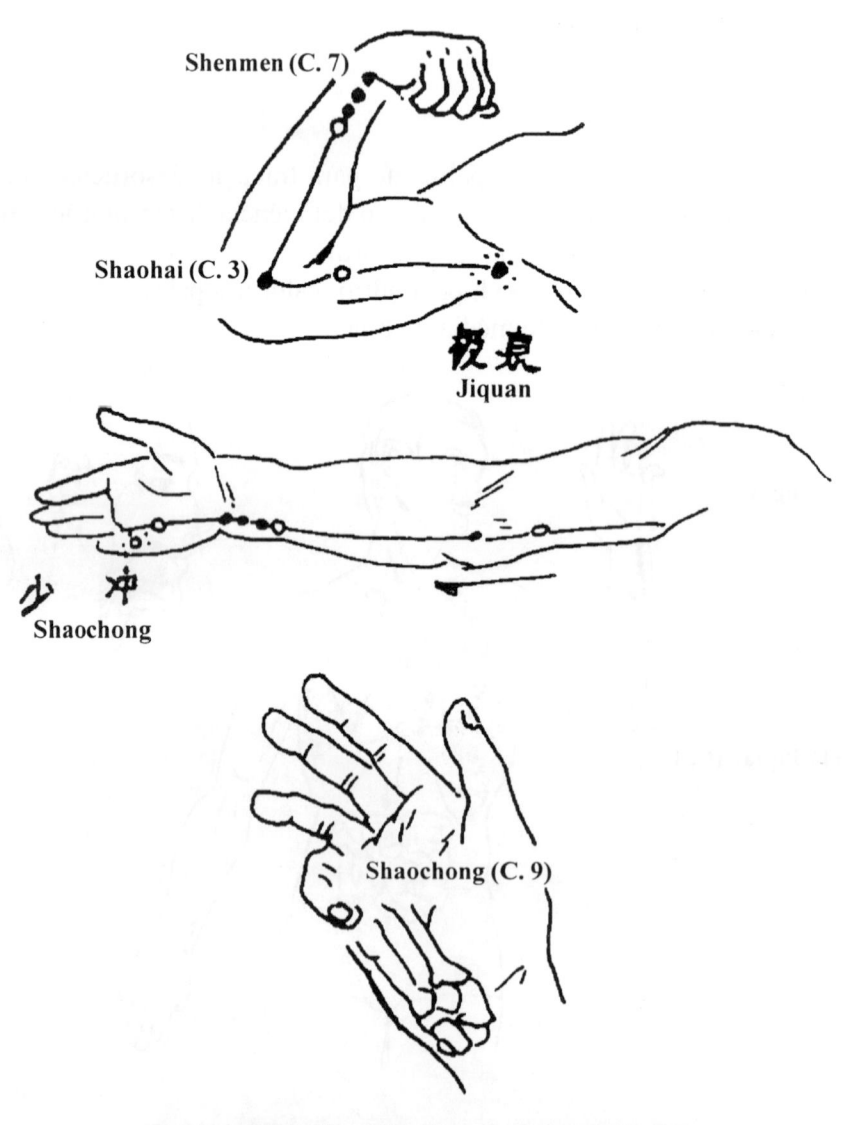

Fig. C-2. O Meridiano do Coração *Shaoyin* da Mão.

Localização dos pontos importantes (Fig. C-2):

1. *Jiquan*: localiza-se no centro da axila, no lado interno da artéria axilar.

3. *Shaohai*: quando o cotovelo se dobra, o ponto está na depressão anterior do epicôndilo interno do úmero, no extremo da dobra transversal da parte interna da articulação do cotovelo.

7. *Shenmen*: está na borda posterior do pisiforme, para o lado externo do tendão do músculo flexor cubital do carpo.

9. *Shaochong*: localiza-se no lado radial do dedo mínimo, 0,1 *cun* após o ângulo ungueal.

Instruções:

1. Começando pelo coração e percorrendo abaixo para unir-se com o intestino delgado (Figs. 5-1, 5-2, 5-3).

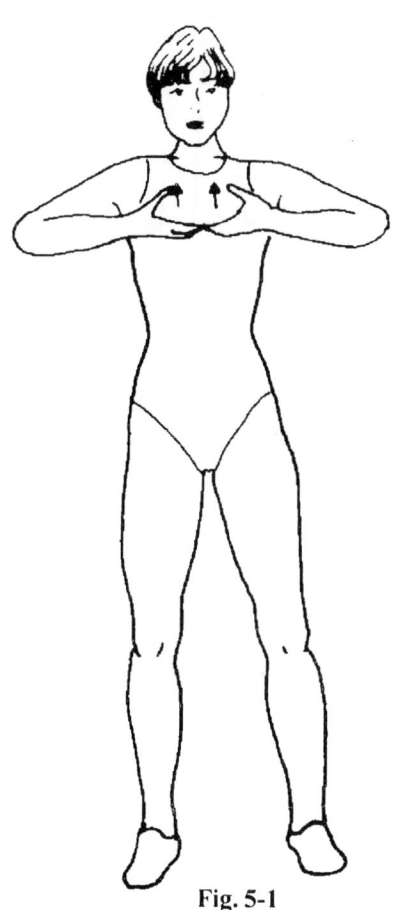

Fig. 5-1

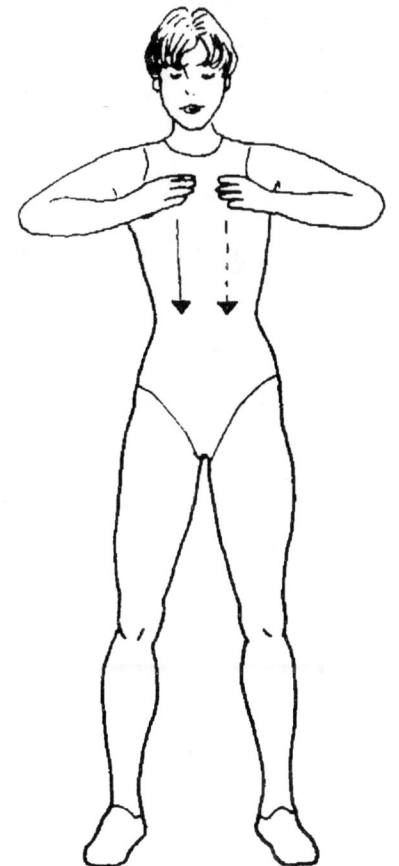

Fig. 5-2

Enquanto inspira, levante ligeiramente as mãos para cima, com as palmas voltadas para cima. Enquanto expira, vire as palmas para baixo e bata com elas lentamente ao nível do intestino delgado.

2. Do coração para cima, até os olhos, entrando no cérebro e passando pelas orelhas (Figs. 5-4, 5-5).

Sob uma inspiração lenta, vire as palmas para cima e levante as mãos lentamente até o coração. Continue movendo as mãos para cima, pelo esôfago, até que a energia se una com os olhos, entre no cérebro e atravesse as orelhas. Faça massagem nos olhos, com as palmas, seis vezes, e respire naturalmente.

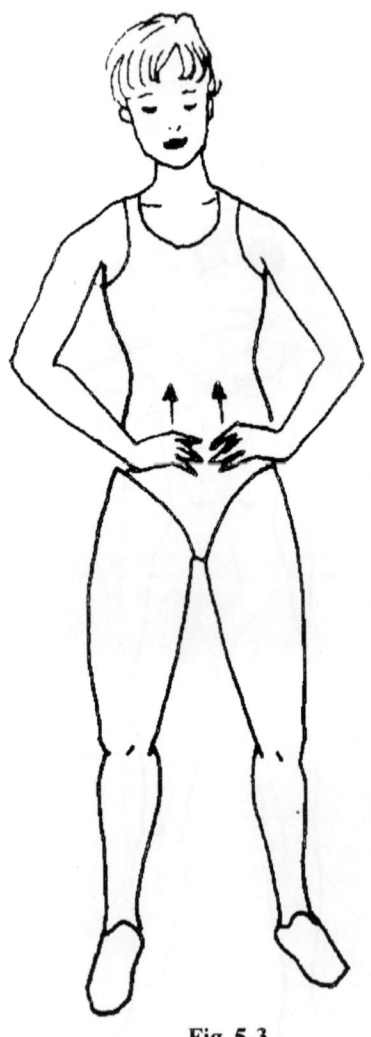

Fig. 5-3

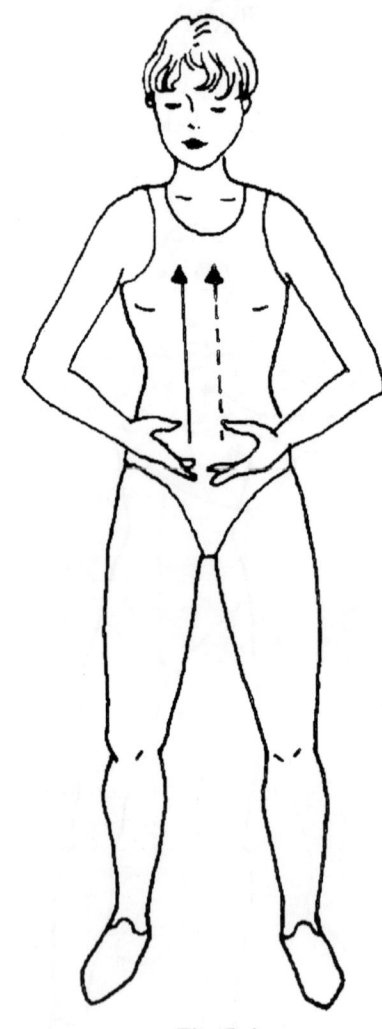

Fig. 5-4

3. Iniciando-se na boca e espalhando-se pela língua (Fig. 5-6).

Coloque os dedos indicadores nos lábios superior e inferior, respectivamente, e friccione os lábios, seis vezes. A ponta da língua deve apoiar-se contra o palato. O praticante deve representar vividamente na mente que a energia se espalha pela língua. Respiração normal.

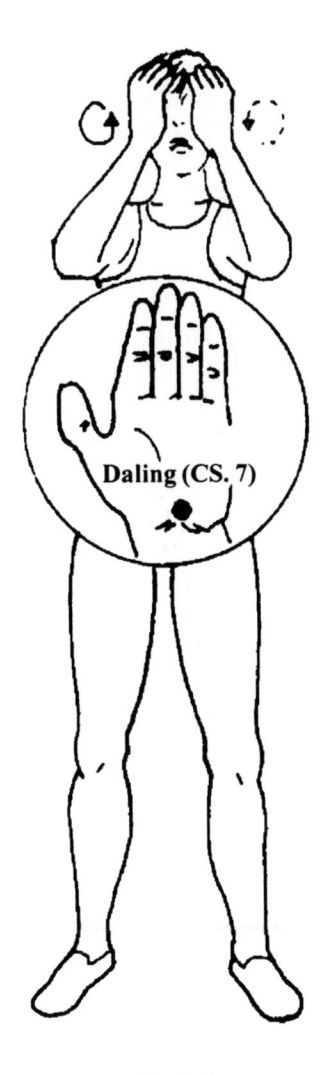

Fig. 5-5

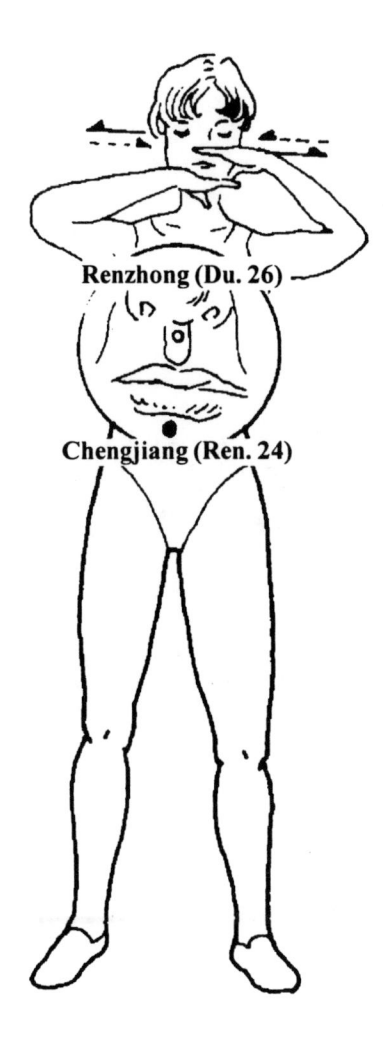

Fig. 5-6

4. Mantendo a energia e fazendo-a entrar no coração (Figs. 5-7, 5-8, 5-9).
Dobre os joelhos e mantenha a energia.
Endireite o corpo e levante os braços por cima da cabeça.
Desta forma, faça entrar a energia no coração.

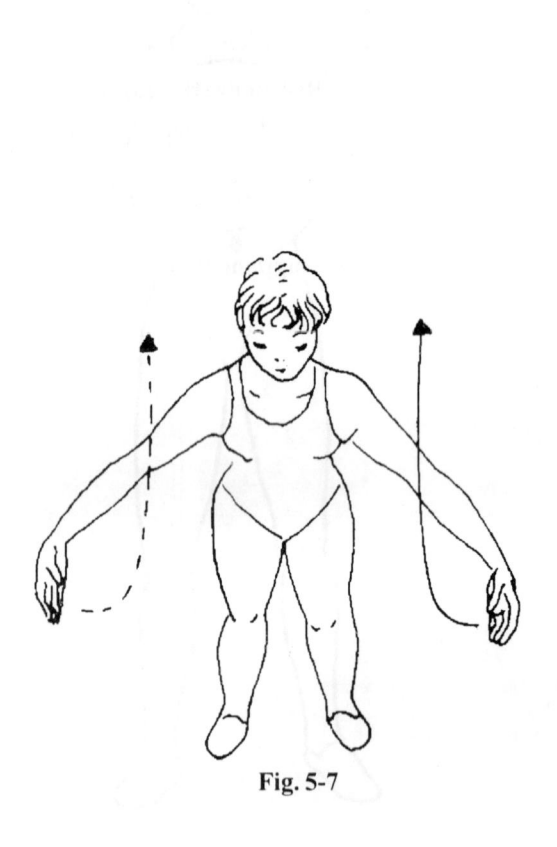

Fig. 5-7

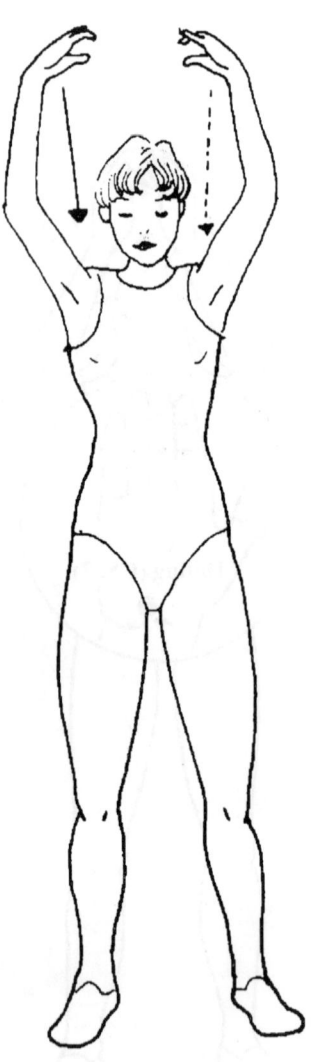

Fig. 5-8

5. Movendo lateralmente a energia até a axila e agitando os braços, três vezes (Fig. 5-10).

Mova as mãos em direção à axila (o ponto *Jiquan*, C 1) e agite os braços, para trás, três vezes. Respire naturalmente.

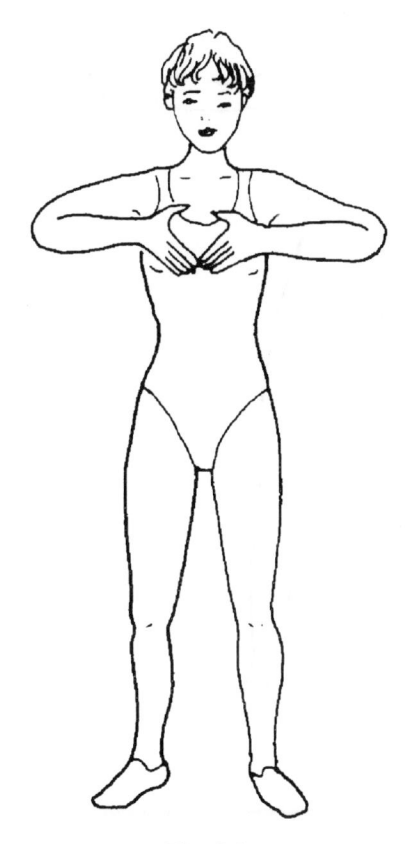

Fig. 5-9

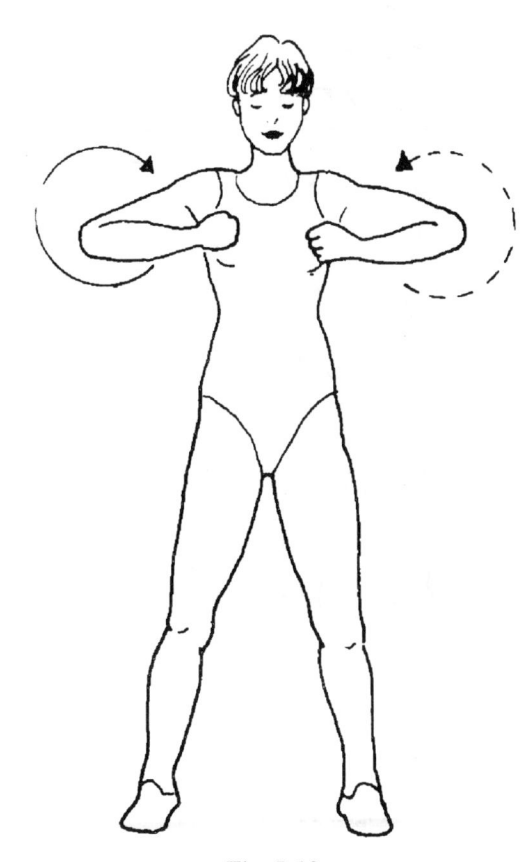

Fig. 5-10

6. Esticando os braços e estendendo os dedos mínimos (Figs. 5-11, 5-12).

Inspire profundamente e estique os braços para ambos os lados, dobrando simultaneamente os dedos, exceto os dedos mínimos. Concentre-se em que a energia vai para a ponta média dos dedos mínimos, passando através do peito e pelo canal.

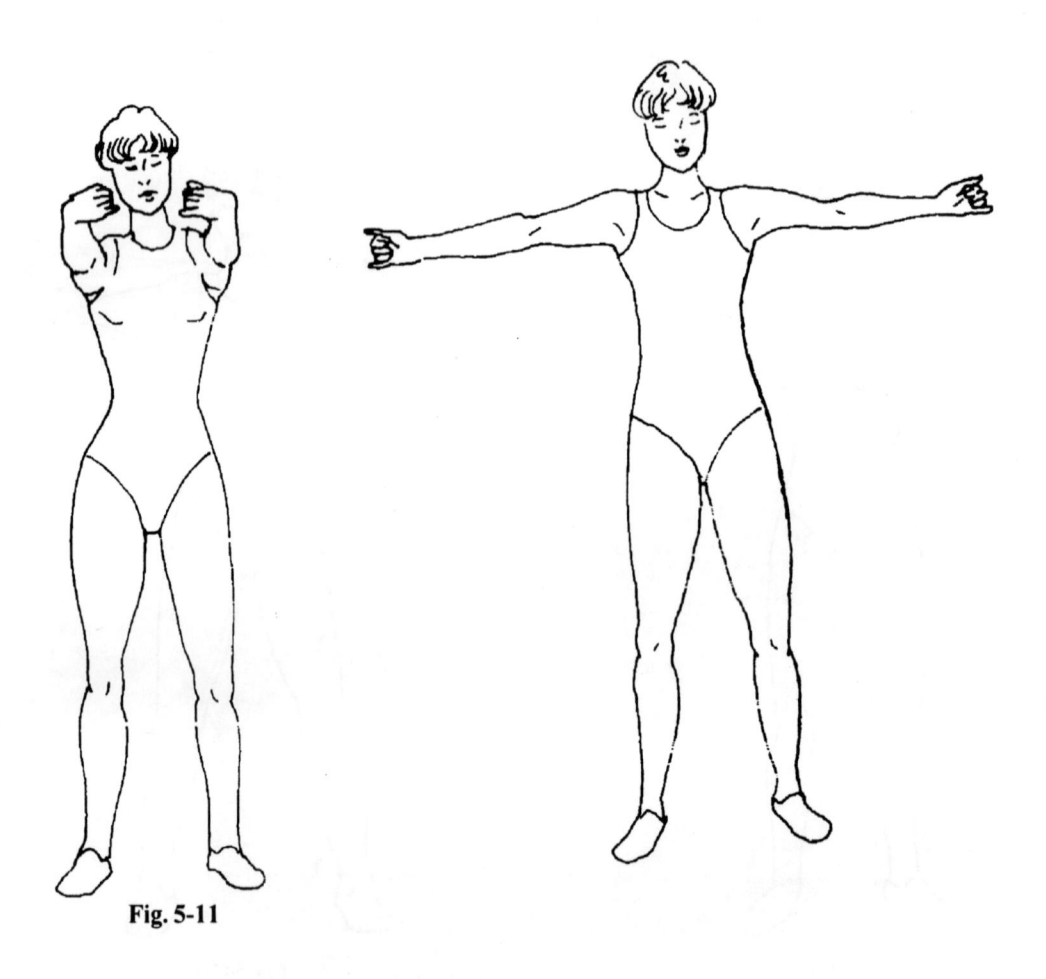

Fig. 5-11

7. Movendo a energia pelo meridiano esquerdo (Figs. 5-13, 5-14).

Volte o corpo para a direita completamente, e dê um passo para trás e outro para a esquerda com o pé esquerdo. Dobre o braço direito e coloque o dedo mínimo no ponto *Jiquan* (C 1), na axila. Enquanto expira lentamente, vire o tronco gradualmente para a esquerda. Simultaneamente, mova a energia com a mão direita, pelo meridiano, recitando mentalmente os pontos.

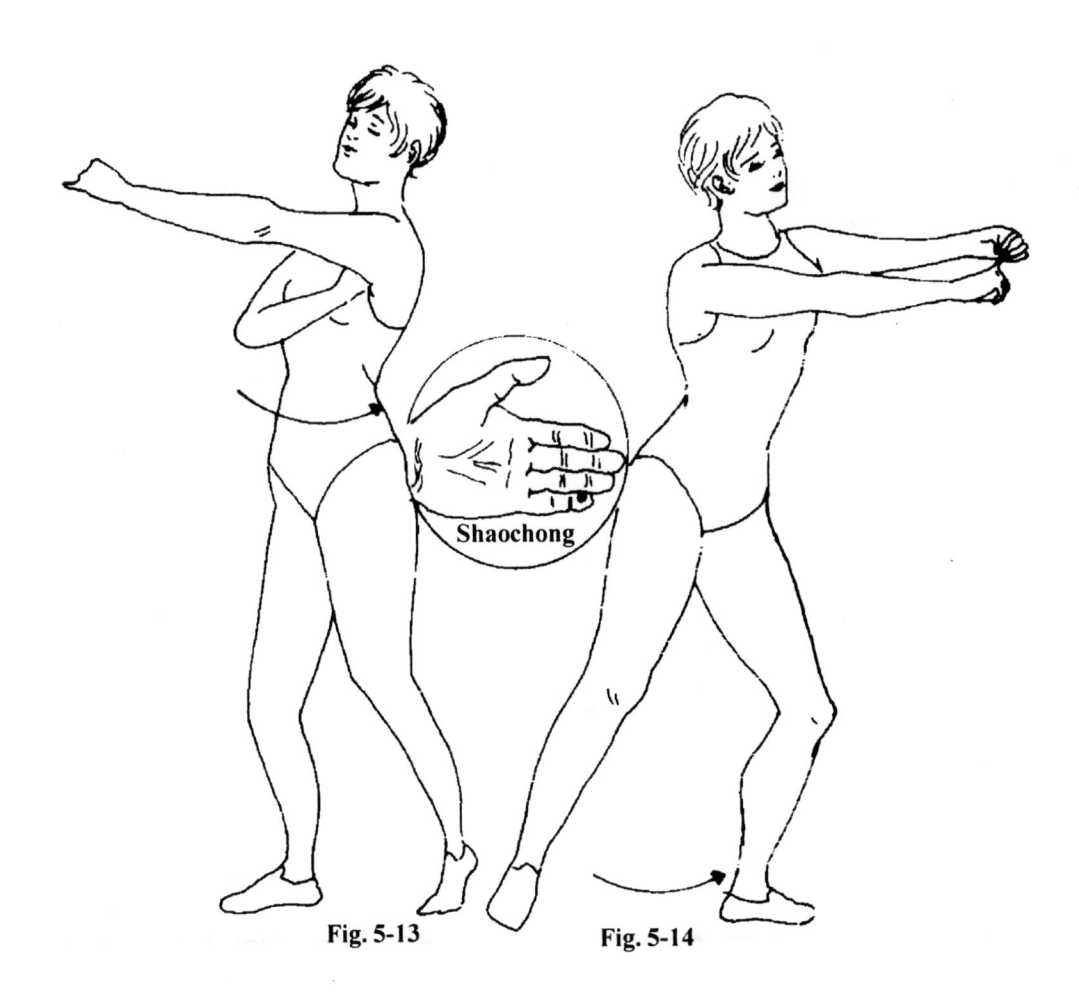

Fig. 5-13   Fig. 5-14

8. Inspirando e voltando-se para a direita (Fig. 5-15).

Ao mover a energia para o ponto *Shaochong* (C 9), passe o pé direito para o lado do pé esquerdo. Enquanto inspira profundamente, levante os braços e volte o tronco para a direita. Nesse momento, o peso cai sobre o pé direito. Dê um passo para a esquerda com o pé esquerdo e retorne o dedo mínimo direito até o ponto *Jiquan* (C 1). Durante a expiração, comece a mover a energia pelo meridiano esquerdo. Mova a energia pelo meridiano esquerdo duas vezes.

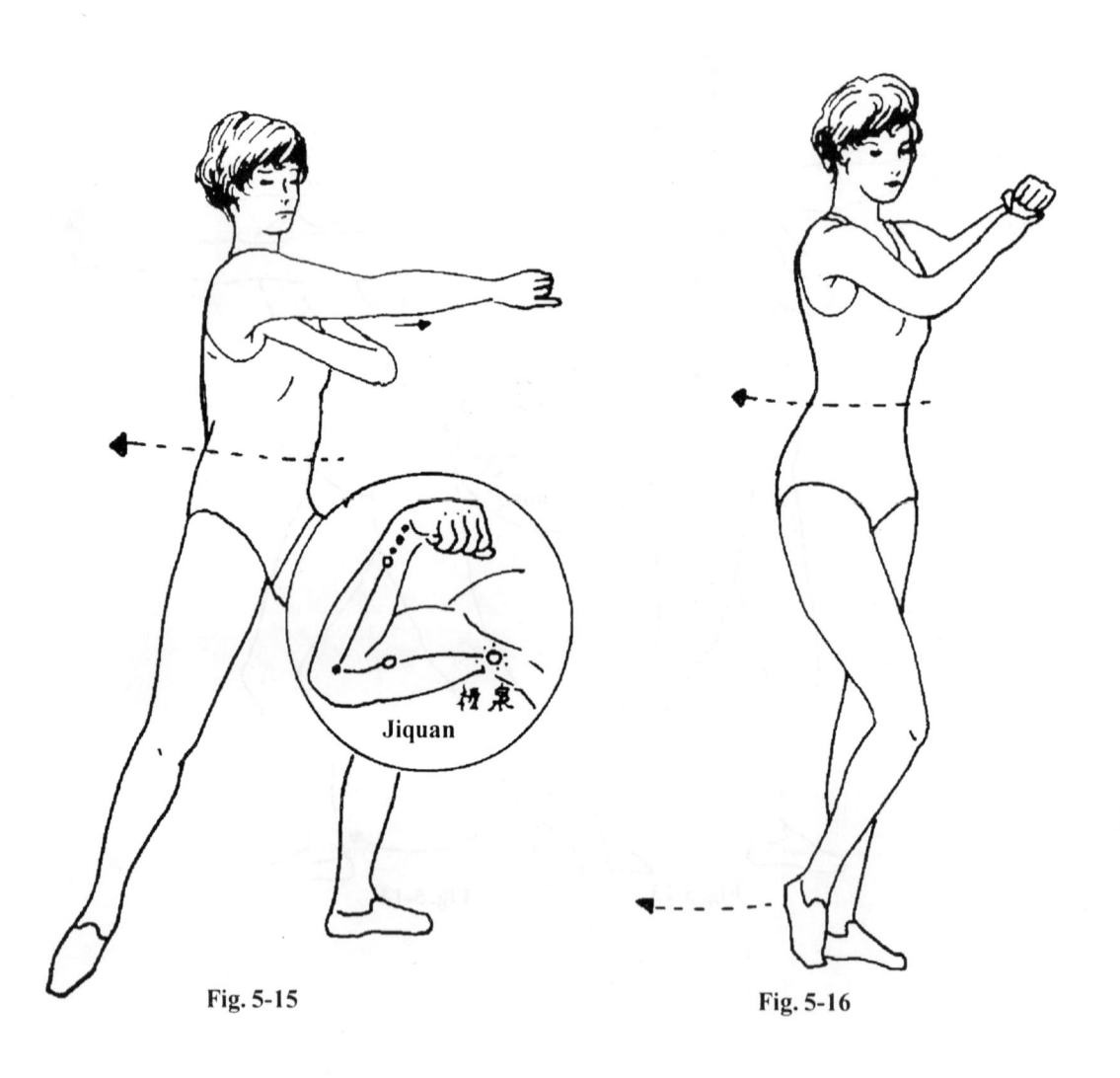

Fig. 5-15   Fig. 5-16

9. Movendo a energia pelo meridiano direito (Figs. 5-16, 5-17).

Enquanto inspira, aproxime o pé direito do pé esquerdo. Transfira o peso para o pé esquerdo. Vire o tronco para a esquerda por completo e dê um passo para a direita com o pé direito. Ponha o dedo mínimo esquerdo sobre o ponto *Jiquan*. Expire lentamente e volte o tronco para a direita. Simultaneamente, mova a energia com a mão esquerda pelo meridiano, recitando mentalmente os pontos. Desloque a energia pelo meridiano e pelos pontos, duas vezes.

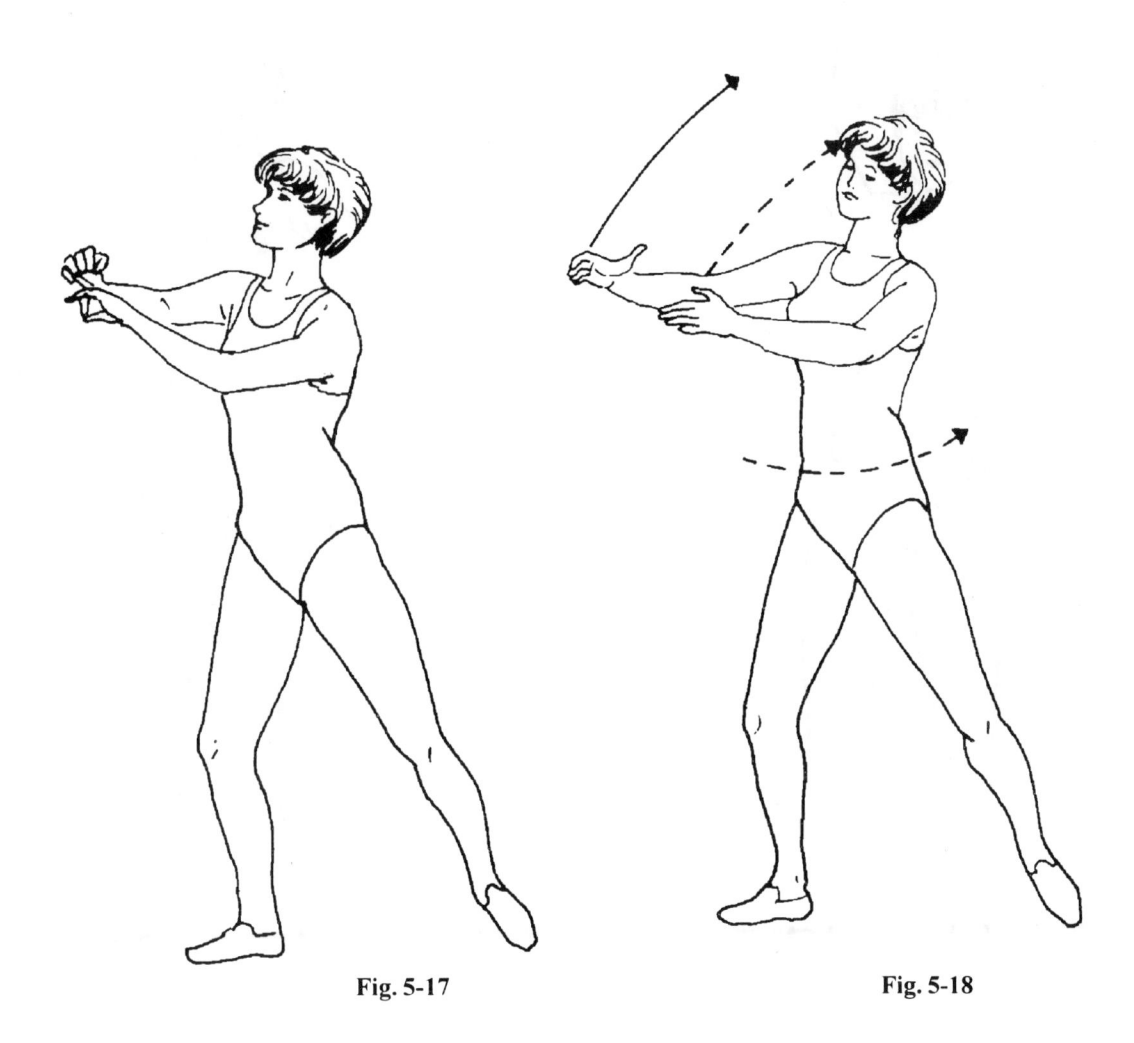

Fig. 5-17   Fig. 5-18

10. Levantando os braços e movendo a energia para baixo (Figs. 5-18, 5-19).

Ao colocar o dedo mínimo da mão esquerda no lado médio do mínimo da mão direita, mova o pé esquerdo para fazer com que os pés fiquem à distância da largura dos ombros. Enquanto inspira lentamente, levante os braços para cima da cabeça. Enquanto expira, baixe os braços.

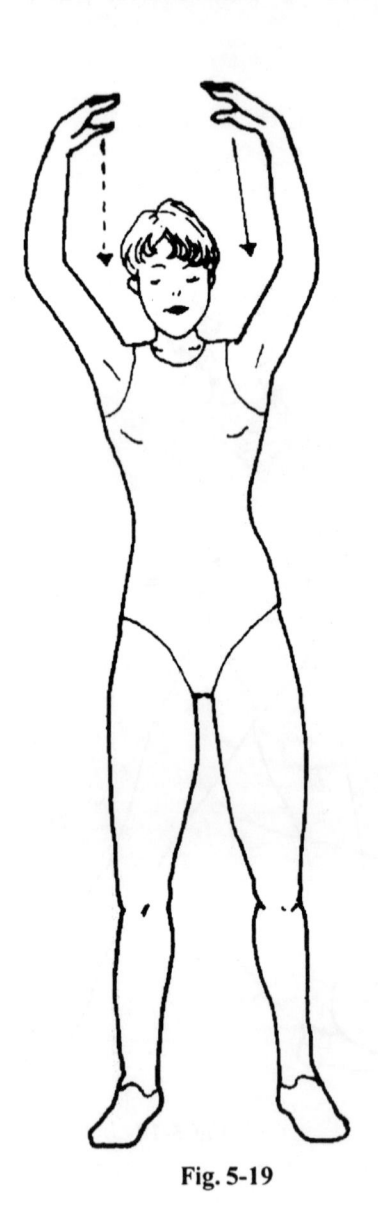

Fig. 5-19

Fig. 5-20

11. Virando os dedos para uni-los com o meridiano seguinte (Figs. 5-20, 5-21).

Ao mover as mãos até à frente do peito, toque o ponto *Shaochong* (C 9) esquerdo com o dedo mínimo da mão direita. A seguir, volte o pulso da mão esquerda no sentido dos ponteiros do relógio para que o dedo mínimo da mão direita possa tocar o ponto *Shaoze* (ID 1) esquerdo. Repita a mesma operação com o ponto *Shaochong* (C 9) direito.

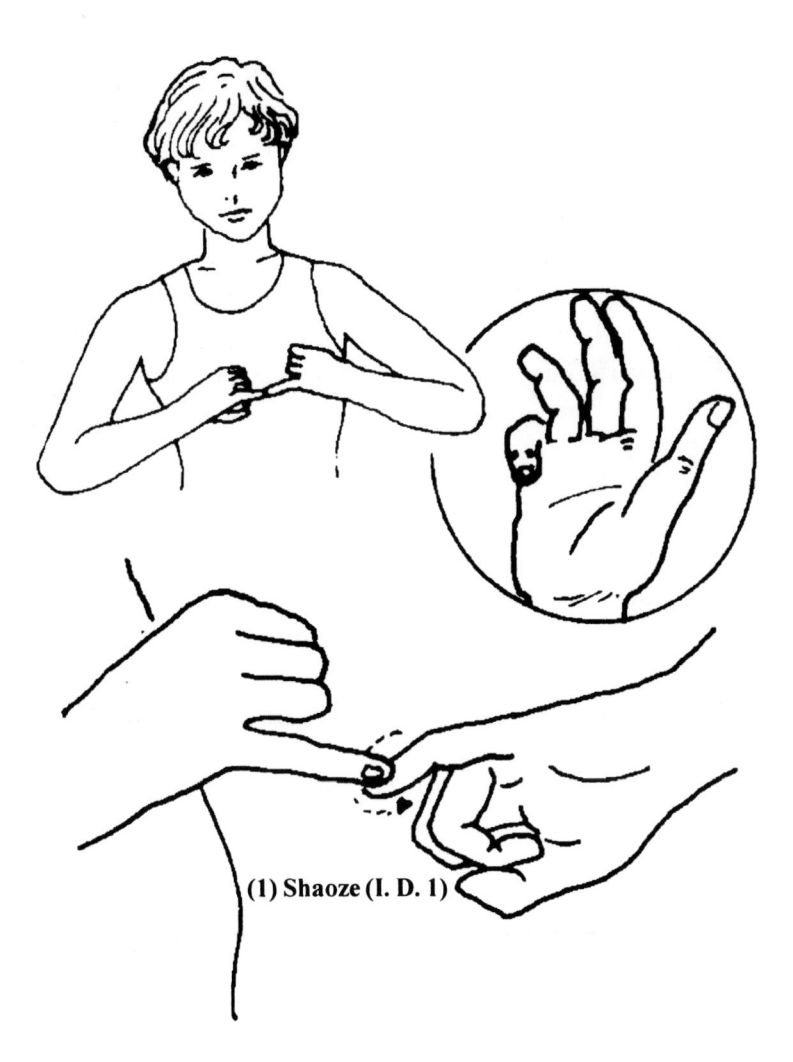

(1) Shaoze (I. D. 1)

Fig. 5-21

VI. O MERIDIANO DO INTESTINO DELGADO *TAIYANG* DA MÃO

Via de fluxo: (Fig. ID-1)

O Meridiano do Intestino Delgado *Taiyang* da Mão se origina no lado exterior da ponta do dedo mínimo (*Shaoze*, ID 1). Daí, ascende ao longo da borda posterior da face lateral do braço até as articulações do ombro. Ao dar a volta à espádua (ou omoplata), une-se com o ponto *Dazhui*. Aqui, o meridiano se bifurca. A ramificação interna desce em direção ao pulmão para unir-se com o coração. Passando pelo diafragma, entra no intestino delgado. A energia vai ao ponto *Xiajuxu* (E 39). A ramificação superficial sobe para o pescoço desde a fossa supraclavicular e, depois, em direção à face (o ponto *Quanliao*, ID 18). No ângulo externo do olho e no ponto *Tinggong* (ID 19), corre para cima em direção ao ponto interno do olho (o ponto *Jingming*, B 1), onde se une com o Meridiano da Bexiga *Taiyang* do Pé.

Indicações:

A prática por este meridiano tem efeitos curativos para a dor ao longo da borda posterior e lateral do ombro e braço, dor de garganta, diarréia crônica, desordens moderadas da vértebra cervical, visão embaçada e dor no pescoço e na área da espádua.

Condições:

Ao realizar a prática, o executante deve concentrar-se na regulação da respiração e na força dos movimentos. Quando mover a energia com as mãos até o ponto *Jianzhen* (ID 9), endireite e dobre a perna, recarregando o peso, seguindo a rota de "M".

O meridiano se inverte de mão na cabeça. Há aí 19 pontos no total. Têm-se de recordar tanto o ponto de partida, *Shaoze*, e o terminal, *Tinggong*, como os pontos *Yanglao* (ID 6), *Jianzhen* (ID 9) e *Quanliao* (ID 18). Os acupunturistas e os mestres de *Qigong* devem rememorar estes pontos.

Localização dos pontos importantes (Fig. ID-2):

1. *Shaoze*: acha-se no lado cubital do dedo mínimo, 0,1 *cun* posterior ao ângulo ungueal.

6. *Yanglao*: está no lado dorsal da cabeça do cúbito. Com a palma aposta ao tórax, localiza-se este ponto na depressão entre a borda externa do cúbito e o tendão extensor cubital do carpo,

8. *Xiaohai*: localiza-se entre o olecrânio e o epicôndilo interno do úmero.

9. *Jianzhen*: com o braço colocado ao longo do corpo, está um *cun* acima do extremo da dobra axilar posterior.

10. *Naoshu*: com o braço ao longo do corpo, o ponto está diretamente por cima de *Jianzhen*, na depressão ínfero-externa da espinha espaldar.

11. *Tianzong*: está na depressão infra-espaldar, na união do terço superior e médio da distância entre a borda superior da espinha espaldar e o ângulo inferior da espádua.

17. *Tianrong*: está situado posterior ao ângulo da mandíbula, na borda anterior do esternoclidomastóideo.

18. *Quanliao*: acha-se diretamente abaixo do ângulo externo do olho, na depressão da borda inferior do arco zigomático.

19. *Tinggong*: localiza-se na depressão entre o trago e a articulação da mandíbula, quando a boca está ligeiramente aberta.

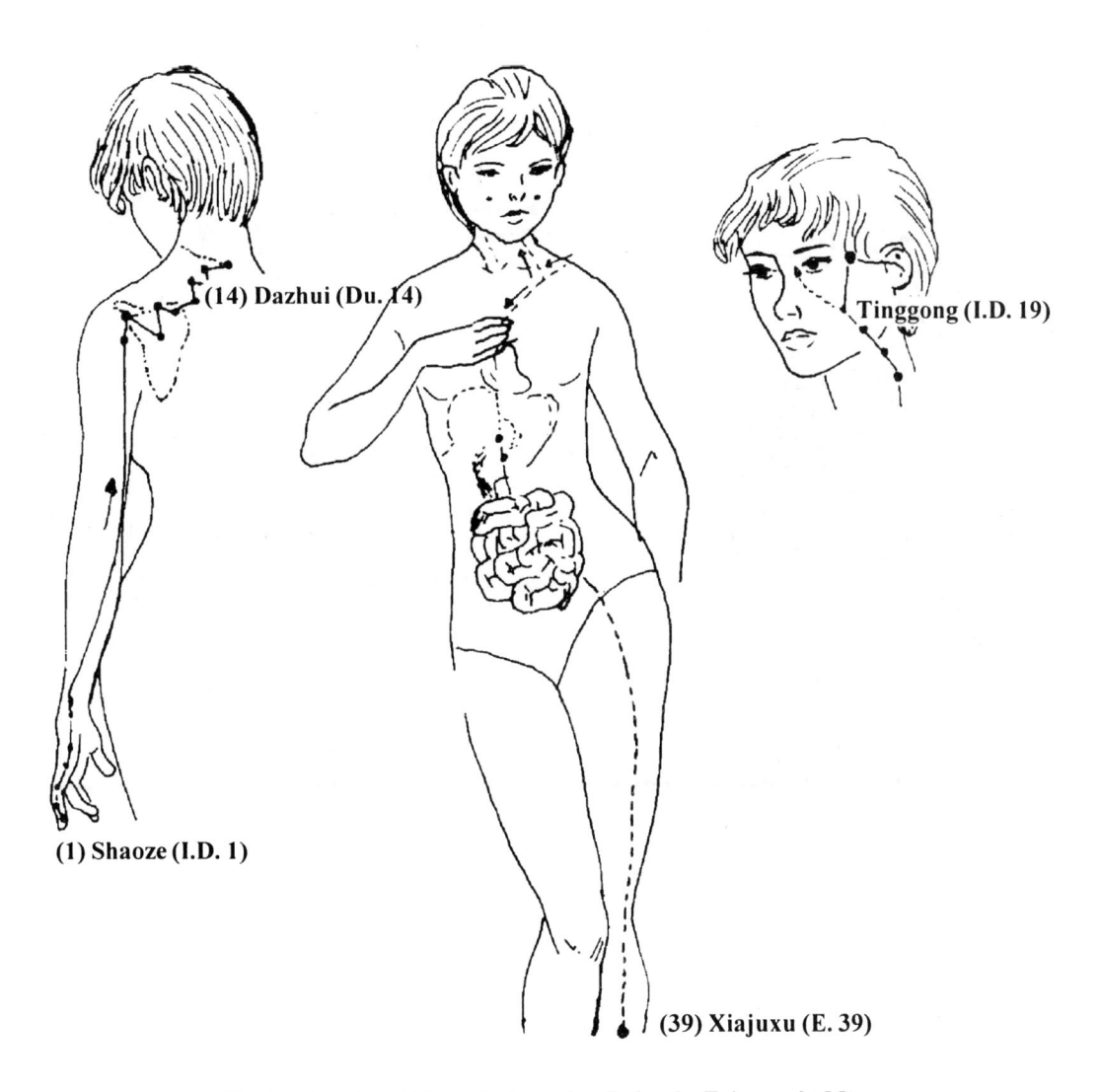

Fig. ID-1. O Meridiano do Intestino Delgado *Taiyang* da Mão.

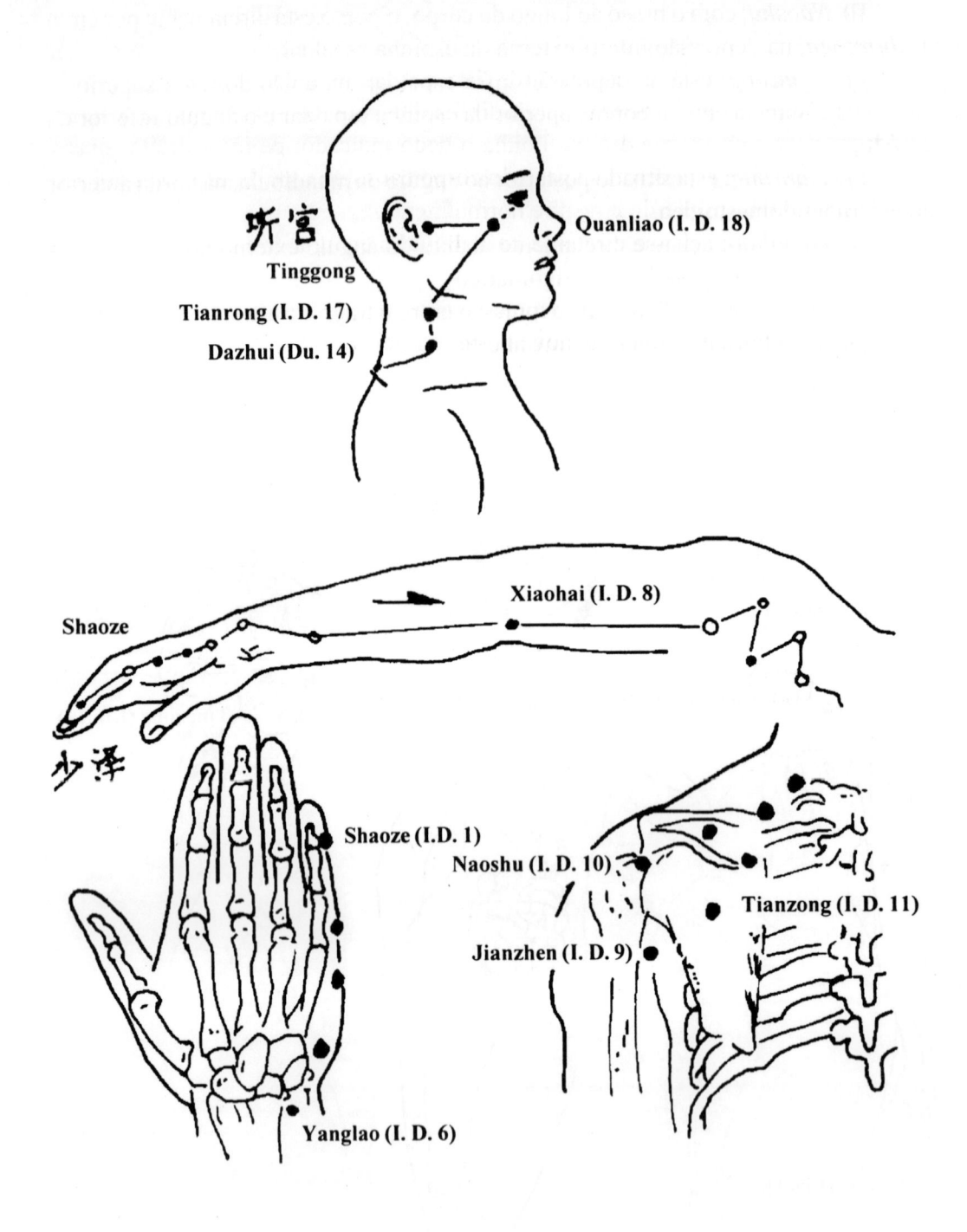

Fig. ID-2. O Meridiano do Intestino Delgado *Taiyang* da Mão.

Instruções:

1. Virando o corpo e estendendo os braços para fora, para a direita (Fig. 6-1).

Vire o tronco e o pé direito, para a direita, 90 graus. Simultaneamente, estenda os braços para fora, para a direita. Ponha o dedo indicador da mão direita sobre o ponto *Shaoze* (ID 1) esquerdo. O peso do corpo cai sobre o pé direito. Dê um passo para trás com o pé esquerdo e respire normalmente.

2. Voltando-se para a esquerda para mover a energia do lado esquerdo (Fig. 6-2).

Gire gradualmente o tronco, virando o pé direito 135 graus e o pé esquerdo 90 graus para a esquerda, enquanto move a energia pelo meridiano.

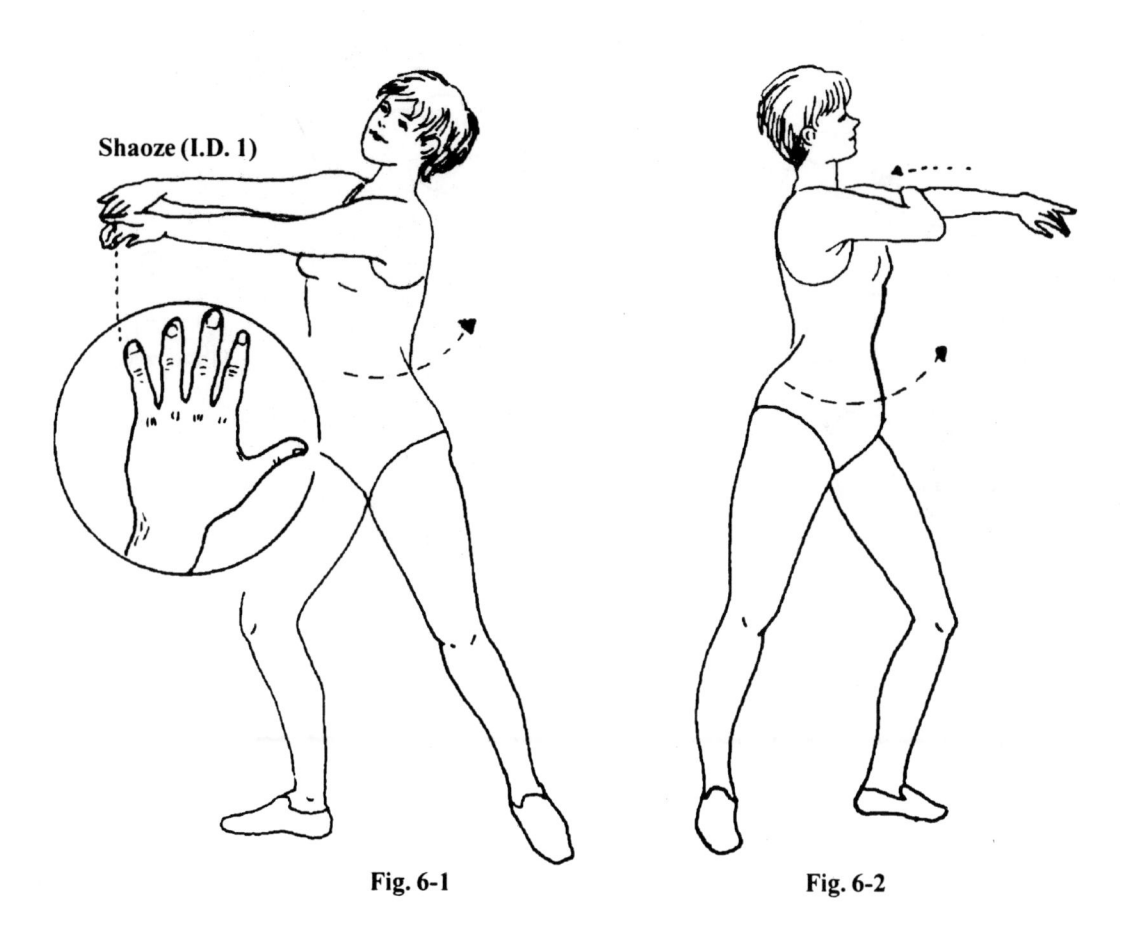

Fig. 6-1   Fig. 6-2

Nota: Enquanto expira, desloque a energia desde o ponto de partida até o cotovelo. Enquanto inspira, mova a energia desde o cotovelo até o ponto *Dazhui* (*Du* 14). Quando a energia tiver chegado ao ponto *Jianzhen* (ID 9), endireite e flexione a perna direita para cima e para baixo, duas vezes, fazendo um "M" no ar.

3. Encontrando-se com o ponto *Dazhui* (Fig. 6-3).

Ao mover a energia até o ponto *Dazhui*, dobre o braço esquerdo. Ponha o dedo indicador esquerdo sobre o ponto *Shaoze* (ID 1) direito, e cesse a inspiração.

4. Voltando-se para a esquerda e dando um passo adiante com o pé direito (Fig. 6-4).

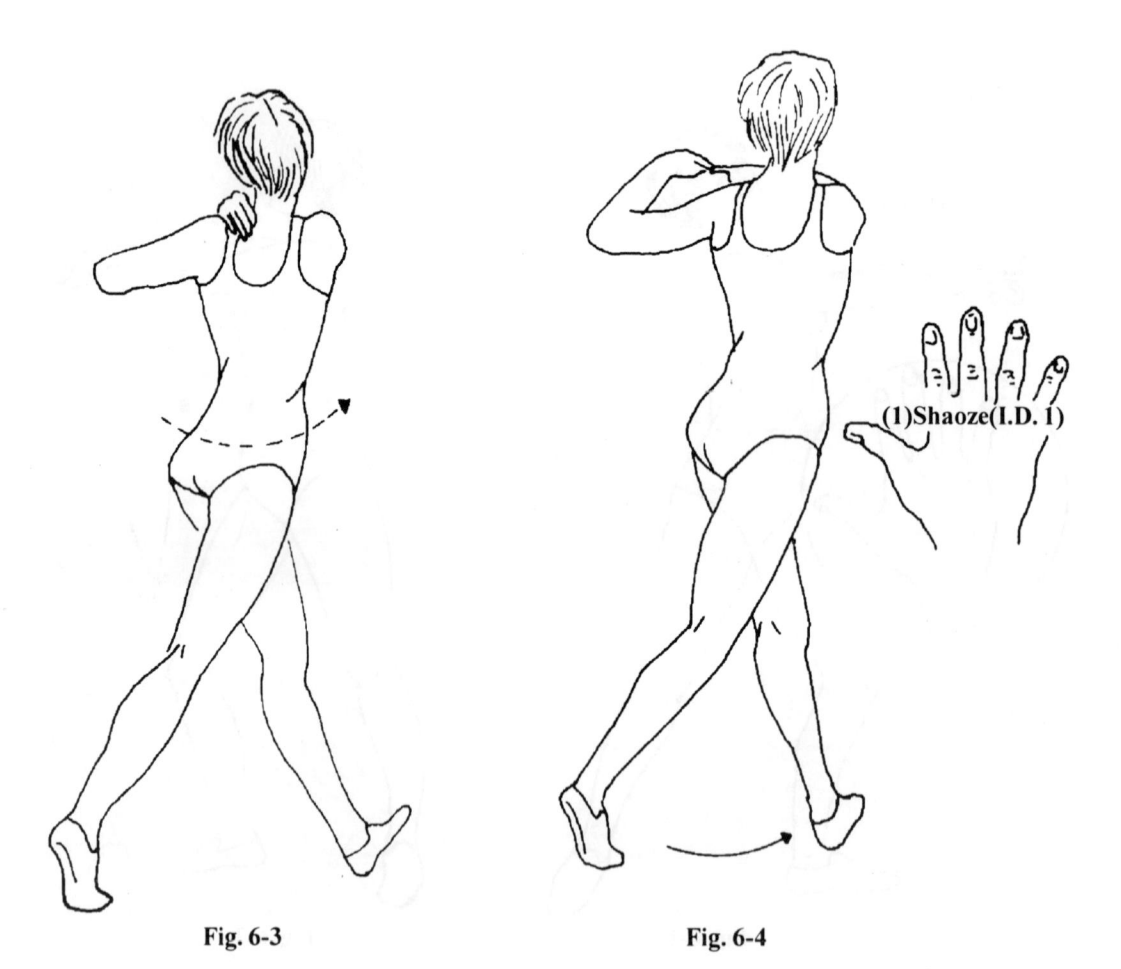

Fig. 6-3   Fig. 6-4

Vire o pé esquerdo, 45 graus, e o tronco para a esquerda. Dê um passo adiante com o pé direito e expire durante essa operação.

5. Voltando-se para a direita para mover a energia do lado direito (Figs. 6-5, 6-6).

Enquanto estende os braços para fora e para frente, volte o tronco e o pé direito 45 graus para a direita. Simultaneamente, mova a energia para cima, com o dedo indicador da mão esquerda, pelo canal. Quando a energia tiver chegado ao ponto *Jianzhen* (ID 9), endireite e dobre a perna esquerda para cima e para baixo, duas vezes, fazendo um "M" no ar.

Notas: Veja as notas no tópico 2. Mova a energia duas vezes de cada lado.

Fig. 6-5   Fig. 6-6

6. Voltando o corpo e juntando os dedos (Figs. 6-6, 6-7, 6-8).

Enquanto expira, vire o pé direito, 90 graus, e volte o corpo para a direita. Mova o pé esquerdo para que os pés fiquem à distância da largura dos ombros. Enquanto inspira, levante os braços desde a espádua e junte os dedos.

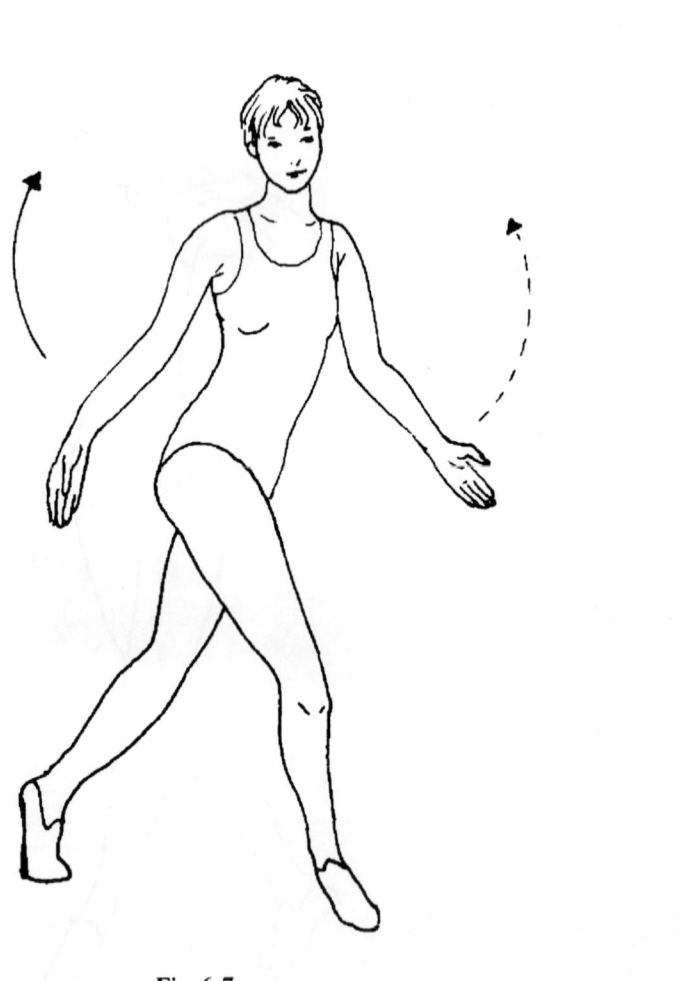

Fig. 6-7

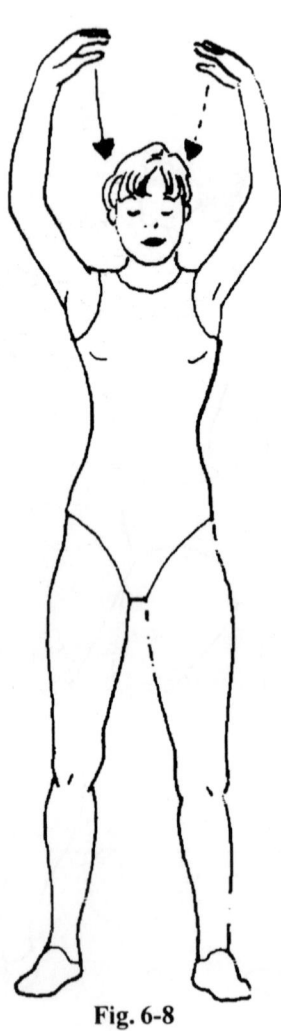

Fig. 6-8

7. Tocando o ponto *Dazhui* (*Du* 14) (Fig. 6-9).

Enquanto expira, baixe as mãos lentamente para tocar o ponto *Dazhui* (*Du* 14).

8. Movendo o ponto *Dazhui* e respirando normalmente (Figs. 6-9, 6-10, 6-11, 6-12, 6-13, 6-14).

Incline e levante a cabeça, seis vezes.

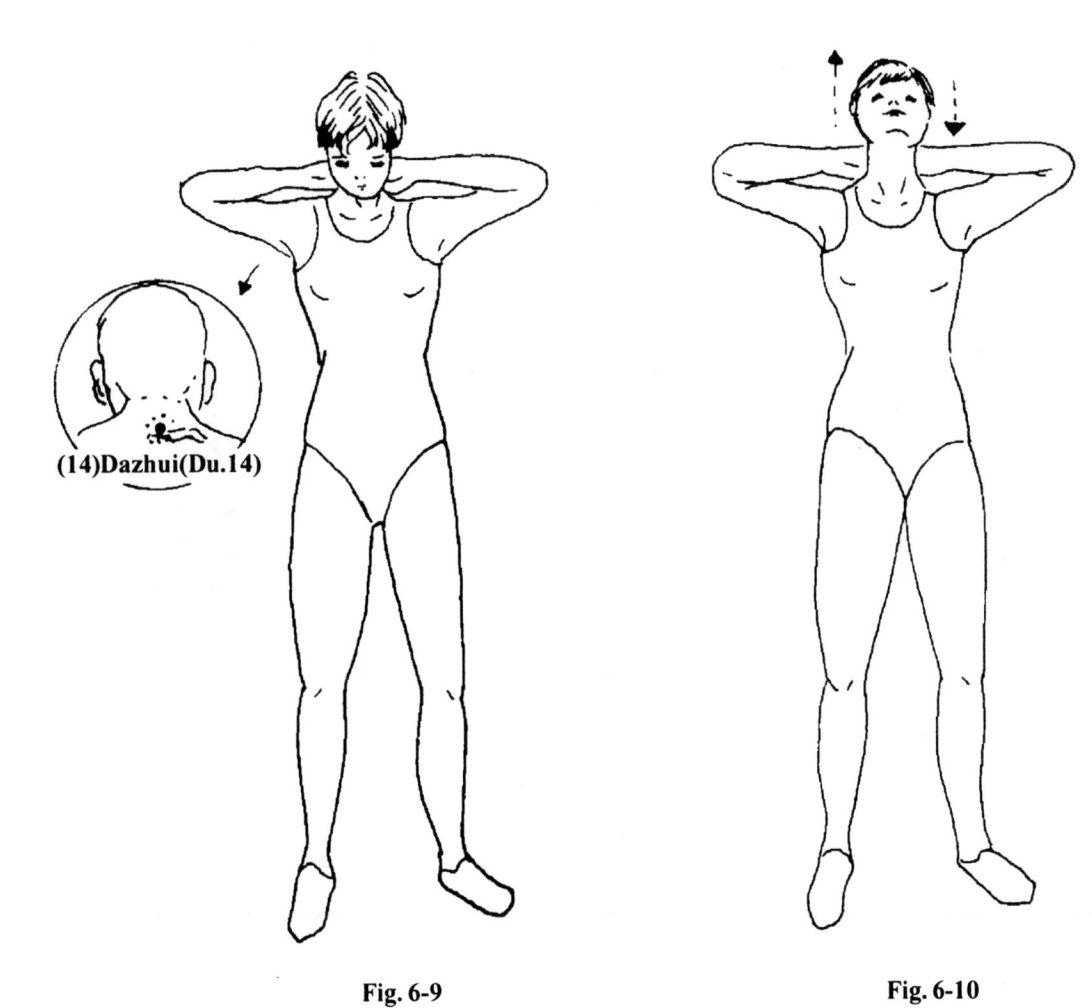

(14)Dazhui(Du.14)

Fig. 6-9   Fig. 6-10

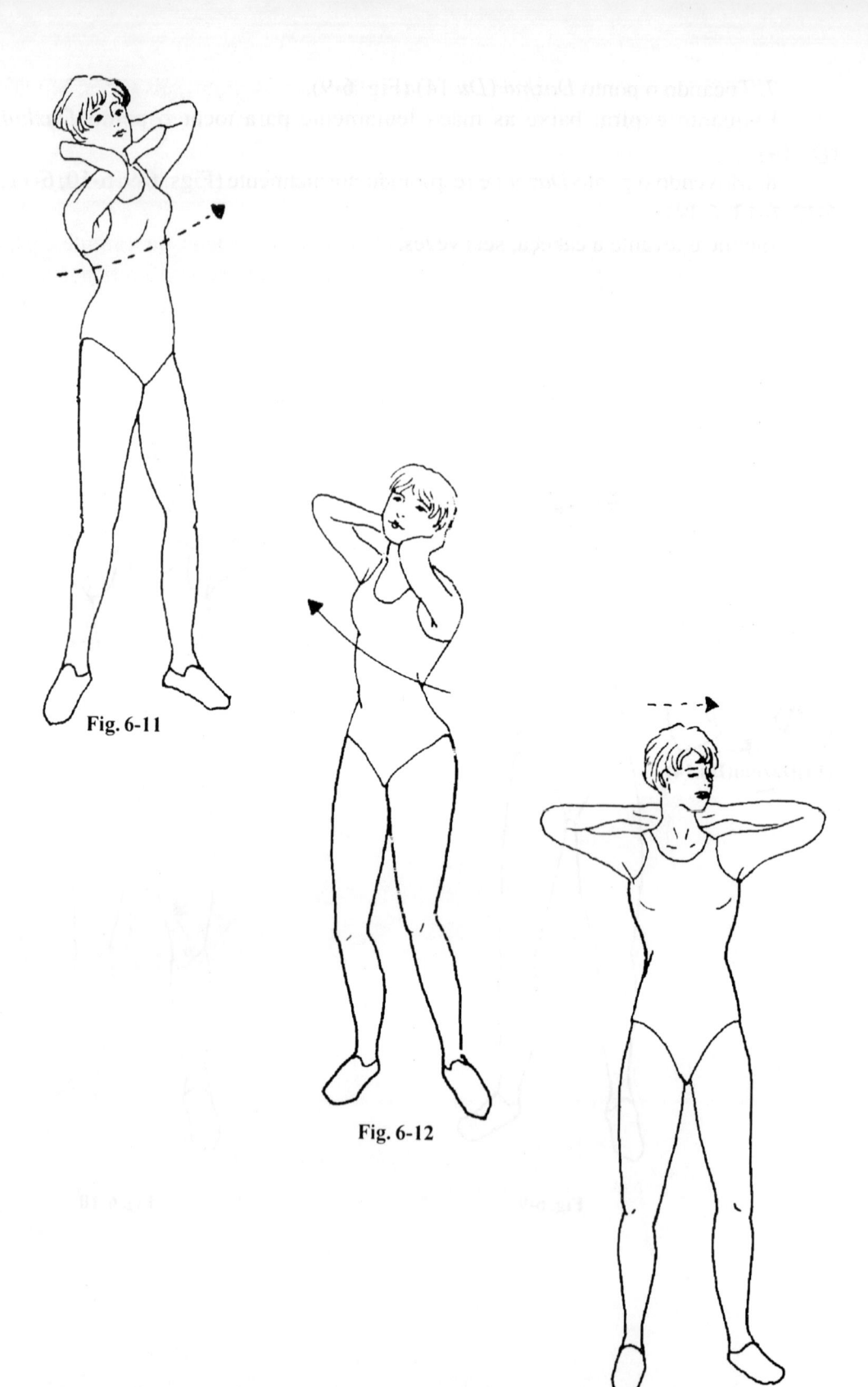

Fig. 6-11

Fig. 6-12

Fig. 6-13

Mova o tronco e os braços para a esquerda e para a direita, seis vezes. Mova o ponto *Dazhui* para ambos os lados, seis vezes (veja as operações nos tópicos 8, 9, 10, 11 e 12 no Meridiano do Intestino Grosso).

9. Movendo as mãos até à fossa supraclavicular e rodando os braços, três vezes (Fig. 6-15).

Mova as mãos até à fossa supraclavicular e agite os braços, para frente e para trás, três vezes. Respire normalmente. Tem de ter presente as duas ramificações que surgem neste ponto. Primeiro, mova a energia na ramificação interna.

10. Descendo para unir-se com o coração (Fig. 6-15).

Enquanto expira, baixe as mãos até o peito e, a seguir, até o coração. Faça uma pausa e, então, enquanto inspira, concentre-se no coração.

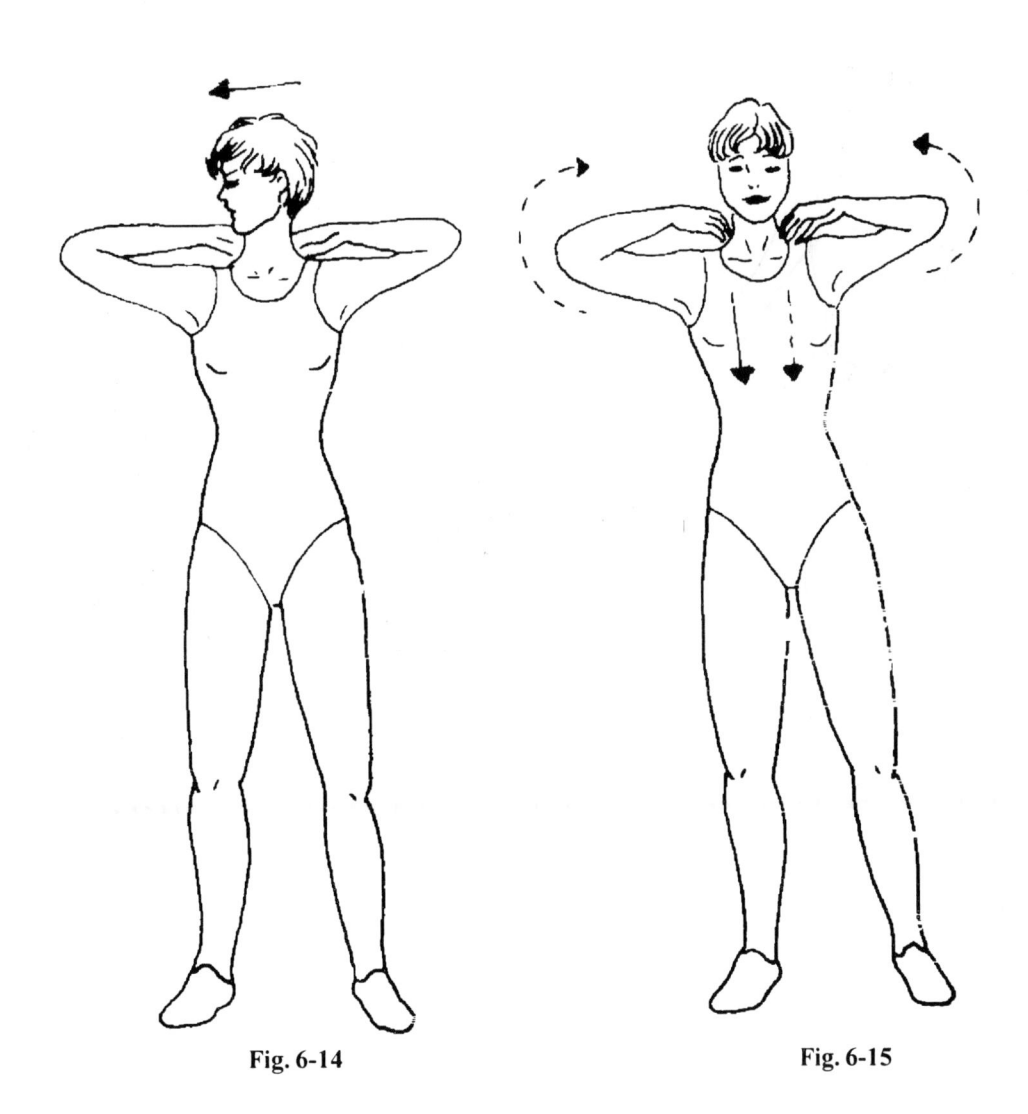

Fig. 6-14   Fig. 6-15

11. Passando através do diafragma e entrando no intestino delgado (Fig. 6-16).

Enquanto expira, baixe as mãos, a partir do coração. Faça a energia entrar no intestino delgado, passando pelo diafragma. Faça uma pausa e se concentre nele enquanto inspira.

12. Baixando para unir-se com o ponto *Xiaojuxu* (E 39) (Figs. 6-17, 6-18).

Enquanto inspira lentamente, curve-se para a frente e mova as mãos até o ponto *Xiaojuxu* (E 39).

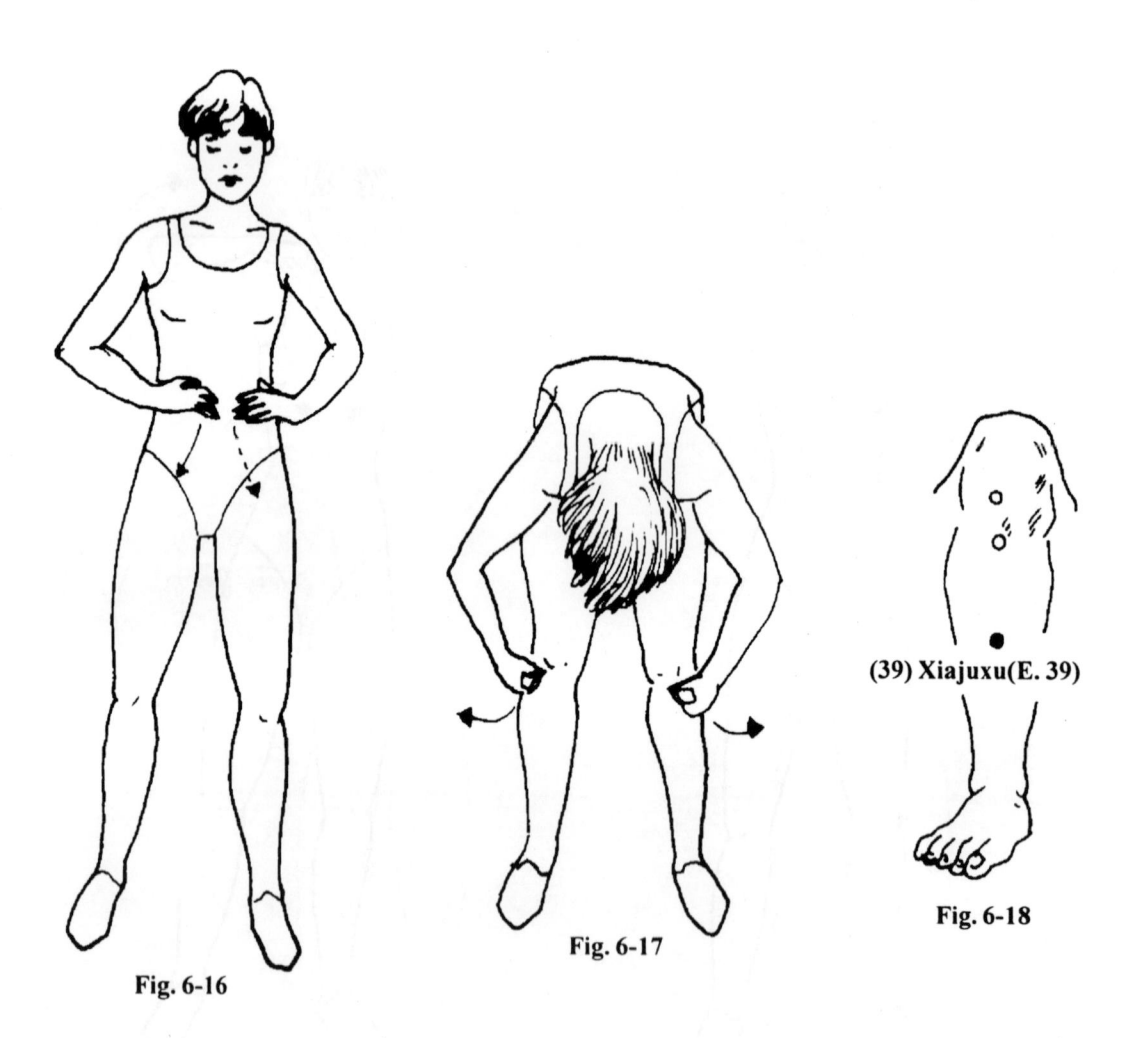

(39) Xiajuxu(E. 39)

Fig. 6-18

Fig. 6-17

Fig. 6-16

13. Flexionando os joelhos e mantendo a energia (Figs. 6-19, 6-20).

Endireite o corpo lentamente, inspirando, e levante os braços por cima da cabeça.

14. Empurrando a energia na fossa supraclavicular (Fig. 6-21).

Enquanto expira, baixe as mãos até à fossa supra-clavicular.

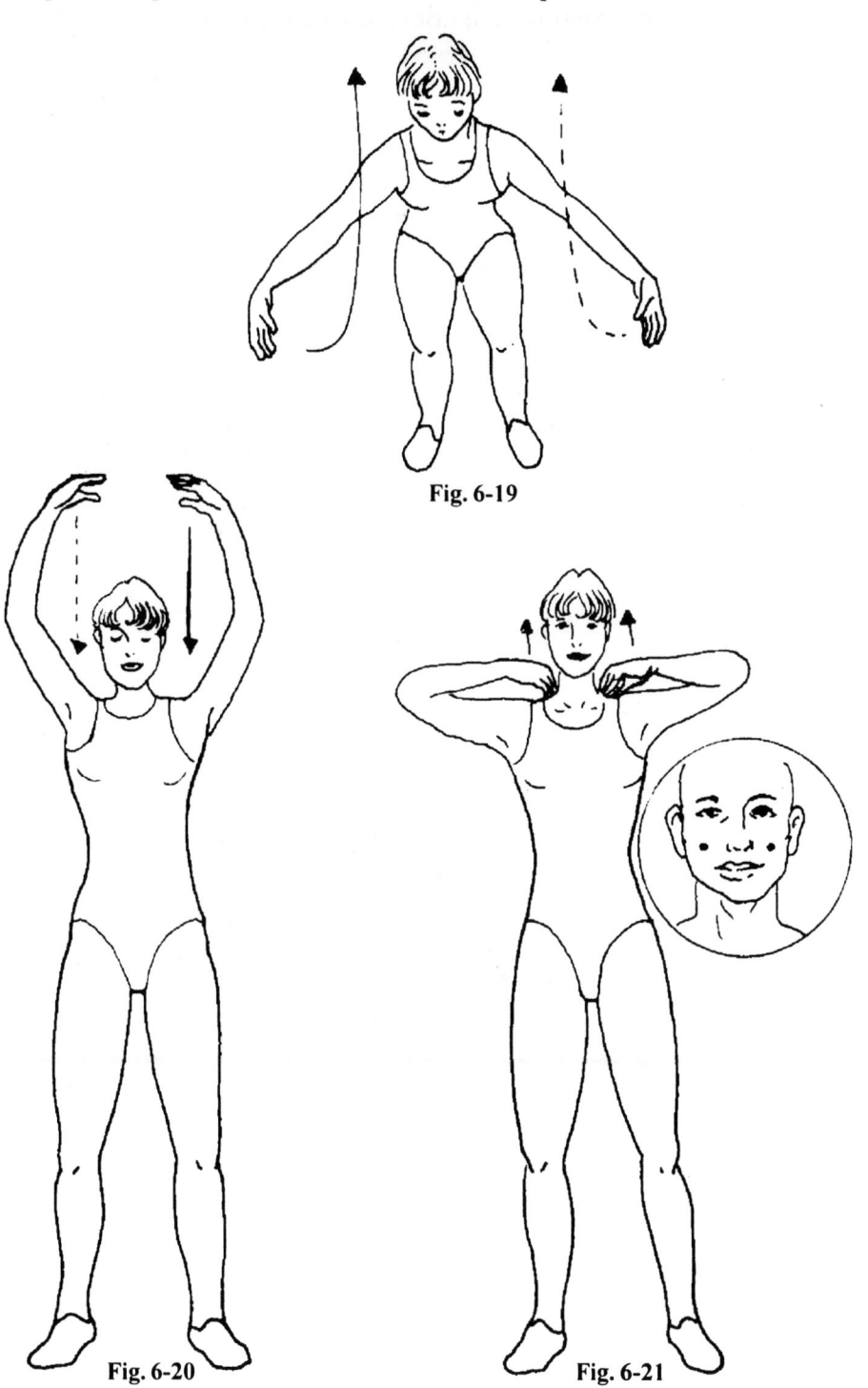

Fig. 6-19

Fig. 6-20

Fig. 6-21

15. Elevando a energia pela rota superficial e massageando o ponto *Tinggong* (ID 19) (Figs. 6-22, 6-23).

Levante as mãos, pela rota, até os pontos *Quanliao* (ID 18) e *Tinggong* (ID 19), onde a energia entra nas orelhas. Faça massagem no ponto *Tinggong*, seis vezes. Mova as mãos para a frente até os pontos *Quanliao* e *Jingming* (B 1), onde a energia se conecta com o Meridiano da Bexiga *Taiyang* do Pé.

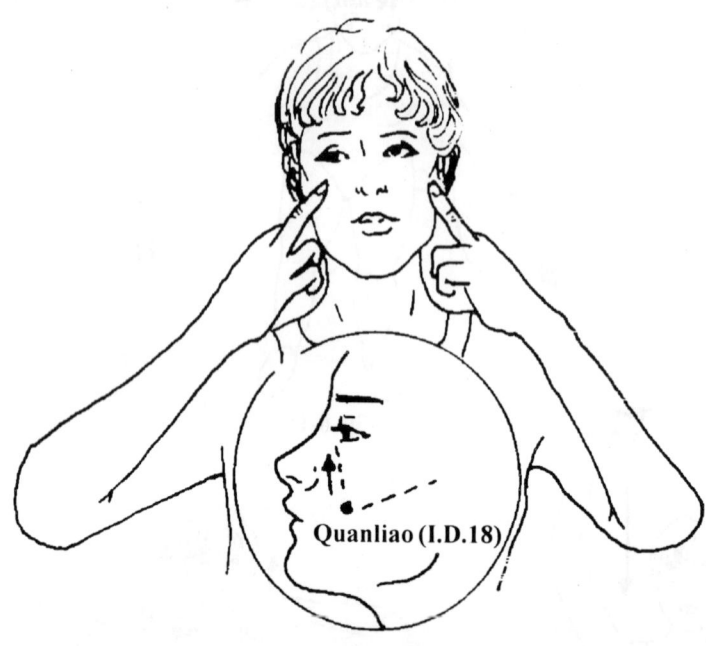

Fig. 6-22

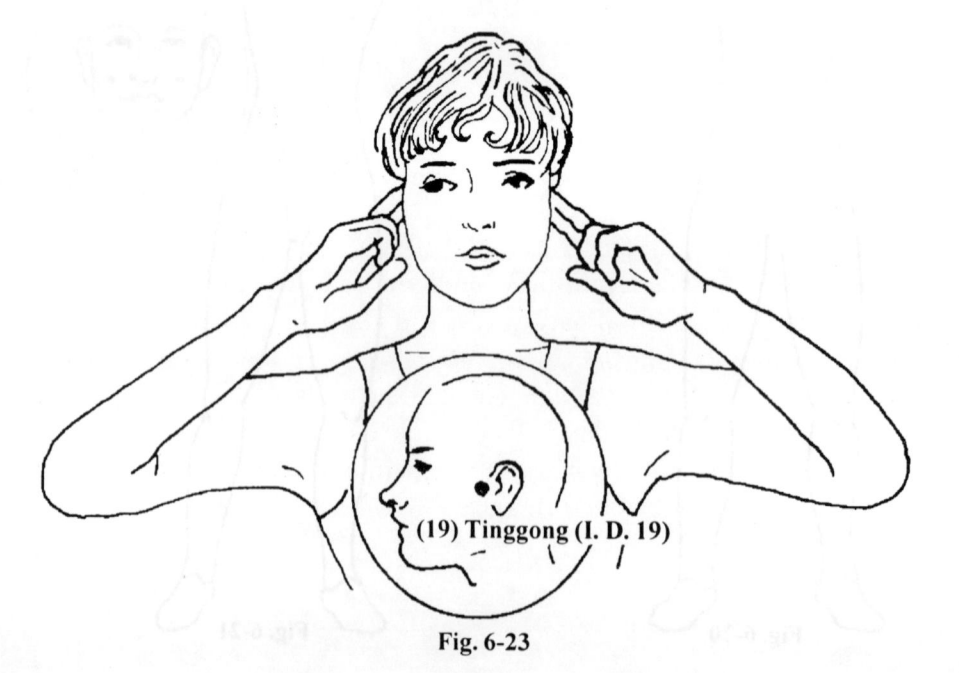

Fig. 6-23

VII. O MERIDIANO DA BEXIGA *TAIYANG* DO PÉ

Via de fluxo: (Fig. B-1)

O Meridiano da Bexiga *Taiyang* do Pé parte do ângulo interno do olho (o ponto *Jingming*, B 1). Sobe para a frente e passa em meio às sobrancelhas (o ponto *Zanzhu*, B 2), conectando-se com o Meridiano *Du*, no vértice do crânio. Corre para baixo e chega ao ponto *Tianzhu* (B 10). Daí, o meridiano se bifurca. A ramificação interna se une com o ponto *Dazhui* (*Du* 14). Estas duas ramificações (uma está a 2,5 *cun* e a outra a 3 *cun* da coluna vertebral) correm para baixo pela coluna vertebral. Na área dos rins, uma ramificação entra na cavidade corporal para unir-se com o rim e o órgão a que pertence. Baixando da área do rim, esta ramificação se une com a outra na fossa poplítea (o ponto *Weizhong*, B 40). A seguir, o meridiano corre para baixo ao longo da borda posterior lateral da tíbia e chega à parte lateral da ponta do dedo mínimo do pé (o ponto *Zhiyin*, B 67). A partir de *Zhiyin*, o ponto terminal do meridiano, desloca-se para a planta do pé, onde se conecta com o Meridiano dos Rins *Shaoyin* do Pé.

Indicações:

Como o meridiano vai desde a cabeça até o pé e os órgãos internos (órgãos *Zang-fu*), têm seus pontos *Shu* na região da espádua; este é o meridiano mais importante para regular as funções das vísceras. Os pontos no meridiano também são usados para tratar a dor de cabeça, nuca, a região lombossacral, espádua, nádegas e a parte posterior dos membros inferiores. O meridiano tem uma função específica para revigorar os rins, fortalecer o *yang* e regular a função da bexiga. É também efetivo no tratamento da impotência, ejaculação precoce, hemorróidas e hipogonadismo.

Condições:

Enquanto realiza a prática, o executante deve concentrar-se na massagem dos pontos na cabeça, contrair os músculos do ânus e órgãos genitais e cerrar os dentes, elevando a energia dos rins.

Deve-se conhecer claramente a rota do meridiano: as ramificações surgem no ponto *Tianzhu* (B 10), onde a ramificação interna se conecta com o ponto *Dazhui* (*Du* 14); a seguir, as duas ramificações se unem na fossa poplítea. Ademais, além dos pontos *Zanzhu* (B 2), *Tianzhu* (B 10), *Shenshu* (B 23), *Weizhong* (B 40) e *Zhishi* (B 52), devem-se recordar o *Jingming* (ponto de partida do meridiano) e o *Zhiyin* (ponto terminal). O praticante deve saber os pontos *Shu* na região da espádua. Os acupunturistas e mestres de *Qigong* devem rememorar todos os pontos e recitá-los mentalmente quando deslocarem a energia.

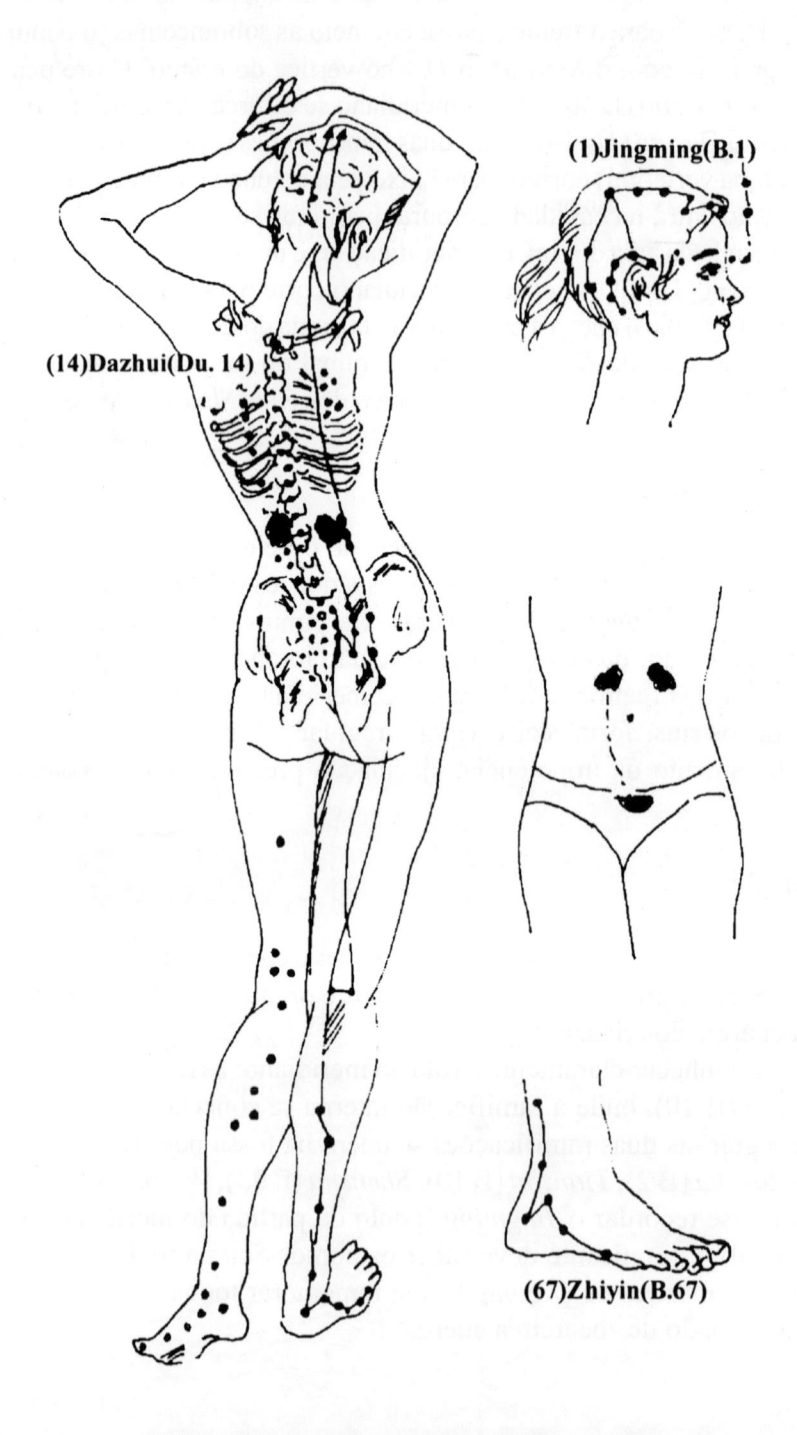

Fig. B-1. O Meridiano da Bexiga *Taiyang* do Pé.

Localização dos pontos importantes (Fig. B-2):

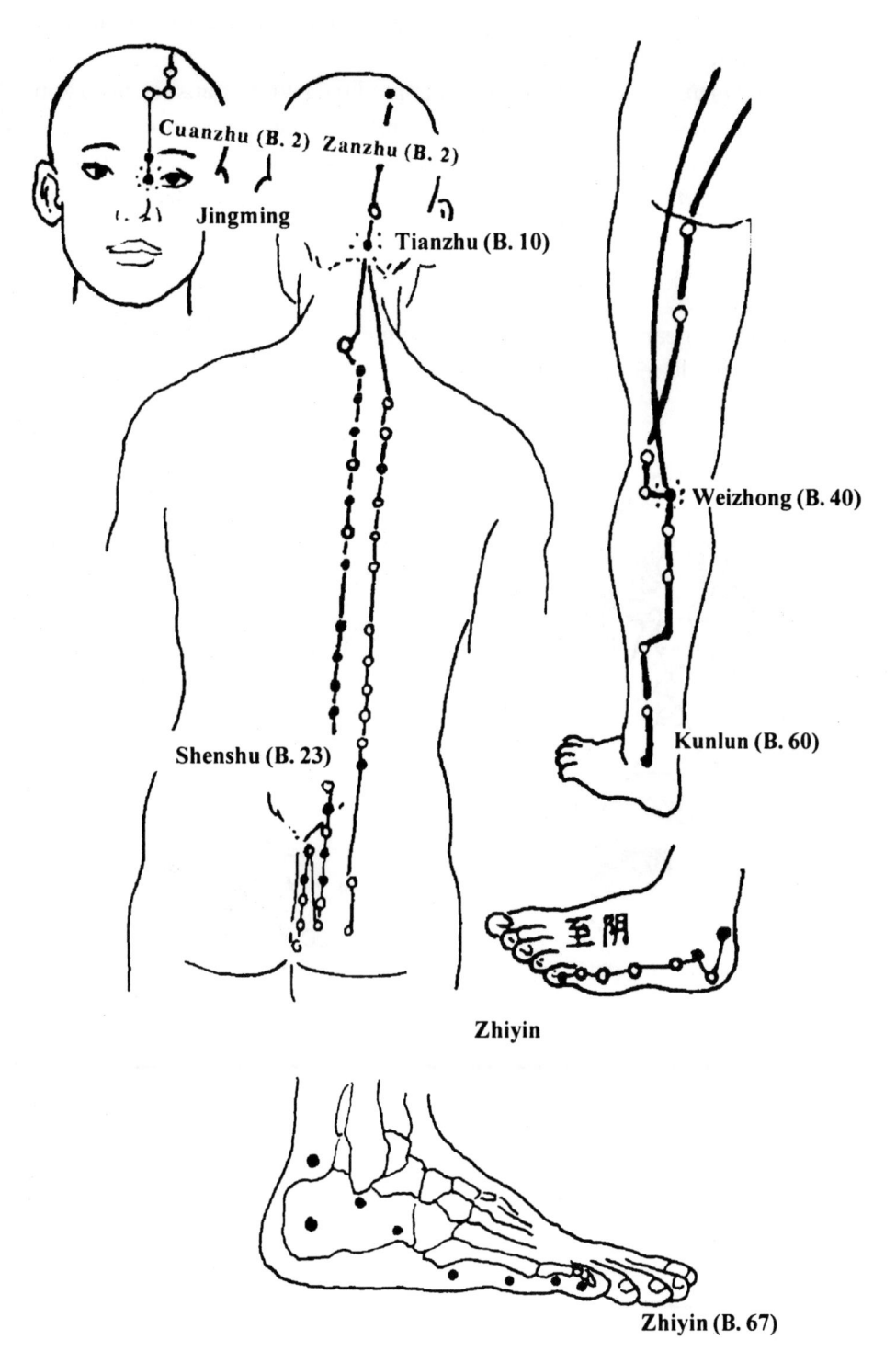

Fig. B-2. O Meridiano da Bexiga *Taiyang* do Pé.

1. *Jingming*: está situado a 0,1 *cun* superior ao ângulo interno do olho.

2. *Zanzhu*: localiza-se na raiz das sobrancelhas ou na cavidade supra-orbitária.

10. *Tianzhu*: está 1,3 *cun* para fora do ponto *Yamen* (*Du* 15), na linha dos cabelos, no lado externo do músculo trapézio.

23. *Shenshu*: está 1,5 *cun* para fora da borda inferior da apófise espinhal da segunda vértebra lombar.

40. *Weizhong*: localiza-se no ponto médio da dobra transversal da zona poplítea, entre os tendões do músculo bíceps femoral e o músculo semitendinoso.

60. *Kunlun*: está na depressão entre o maléolo externo e o tendão do calcâneo.

67. *Zhiyin*: está no lado externo do dedo mínimo do pé, 0,1 *cun* posterior ao ângulo da unha.

Instruções:

1. Massageando os pontos *Jingming* e *Zanzhu* (B 2) para produzir brilho nos olhos e claridade mental (Figs. 7-1, 7-2).

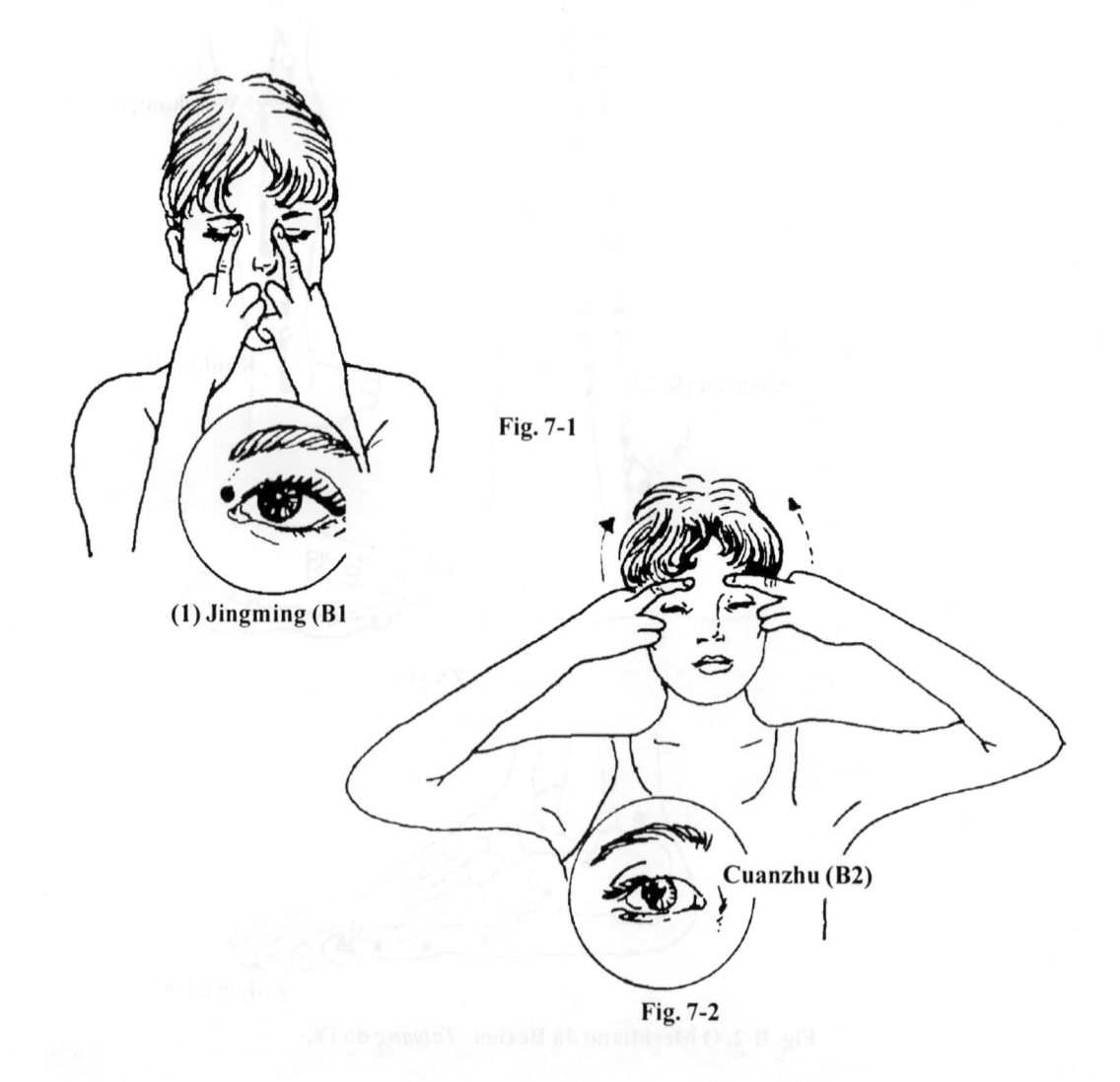

Fig. 7-1

(1) Jingming (B1

Cuanzhu (B2)

Fig. 7-2

Massageie o ponto *Jingming,* seis vezes, e, a seguir, o ponto *Zanzhu,* seis vezes. Durante a massagem, o praticante pode experimentar uma ligeira dor.

2. Indo até o vértice, entrando no cérebro e unindo-se com as orelhas (Fig. 7-3).

Levante as mãos pelos meridiano até o vértice. Faça massagem no ponto *Baihui* (*Du* 20), seis vezes, com os dedos médios, enquanto representa vividamente na mente que a energia entrou no cérebro e se uniu com as orelhas.

3. Fazendo massagem no ponto *Tianzhu* (B 10) para relaxar os tendões e limpar a passagem do meridiano (Fig. 7-4).

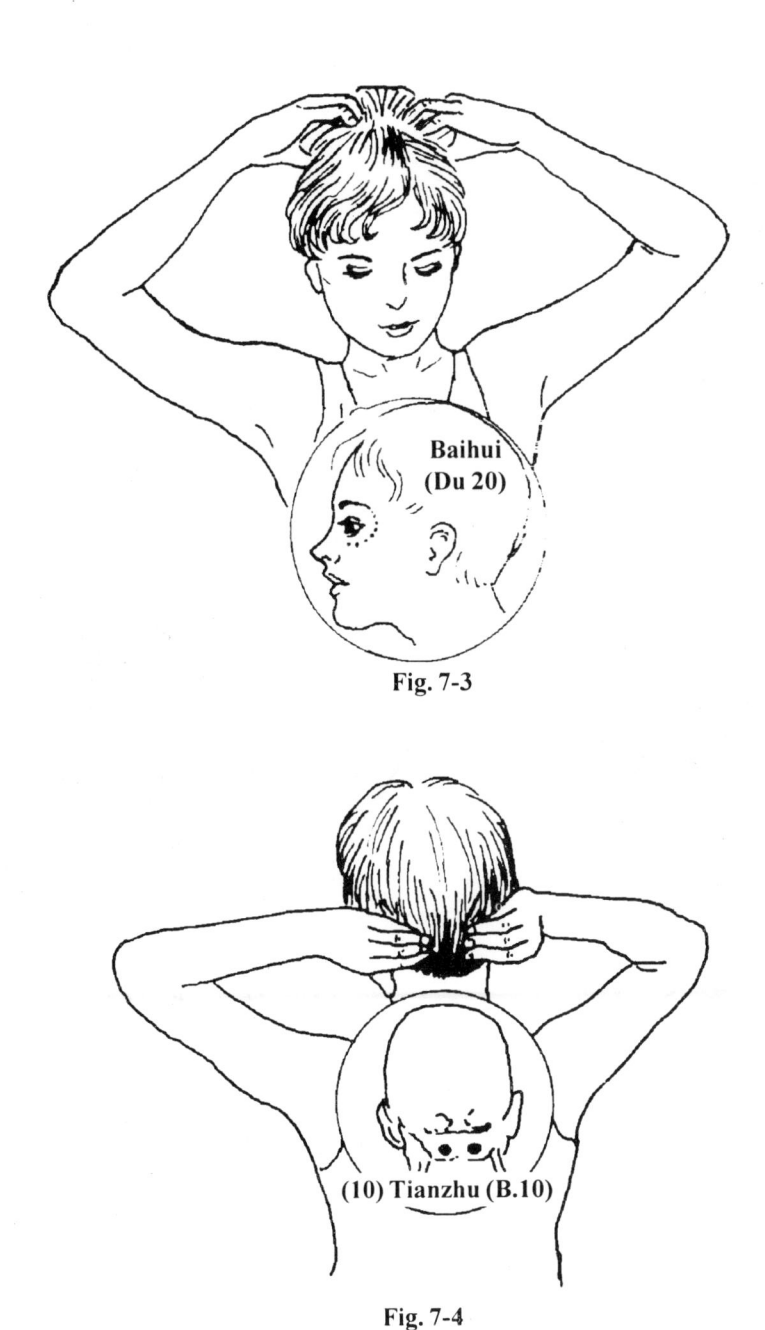

Fig. 7-3

Fig. 7-4

Faça massagem no ponto *Tianzhu*, seis vezes. O praticante pode experimentar uma ligeira sensação de dor e distensão. Isso relaxa os tendões e limpa a passagem do meridiano.

4. Massageando o crânio e movendo o ponto *Dazhui* (*Du* 14) (Figs. 7-5, 7-6).

Massageie com as palmas os caminhos no crânio, do ponto *Zanzhu* (B 2) ao *Tianzhu* (B 10), seis vezes. No ponto *Tianzhu*, surgem duas ramificações. A ramificação interna se conecta com o ponto *Dazhui*. Mova o ponto *Dazhui* no sentido dos ponteiros do relógio seis vezes, e outras seis vezes no sentido anti-horário.

Fig. 7-5

(14) Dazhui (Du. 14)

Fig. 7-6

5. Estendendo os braços para fora e pondo as palmas para baixo (Fig. 7-7).

Enquanto inspira, estenda os braços para fora, com as palmas também para baixo. Enquanto expira, dobre-se para a frente e vire as palmas para cima.

6. Dobrando os braços, pondo as mãos sobre as costas e endireitando o tronco (Fig. 7-8).

Flexione os braços e ponha os dorsos das mãos sobre as costas tão alto quanto seja possível, colocando os polegares e indicadores sobre as duas ramificações. Enquanto inspira, endireite o corpo lentamente e mova os dedos para baixo, pelas rotas.

Fig. 7-7

Fig. 7-8

7. Unindo-se com os rins e levantando a energia do rim (Fig. 7-9).

Quando os dedos chegam aos pontos *Shenshu* (B 23) e *Zhishi* (B 52), a energia se une com os rins. Nesse momento, o praticante contrai os músculos do abdômen e do ânus, e cerra os dentes. Faça-o três vezes, e respire normalmente.

8. Fazendo entrar a energia na bexiga e levantando o rim (Fig. 7-10).

Mova as mãos da região do rim até a região da bexiga onde a energia entra. Contraia novamente os músculos do abdômen, contraia os músculos dos órgãos genitais e do ânus e cerre os dentes. Faça estes movimentos três vezes, e respire naturalmente.

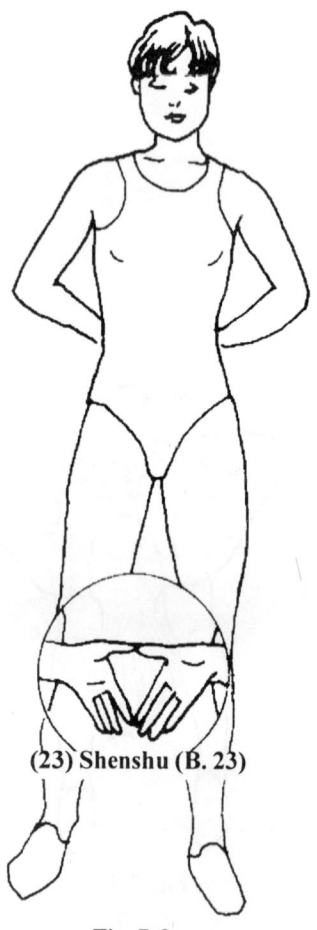

Fig. 7-9

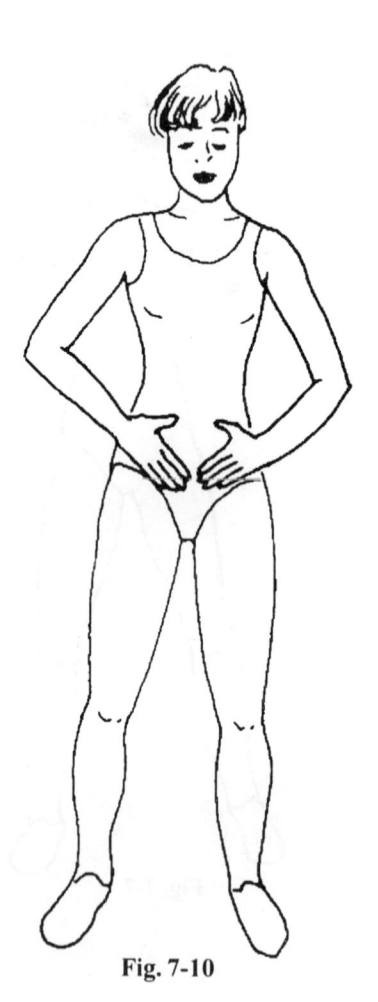

Fig. 7-10

9. Indo a energia para baixo, pela rota, até o ponto *Zhiyin* (B 67) (Figs. 7-11, 7-12, 7-13).

Volte as mãos para trás dos rins e mova-as para baixo, pelas rotas, até a fossa poplítea (o ponto *Weizhong*, B 40), onde as ramificações se fundem em uma. Daí, mova a energia com as mãos, pela rota, até o ponto terminal, *Zhiyin*.

Nota: Enquanto move a energia, expire e se incline lentamente para a frente.

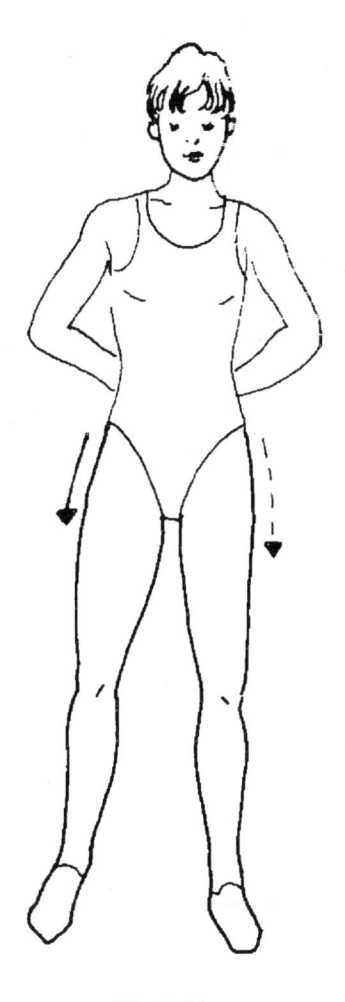

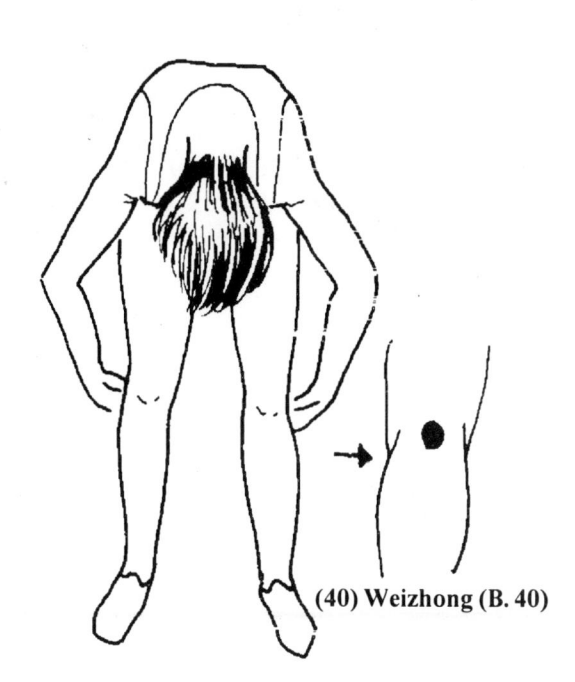

(40) Weizhong (B. 40)

Fig. 7-11   Fig. 7-12

10. Dobrando os joelhos e mantendo a energia (Figs. 7-14, 7-15).
Endireite o corpo e levante os braços por cima da cabeça.

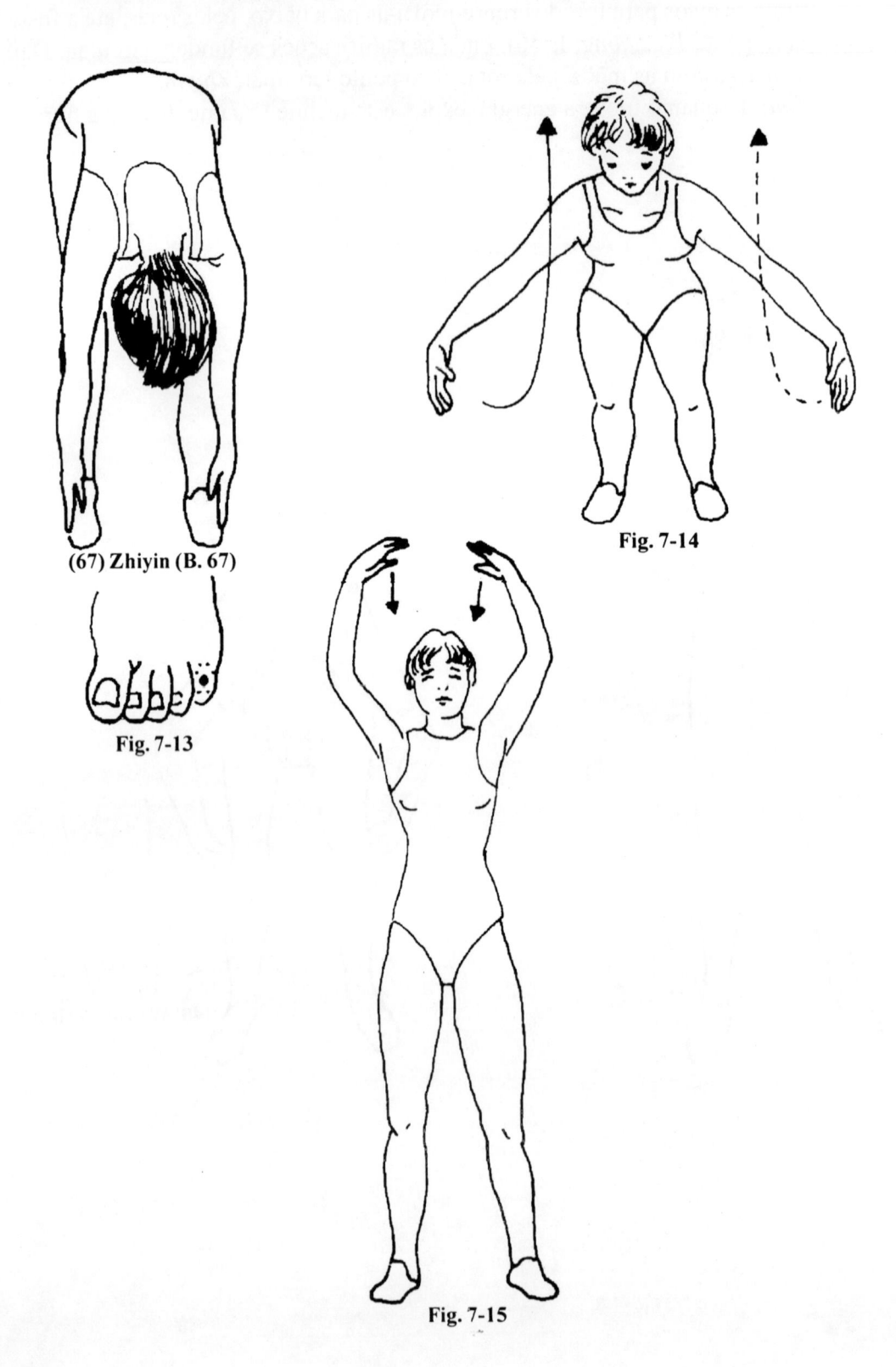

(67) Zhiyin (B. 67)

Fig. 7-13

Fig. 7-14

Fig. 7-15

11. Repetindo as operações dos tópicos 5, 6, 7, 8, 9 (Figs. 7-16, 7-17, 7-18, 7-19, 7-20, 7-21).

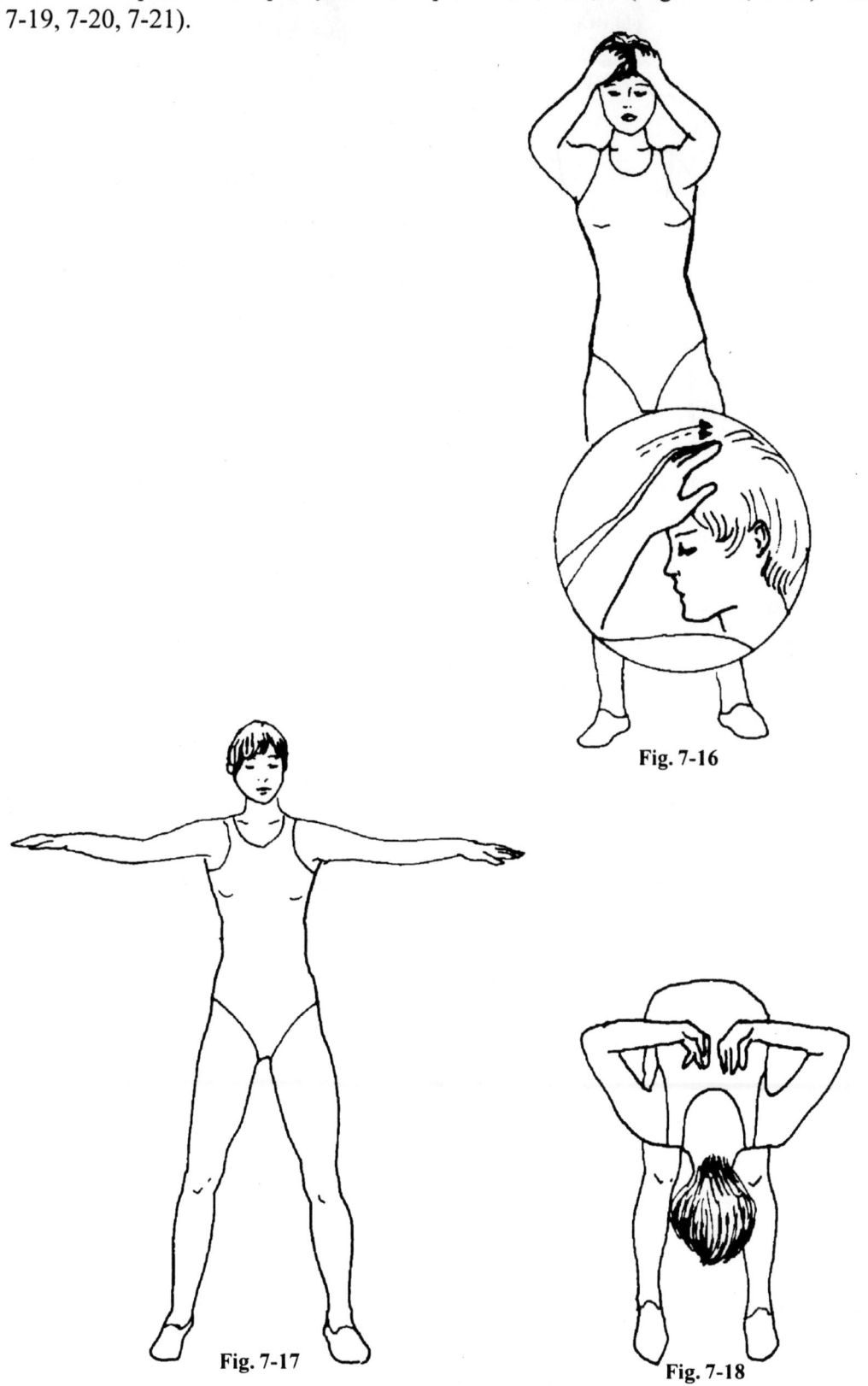

Fig. 7-16

Fig. 7-17

Fig. 7-18

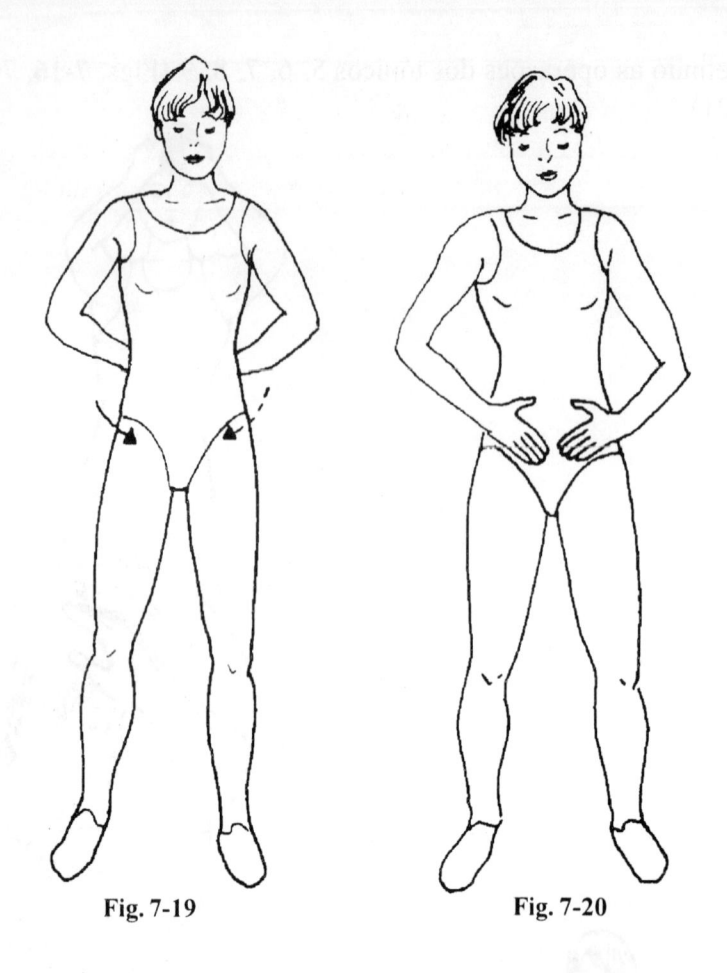

Fig. 7-19   Fig. 7-20

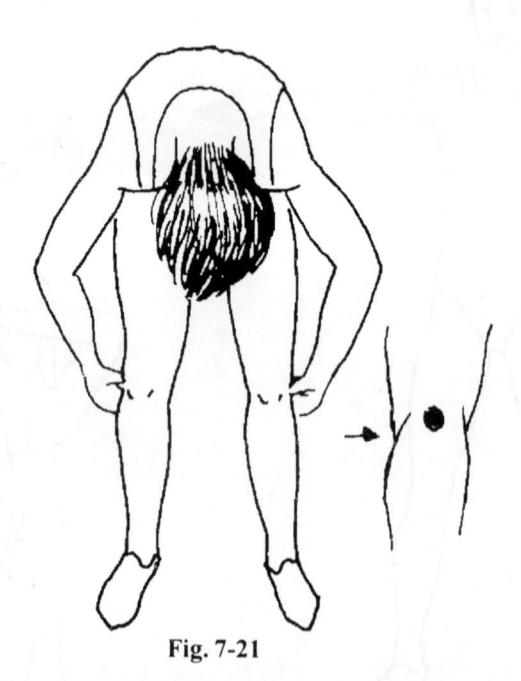

Fig. 7-21

12. Indo a energia até a planta do pé (Figs. 7-22, 7-23).

Quando a energia tiver chegado até o ponto *Zhiyin* (B 67), o praticante deve representar vividamente na mente que a energia chegou até a planta do pé (o ponto *Yongquan*, R 1), onde se une com o Meridiano dos Rins *Shaoyin* do Pé.

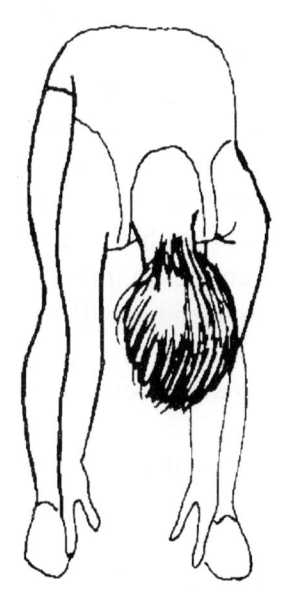

Fig. 7-23

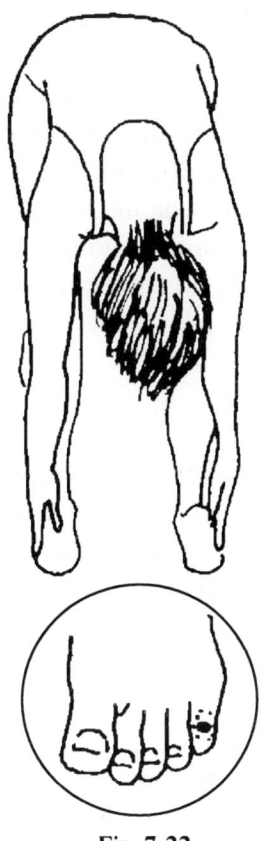

Fig. 7-22

VIII. O MERIDIANO DOS RINS *SHAOYIN* DO PÉ

Via de fluxo: (Fig. R-1)

O Meridiano dos Rins *Shaoyin* do Pé se inicia na parte interior do dedo mínimo do pé e corre obliquamente em direção à planta do pé (o ponto *Yongquan*, R 1). Emerge da face inferior da tuberosidade do osso navicular, e dirige-se aos arredores do maléolo interno. A seguir, ascende pela borda posterior do meio da perna até o ponto *Huiyin* (*Ren* 1), passando pelo ponto *Yingu* (R 10). Dá volta ao redor dos órgãos genitais e, a seguir, vai para cima longitudinalmente, a 0,5 *cun* de distância da linha média do corpo até o ponto *Youmen* (R 21). Depois, continua se deslocando para cima, por uma linha a 2 *cun* de distância da linha média, até o ponto *Shufu* (R 27). A ramificação interna sai do ponto *Huiyin* e volta para trás para contornar o ânus. Passando pelo ponto *Changqiang* (*Du* 1), dirige-se para cima pela coluna vertebral. Entra no rim no ponto *Mingmen* (*Du* 4) e se une com a bexiga. A ramificação que emerge do rim circula para cima, passando através do fígado e do diafragma, entra no pulmão e corre pela garganta para terminar na raiz da língua. A energia se abre nas orelhas e se espalha pela raiz da língua. Uma ramificação se bifurca para cada um dos pulmões, une-se com o coração e se inverte no peito para conectar-se com o Meridiano da Circulação-Sexo *Jueyin* da Mão.

Indicações:

A prática por este meridiano tem efeitos curativos sobre a elevação anormal da energia vital, asma, inflamação e dor de garganta, taquicardia, irritabilidade, visão embaçada, surdez e zumbido, dor e inchaço no peito e na região do hipocôndrio, calor nas plantas dos pés, lumbago, desordens sexuais, como impotência, espermatorréia e prostatite.

Condições:

O praticante deve concentrar-se em mover a energia pela rota e controlar o centro de gravidade para manter o equilíbrio. O meridiano vai desde o pé até o peito.

Pontos-chave:

1. Ao ascender, o meridiano circunda o meio do tornozelo.
2. Para chegar ao ponto *Huiyin* (*Ren* 1), a ramificação interna serpenteia ao redor dos órgãos genitais antes de ascender até o abdômen.
3. Saindo do ponto *Huiyin* (*Ren* 1), a ramificação interna gira ao redor do ânus antes de ir para cima, pela coluna vertebral.
4. No ponto *Mingmen* (*Du* 4), entra no rim e se une com a bexiga.
5. A energia se abre nas orelhas e se espalha pela raiz da língua.

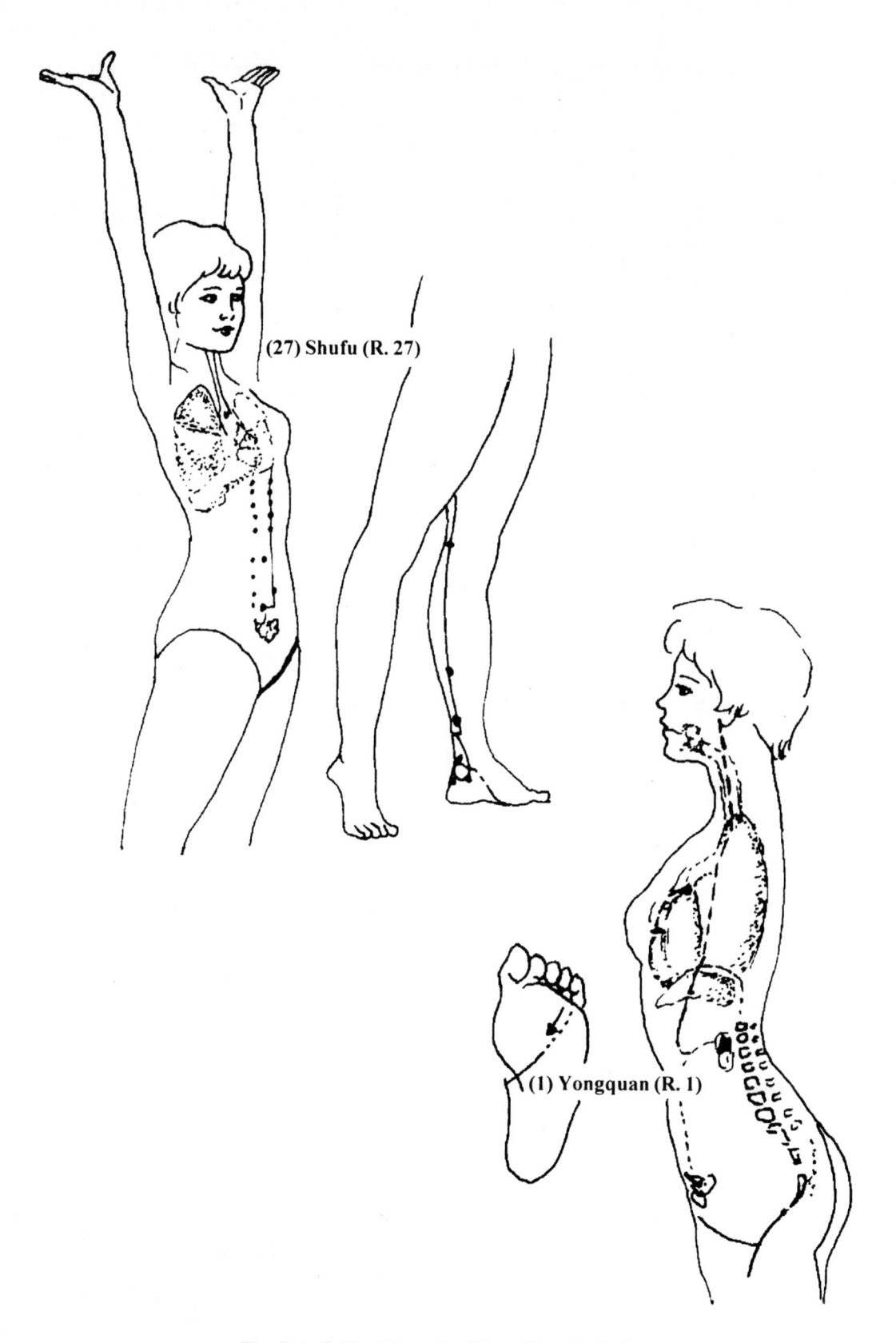

Fig. R-1. O Meridiano dos Rins *Shaoyin* do Pé.

Aqui há 27 pontos no total. Devem-se rememorar tanto o ponto de partida, *Yongquan*, e o ponto terminal, *Shufu*, como os pontos *Taixi* (R 3), *Zhaohai* (R 6) e *Zhubin* (R 9). Os mestres acupunturistas e de *Qigong* devem recordar todos estes pontos.

Localização dos pontos importantes (Fig. R-2):

1. *Yongquan*: acha-se na depressão da planta do pé; quando se flexiona a mesma, localiza-se na parte central e anterior da planta.

3. *Taixi*: está na depressão entre o maléolo interno e o tendão do calcâneo, ao nível da ponta do maléolo interno.

6. *Zhaohai*: localiza-se um *cun* abaixo do maléolo interno.

9. *Zhubin*: está na mesma linha que une o ponto *Taixi* e o *Yingu*, na parte interna dos músculos gastrocnêmicos, 5 *cun* acima do ponto *Taixi*.

10. *Yingu*: localiza-se no lado interno da zona poplítea, ao nível do ponto *Weizhong* (B 40), entre os tendões do músculo semitendinoso e do semimembranoso, quando o joelho se flexiona.

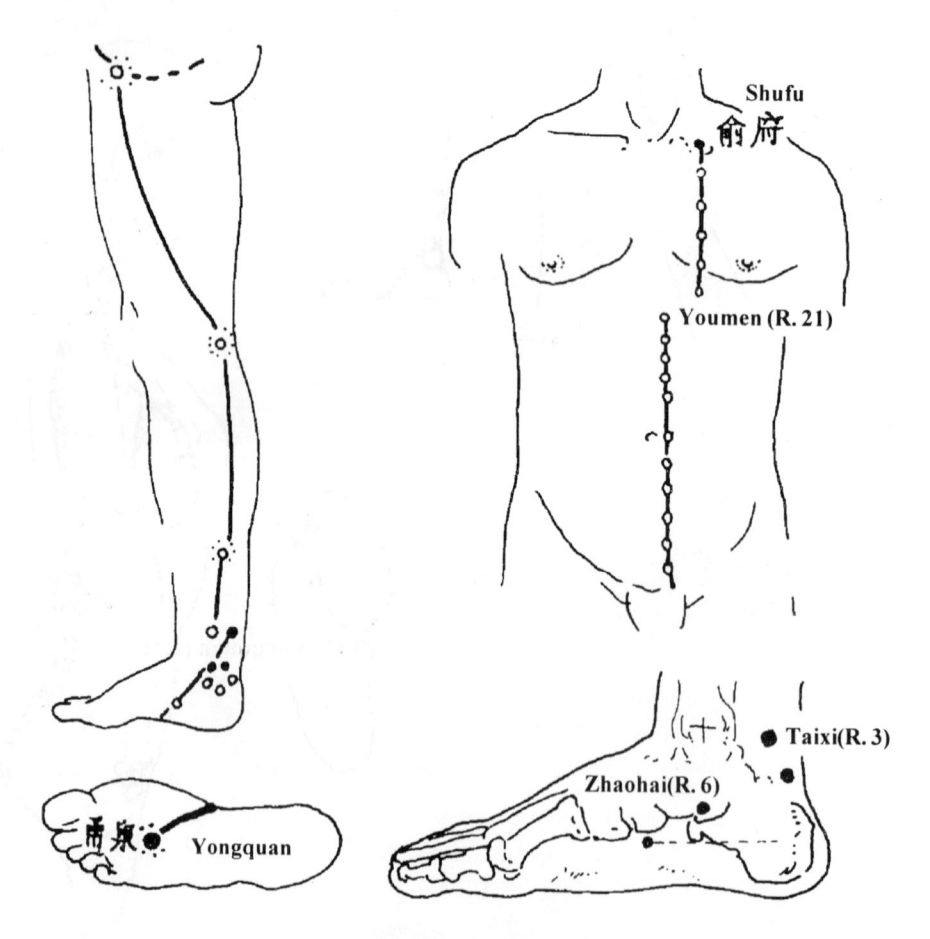

Fig. R-2. O Meridiano dos Rins *Shaoyin* do Pé.

11. *Henggu*: está 5 *cun* abaixo do umbigo, na borda superior da sínfise pubiana, 0,5 *cun* lateral do ponto *Qugu* (*Ren* 2).

21. *Youmen*: localiza-se 6 *cun* acima do umbigo, 0,5 *cun* para fora do ponto *Juque* (*Ren* 14).

27. *Shufu*: localiza-se na depressão da borda inferior da clavícula, 2 *cun* para fora do Meridiano *Ren*.

Instruções:

1. Voltando o corpo para a esquerda e movendo a energia pela rota do lado esquerdo (Figs. 8-1, 8-2, 8-3).

Vire o pé direito 45 graus e o pé esquerdo 90 graus para a direita. Endireite lentamente o corpo, levante o braço e a perna esquerdos, e estique o braço direito até o pé esquerdo. Concentre-se no ponto *Yongquan* (R 1). Enquanto inspira, mova a energia pela rota.

Nota: As mãos devem circundar o meio do tornozelo.

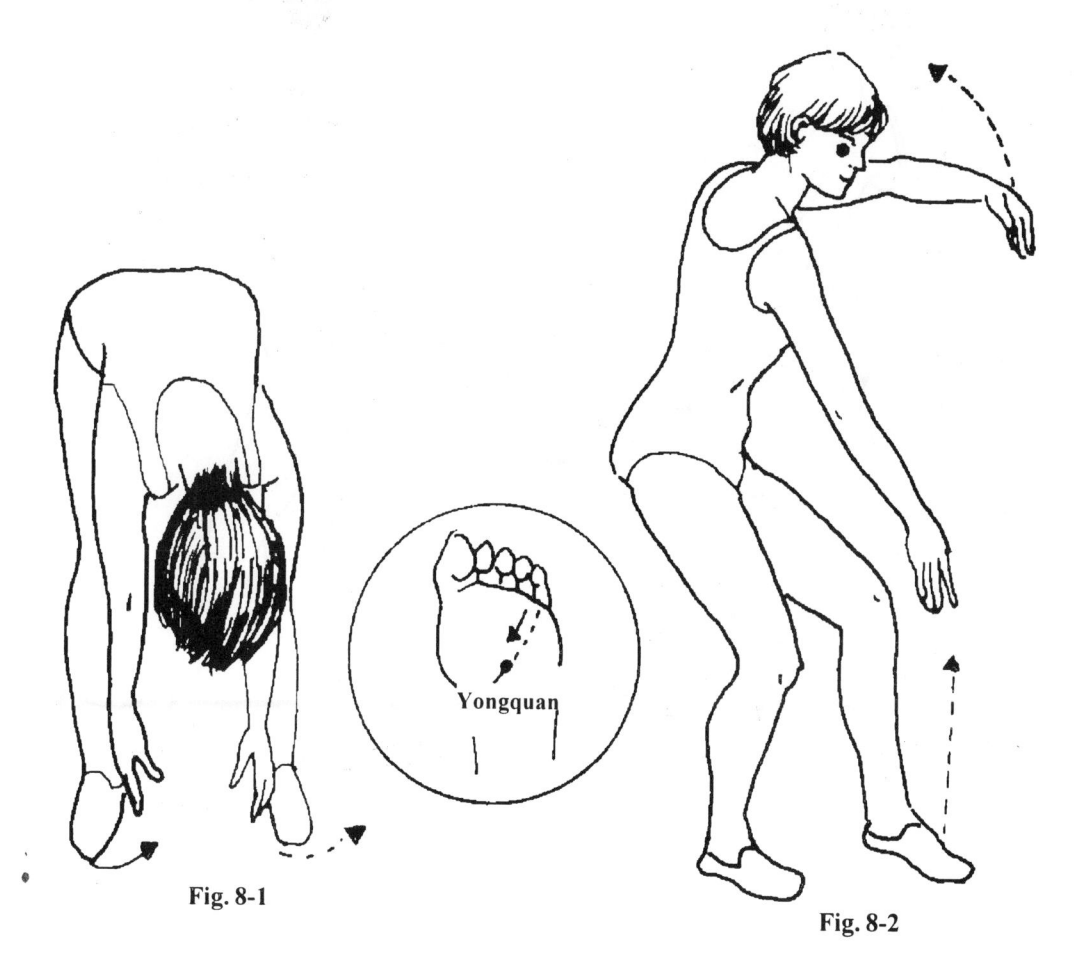

Fig. 8-1

Yongquan

Fig. 8-2

2. Fazendo a energia chegar ao ponto *Huiyin* (*Ren* 1) e ascender até o ponto *Shufu* (R 27) (Fig. 8-4).

Ao levantar a mão direita até o ponto *Huiyin* (*Ren* 1), dê um passo atrás com o pé esquerdo levantado. Continue movendo a energia para cima ao ponto *Youmen* (R 21). Comece a expirar.

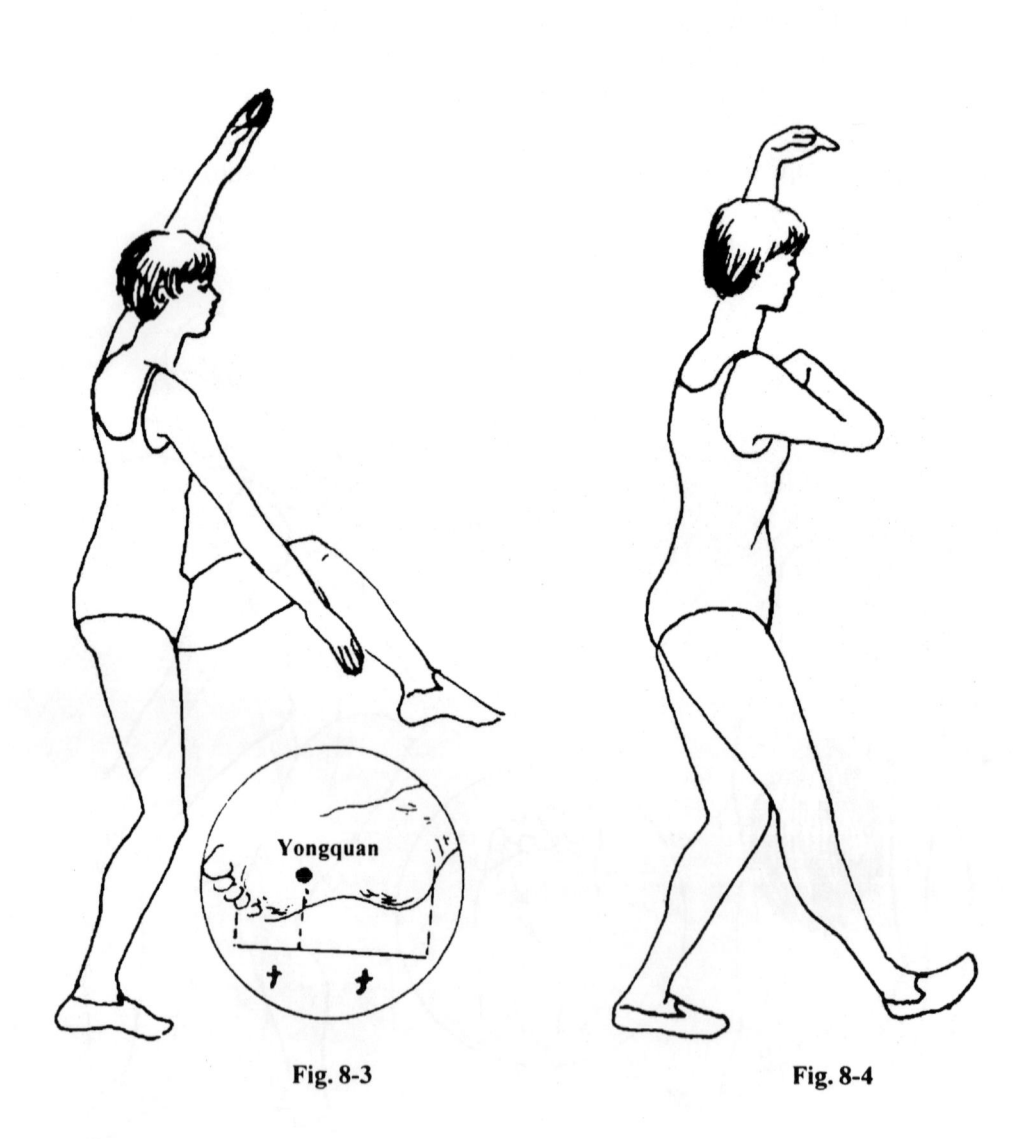

Yongquan

Fig. 8-3   Fig. 8-4

3. Movendo a energia pelo lado direito (Fig. 8-5).

Enquanto expira, baixe o braço esquerdo e levante o braço e a perna direitos. Estenda o braço esquerdo até o ponto *Yongquan* (R 1), e concentre-se nele. Inspire e mova a energia para cima, pela rota. Quando a mão esquerda chegar ao ponto *Huiyin* (*Ren* 1), dê um passo atrás com o pé direito levantado. Continue movendo a energia em direção ao ponto *Youmen* (R 21). Comece a expirar. Mova a energia duas vezes, pela rota, em cada lado.

4. Voltando o corpo e levantando os braços (Figs. 8-6, 8-7).

Vire o pé esquerdo, 90 graus, e o corpo para a direita. Mova o pé direito para a distância da largura dos ombros. Enquanto inspira, levante gradualmente os braços.

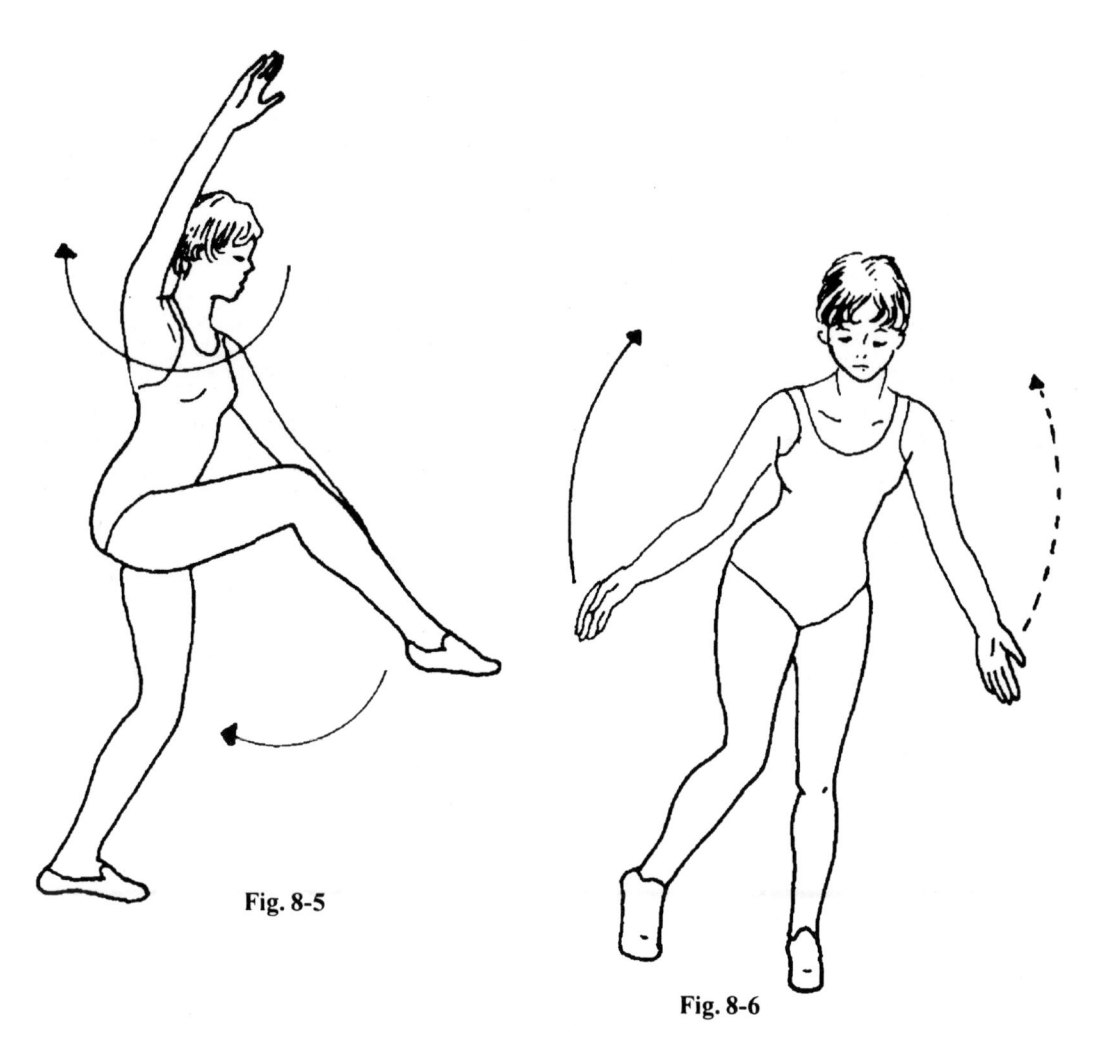

Fig. 8-5

Fig. 8-6

5. Movendo a energia bilateral (Fig. 8-8).

Enquanto expira, dobre-se para frente até que as mãos possam tocar os pés. Concentre-se no ponto *Yongquan* (R 1). Enquanto inspira, mova a energia para cima, até o ponto *Huiyin* (*Ren* 1), à medida que o corpo se endireita lentamente.

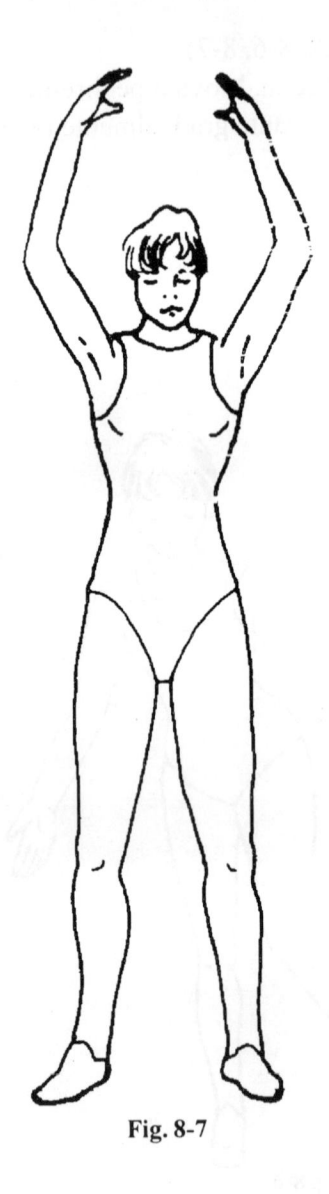

Fig. 8-7

Fig. 8-8

6. Fazendo a energia entrar nos rins e levantando a energia do rim (Fig. 8-9).

Enquanto expira, mova as mãos em direção às costas. Concentre-se no ponto *Huiyin* (*Ren* 1). A seguir, concentre-se em mover a energia até o ponto *Changqiang* (*Du* 1), circulando ao redor do ânus. Ao ascender pela coluna vertebral, a energia chega ao ponto *Mingmen* (*Du* 4), onde entra nos rins. Coloque os dorsos das mãos sobre os rins. Enquanto respira normalmente, contraia os músculos dos órgãos genitais e do ânus e cerre os dentes. Faça este movimento três vezes.

7. Unindo-se a energia com a bexiga (Fig. 8-10).

Baixe as mãos a partir dos rins, mova-as até o hipogástrio e una-as com a bexiga. Concentre-se na bexiga. Coloque as palmas sobre o abdômen. Enquanto respira normalmente, tensione os músculos do abdômen, contraia os músculos ao redor dos órgãos genitais e do ânus e cerre os dentes. Faça estes movimentos três vezes.

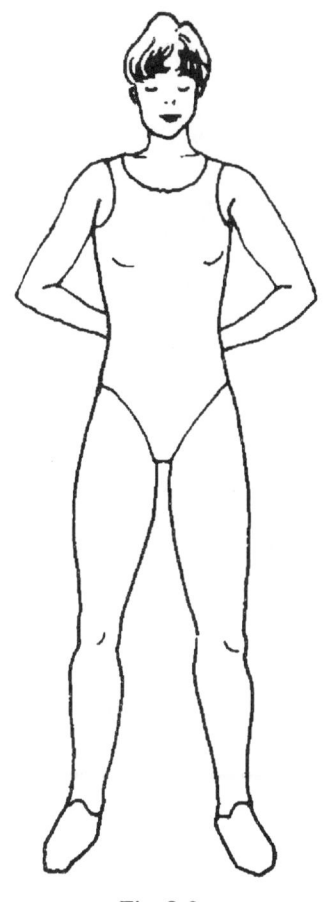

Fig. 8-9

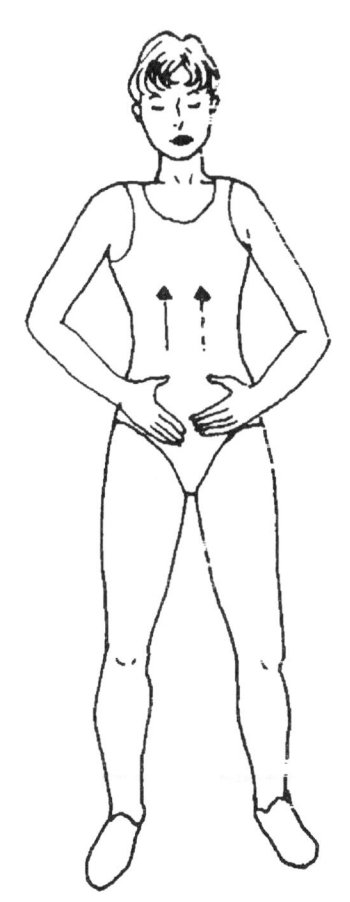

Fig. 8-10

8. Passando a energia através do diafragma (Fig. 8-11).

Enquanto inspira, mova as mãos para cima, pela parte lateral do abdômen, deixe passar a energia pelo diafragma, entrar nos pulmões e correr ao longo da garganta e da raiz da língua.

9. Abrindo-se a energia nas orelhas (Fig. 8-12).

Levante as mãos, pela rota. A energia vai através das orelhas. Coloque os dedos médios sobre os indicadores. Faça massagem no trago (saliências cartilaginosas em frente das orelhas) com os dedos, seis vezes. Respire normalmente.

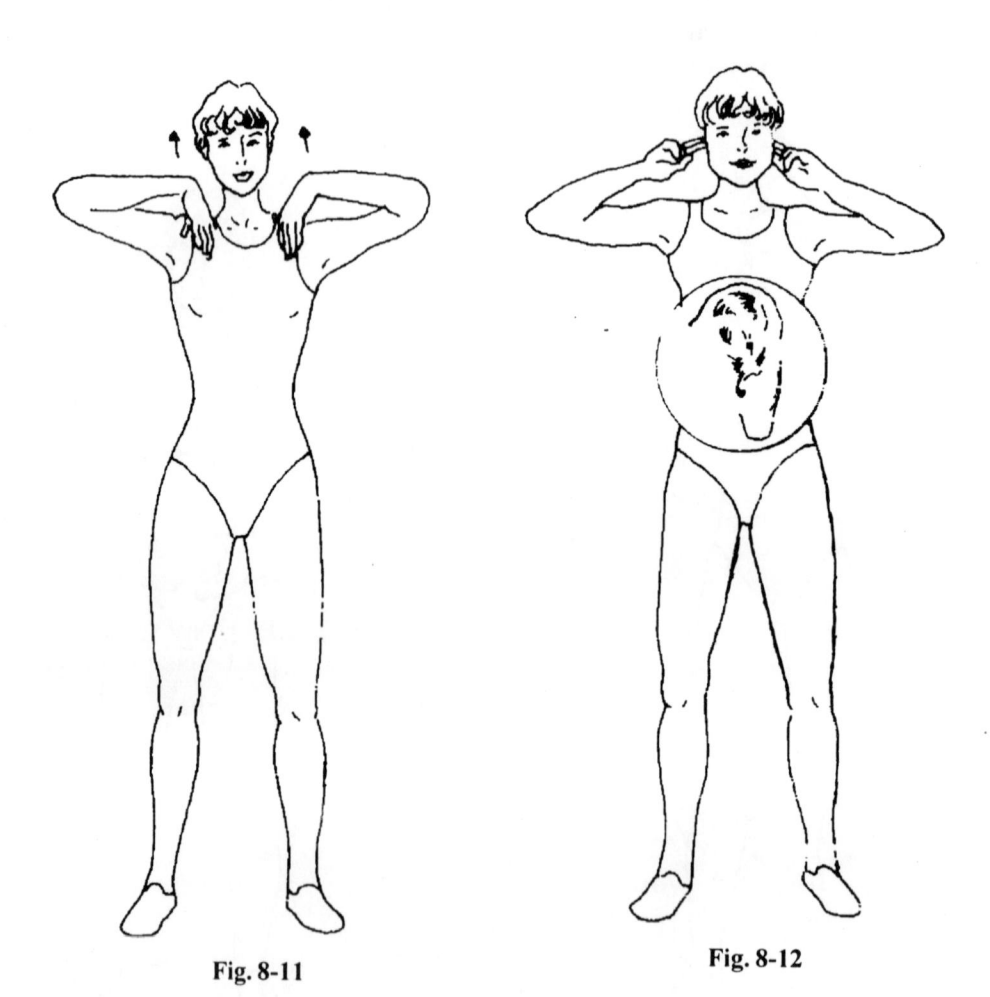

Fig. 8-11   Fig. 8-12

10. Circulando a energia ao redor da boca e espalhando-a pela raiz da língua (Fig. 8-13).

Coloque os indicadores sobre os lábios superior e inferior, respectivamente, e pressione-os seis vezes. Represente vividamente na mente que a energia passa pela raiz da língua.

11. Flexionando os joelhos e mantendo a energia (Figs. 8-14, 8-15, 8-16, 8-17, 8-18).

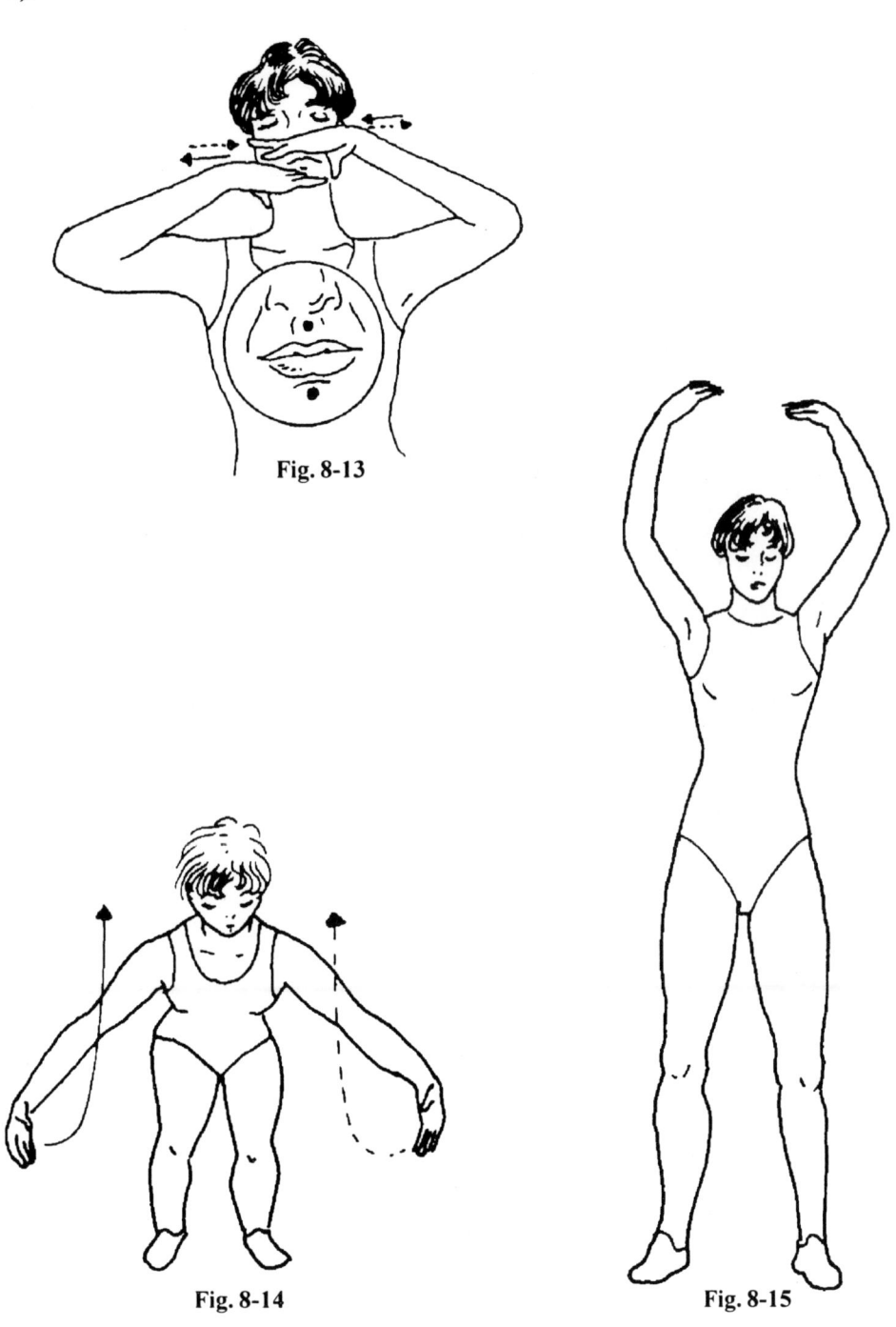

Fig. 8-13

Fig. 8-14

Fig. 8-15

Endireite o corpo e levante os braços acima da cabeça. Mova a energia bilateral e repita as operações dos tópicos 6 e 7.

12. Elevando a energia até o peito e unindo-a com a circulação-sexo (Fig. 8-19).

Fig. 8-16

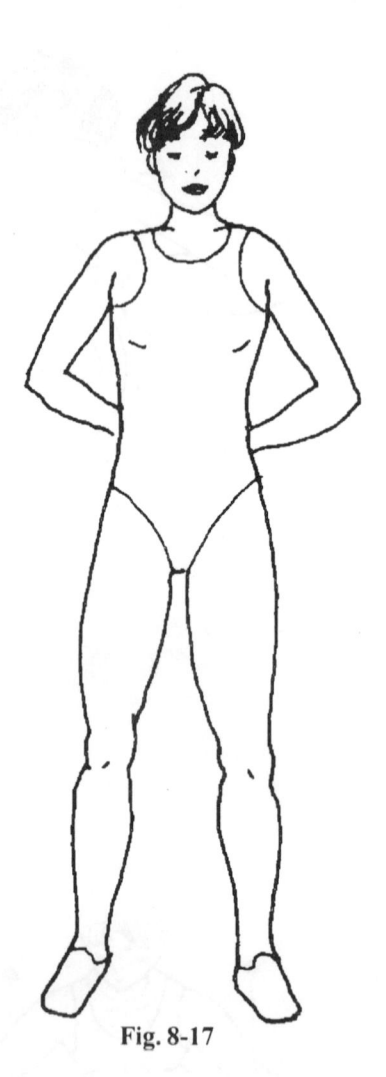

Fig. 8-17

Enquanto inspira, mova as mãos para cima, pela parte lateral do abdômen, até os pulmões. Uma ramificação sai dos pulmões, une-se com o coração e se inverte no peito. Aí se enlaça com o Meridiano da Circulação-Sexo *Jueyin* da Mão.

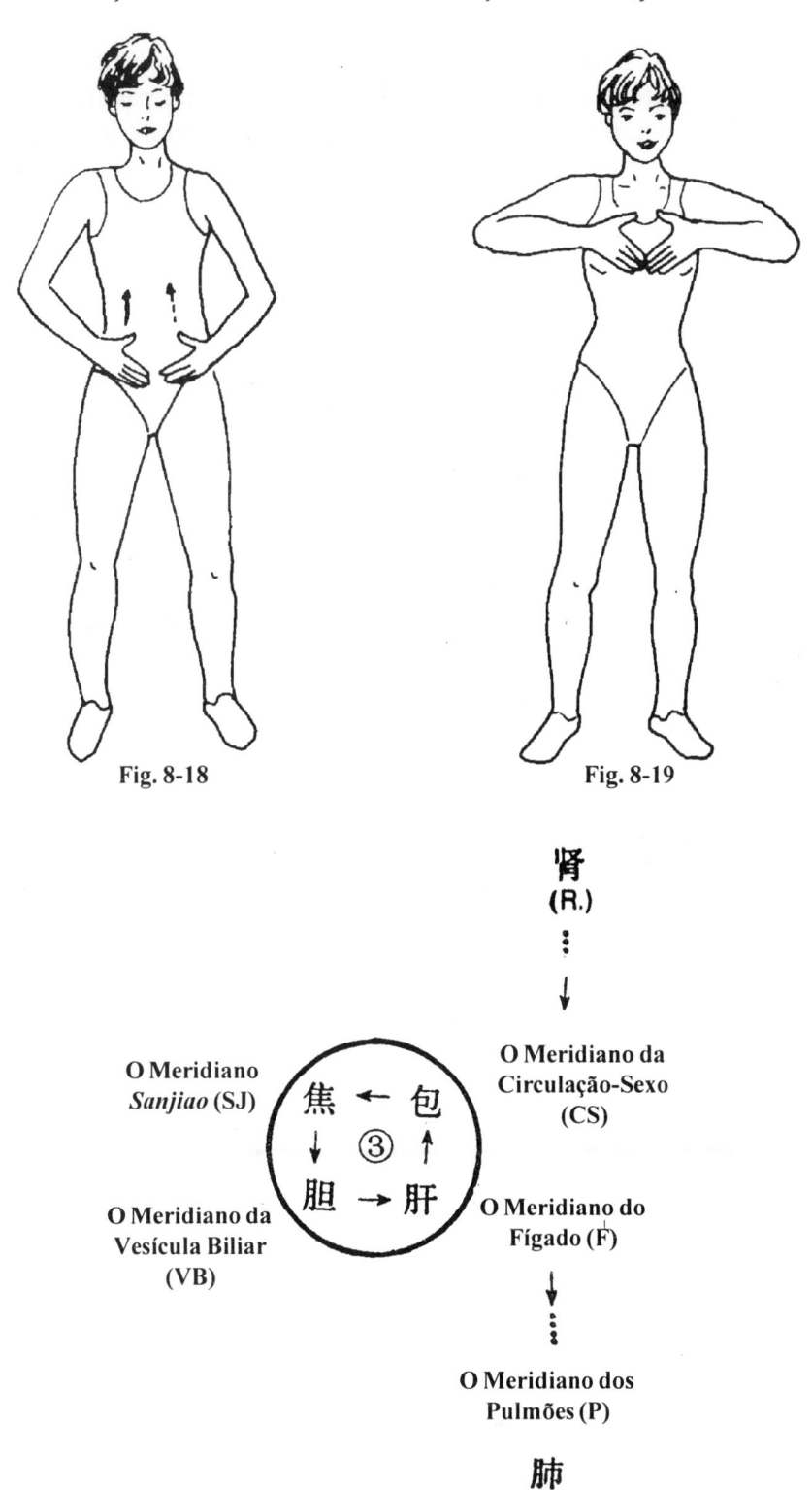

Fig. 8-18

Fig. 8-19

133

IX. O MERIDIANO DA CIRCULAÇÃO-SEXO *JUEYIN* DA MÃO

Via de fluxo: (Fig. CS-1)

O Meridiano da Circulação-Sexo *Jueyin* da Mão sai do peito. Daí, entra na cavidade do pericárdio, circundando o coração. Depois, corre para baixo pelo diafragma até o abdômen, unindo-se aos *jiao* superior, médio e inferior. A seguir, enquanto retorna ao pericárdio, corre deslocando-se ao longo do esôfago. O meridiano vai para cima até que se une com os olhos e entra no cérebro. O meridiano superficial se inicia no peito e corre dentro deste, saindo na região da costela no ponto *Tianchi* (CS 1), a um *cun* do lado do mamilo, e subindo para a axila. Correndo para baixo, pela linha média dos braços, chega à ponta do dedo médio (o ponto *Zhongchong*, CS 9).

A ramificação da palma se origina no ponto *Laogong* (CS 8), desloca-se em direção ao dedo anular até chegar à ponta deste, onde se une ao Meridiano *Sanjiao Shaoyang* da Mão.

Indicações:

A prática por este meridiano é efetiva para cardialgia, palpitação, irritabilidade, inquietude, opressão no peito e na região do hipocôndrio, calor nas palmas, neurastenia, insônia e pesadelos.

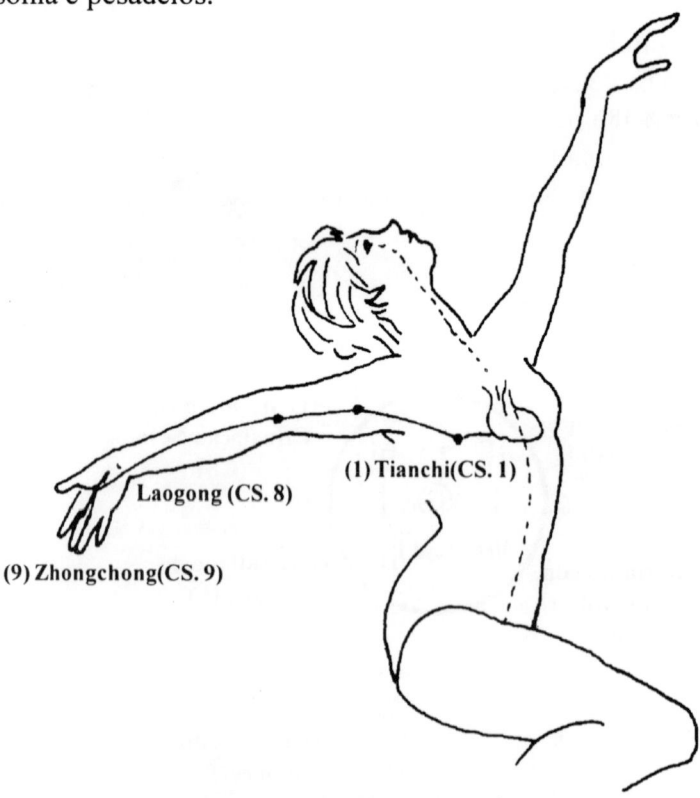

Fig. CS-1. O Meridiano da Circulação-Sexo *Jueyin* da Mão.

Condições:

Concentrar-se na regulação do coração, da respiração, energia e força. A mente segue a energia à medida que esta se movimenta pelo meridiano. Combina a energia com a força.

O meridiano vai desde o peito até a mão, passando pela linha central do lado médio dos braços. Rememore *Tianchi*, o ponto de partida, e *Zhongchong*, o ponto terminal, assim como os pontos *Neiguan* (CS 6) e *Laogong* (CS 8). O praticante deve ter muito presente os seguintes pontos-chave:

1. O meridiano corre para cima, a partir do pericárdio, para unir-se aos olhos e entrar no cérebro.

2. A ramificação surge no ponto *Laogong* e vai pelo lado médio do dedo anular. Há aí nove pontos no total. Os acupunturistas e mestres de *Qigong* devem recitar todos estes pontos enquanto movem a energia pelo meridiano.

Localização dos pontos importantes (Fig. CS-2):

1. *Tianchi*: está um *cun* para fora do mamilo, no quarto espaço intercostal.

3. *Quze*: está na dobra transversal da articulação do cotovelo, no lado cubital do tendão do músculo bíceps braquial.

6. *Neiguan*: está 2 *cun* acima da dobra transversal do pulso, entre os tendões do músculo longo palmar e do músculo flexor radial do carpo.

7. *Daling*: está na depressão, no meio da dobra transversal do punho, entre os tendões do músculo longo palmar e do músculo flexor radial do carpo.

8. *Laogong*: com a palma da mão para cima, seleciona-se este ponto entre o segundo e o terceiro carpos, atrás da articulação metacarpofalângica no lado radial do terceiro carpo.

9. *Zhongchong*: acha-se no centro da ponta do dedo médio.

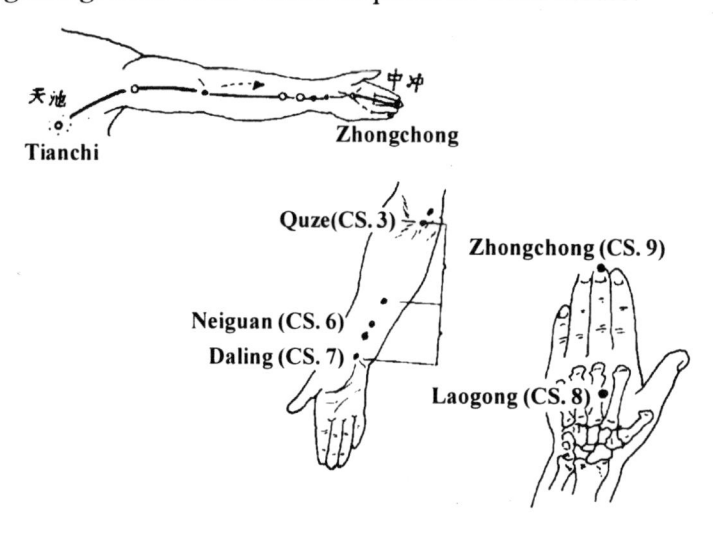

Fig. CS-2. O Meridiano da Circulação-Sexo *Jueyin* da Mão.

Instruções:

1. Começando desde o pericárdio (Fig. 9-1).

Ponha as mãos sobre o pericárdio. Enquanto inspira, levante as mãos para cima, ligeiramente, com as palmas para cima.

2. Unindo sucessivamente os três *jiao* e indo para trás do pericárdio (Fig. 9-2).

Enquanto expira, mova as mãos para baixo, do peito ao abdômen, unindo sucessivamente os *jiao* superior, médio e inferior. Enquanto inspira, levante as mãos desde o *jiao* inferior até o pericárdio.

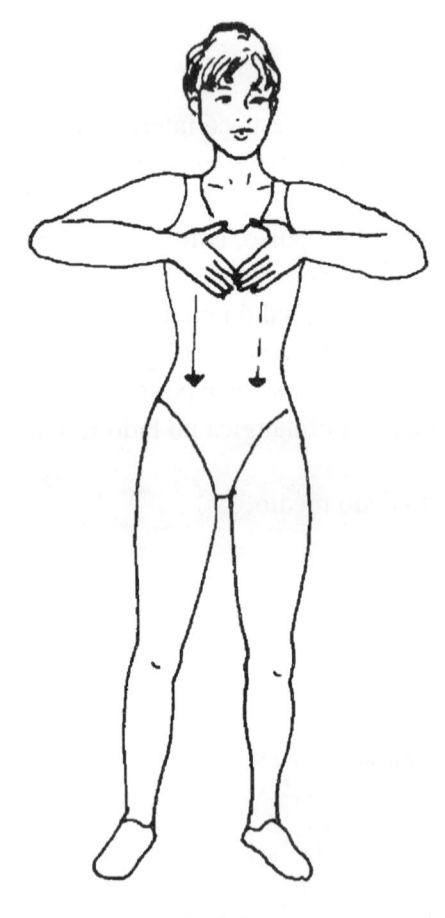

Fig. 9-1

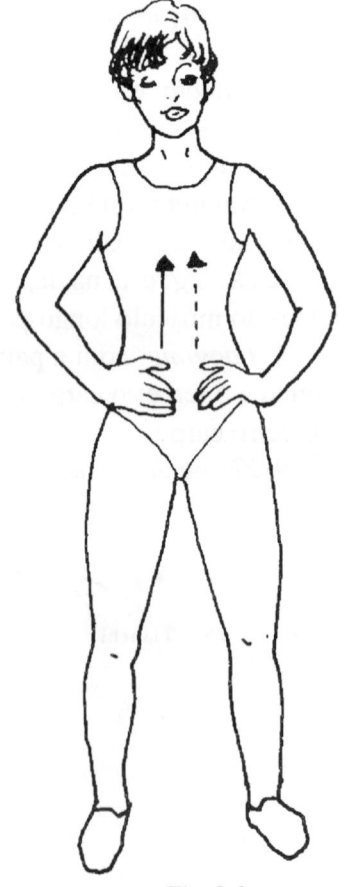

Fig. 9-2

3. Percorrendo o esôfago para unir-se com os olhos e entrar no cérebro (Fig. 9-3).

Levante as mãos, acompanhando o movimento com uma inspiração. Deixe seus pensamentos passarem pelo esôfago, unirem-se com os olhos e entrarem no cérebro.

4. Massageando os globos oculares (Fig. 9-4).

Toque o ângulo interno do olho, onde estão as pálpebras, com os dedos médios, e faça massagem nos globos oculares, suavemente, seis vezes. Respire normalmente.

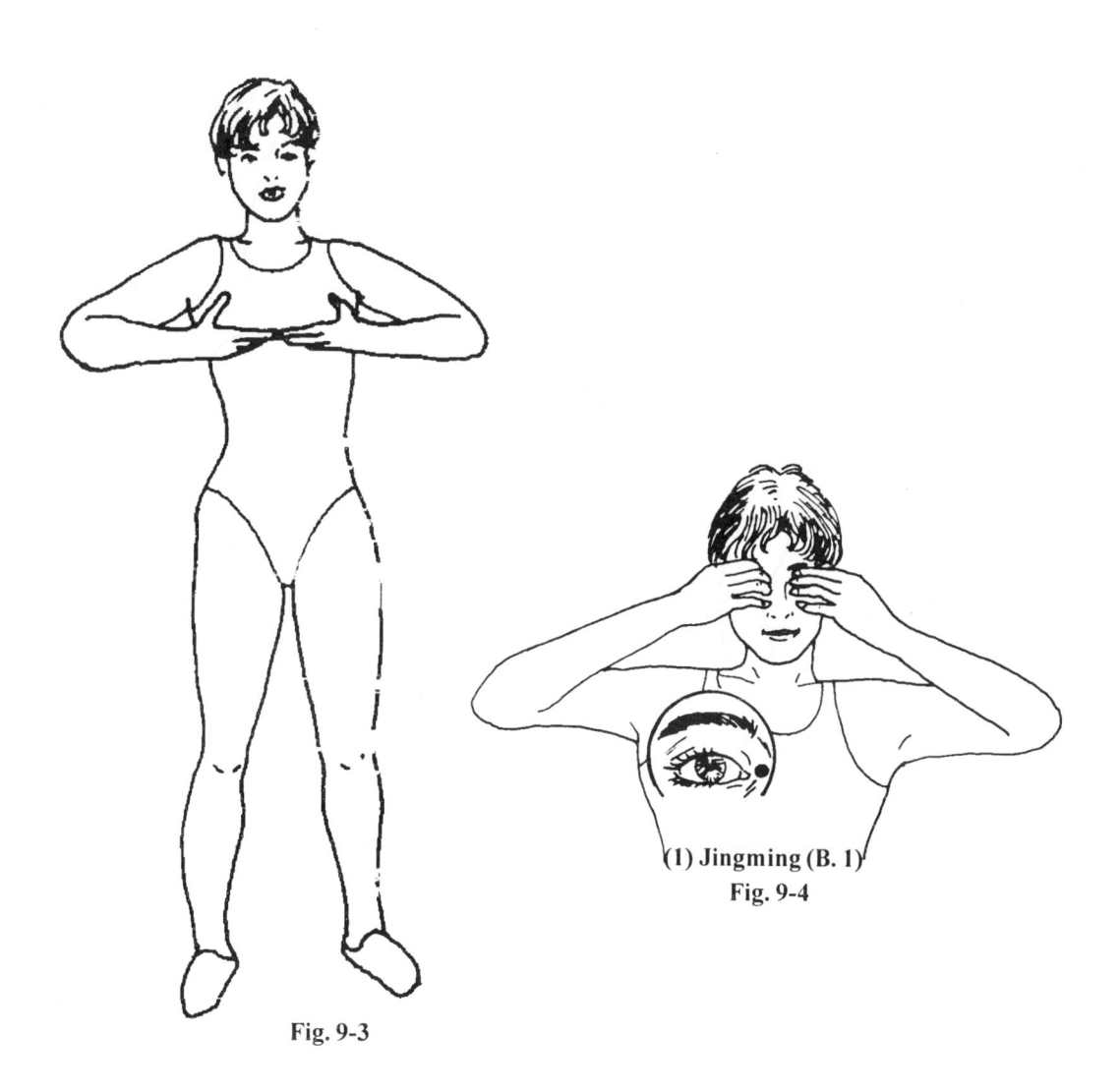

(1) Jingming (B. 1)
Fig. 9-4

Fig. 9-3

5. Dobrando os joelhos e mantendo a energia (Figs. 9-5, 9-6, 9-7).

Endireite o corpo e levante os braços acima da cabeça. Empurre a energia para o pericárdio.

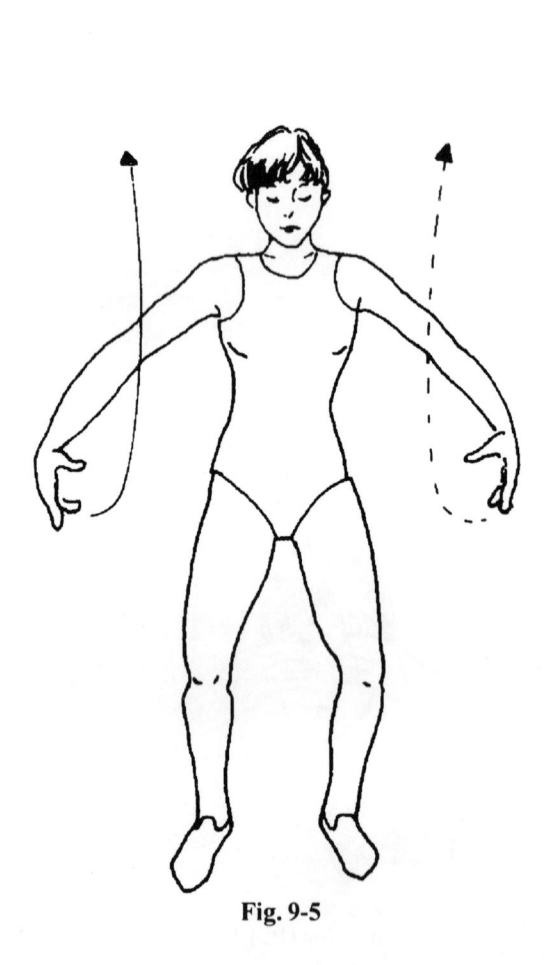

Fig. 9-5

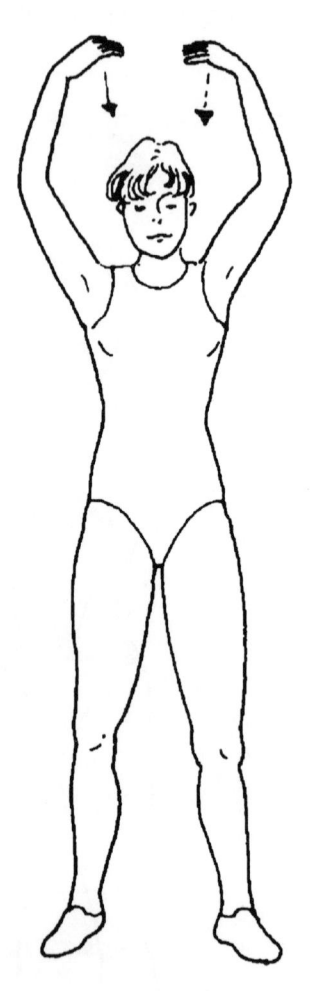

Fig. 9-6

6. Agitando os braços no ponto *Tianchi* (CS 1), três vezes (Fig. 9-8).

Mova as mãos até o ponto *Tianchi*. Aí, o meridiano é superficial. Aperte os pontos *Tianchi* com os dedos médios e agite os braços, três vezes. Respire naturalmente.

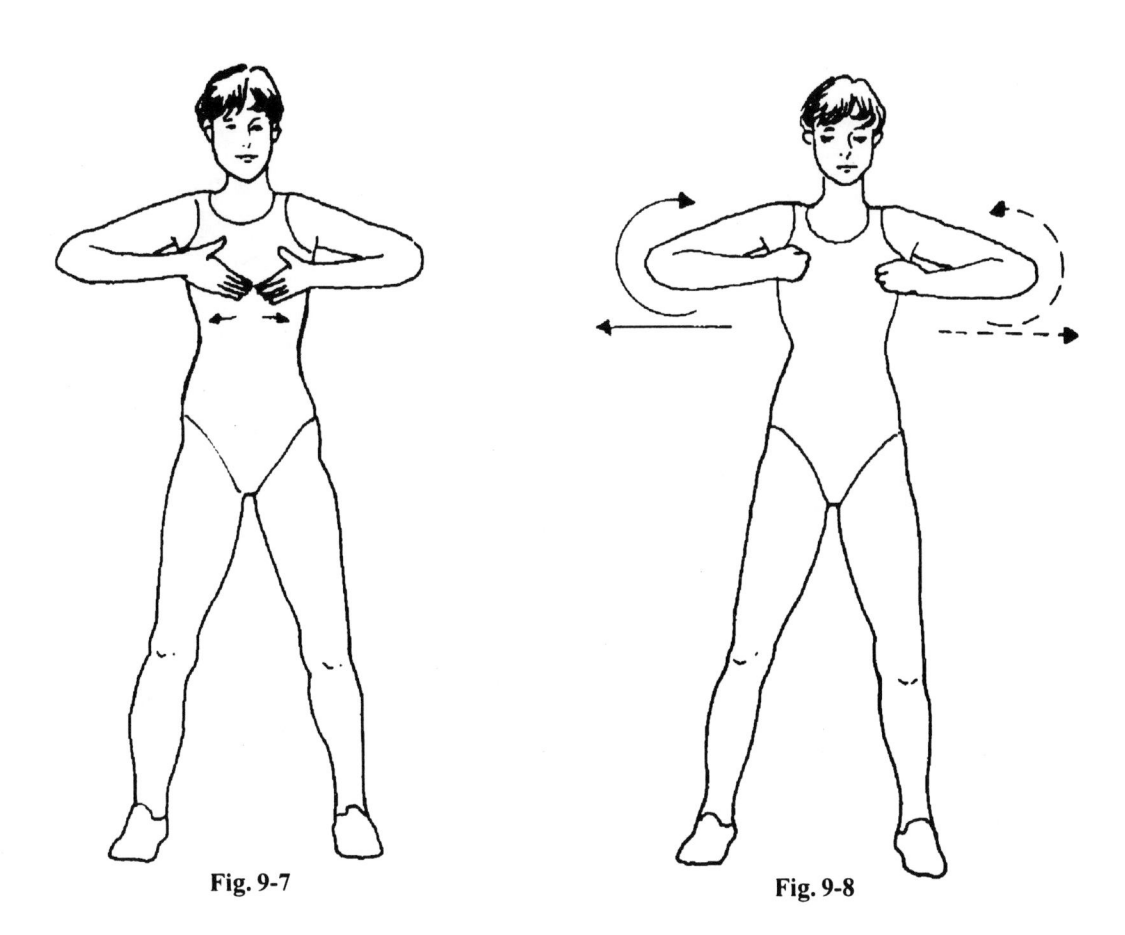

Fig. 9-7   Fig. 9-8

7. Esticando os braços e estendendo os dedos médios (Fig. 9-9).

Enquanto inspira, estique os braços para ambos os lados e dobre simultaneamente os dedos, exceto os dedos médios. Percorra mentalmente as rotas até os pontos *Zhongchong* (CS 9).

8. Movendo a energia pelo meridiano esquerdo (Figs. 9-10, 9-11, 9-12).

Volte completamente o tronco para a direita. Transfira o peso ao pé direito. Dobre o braço direito, ponha o dedo médio sobre o ponto *Tianchi* esquerdo e dê um passo para a esquerda com o pé esquerdo. Enquanto expira lentamente, volte o tron-

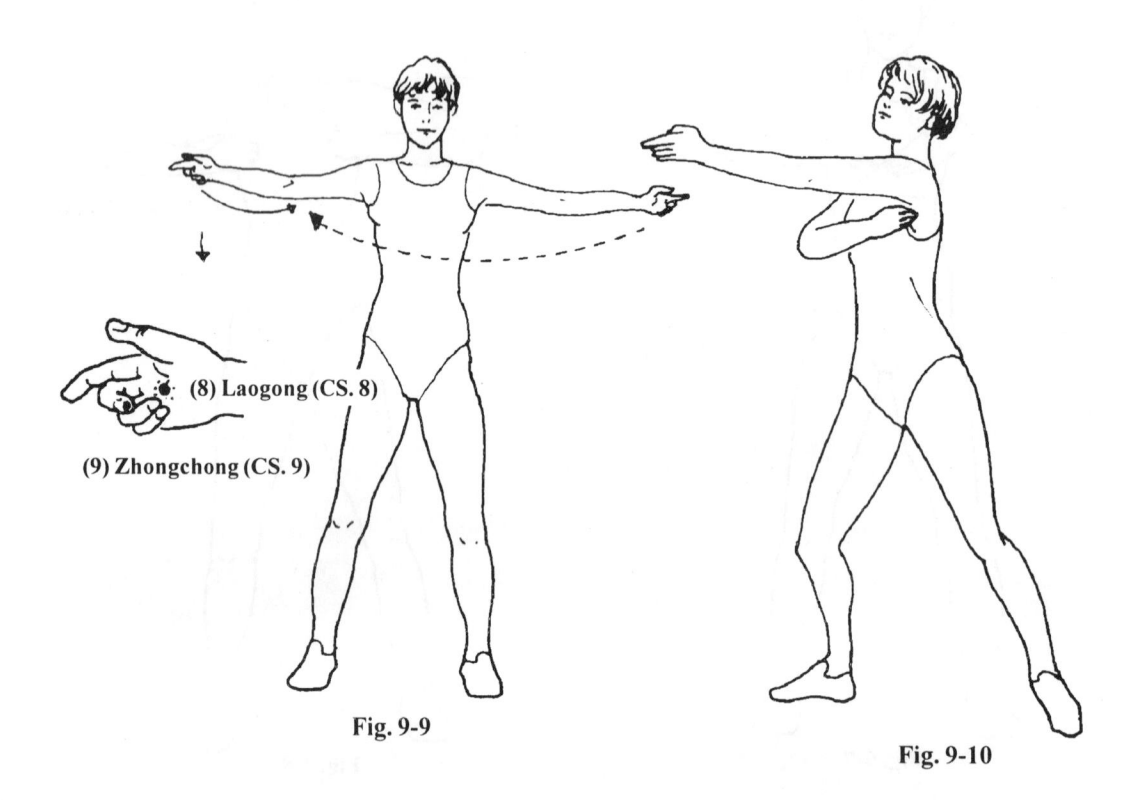

(8) Laogong (CS. 8)

(9) Zhongchong (CS. 9)

Fig. 9-9

Fig. 9-10

co gradualmente para a esquerda. Simultaneamente, mova a energia com a mão direita pelo meridiano esquerdo, recitando mentalmente os pontos. Quando a energia tiver chegado ao ponto *Zhongchong*, aproxime o pé direito do esquerdo. Enquanto inspira, levante os braços e volte o tronco para a direita. O peso é transferido ao pé direito. Passo a passo, volte o corpo para a esquerda com o pé esquerdo. Ponha o dedo médio da mão direita sobre o ponto *Tianchi* esquerdo. Enquanto expira, comece a mover novamente a energia ao longo do meridiano esquerdo (mova a energia pelo meridiano esquerdo duas vezes).

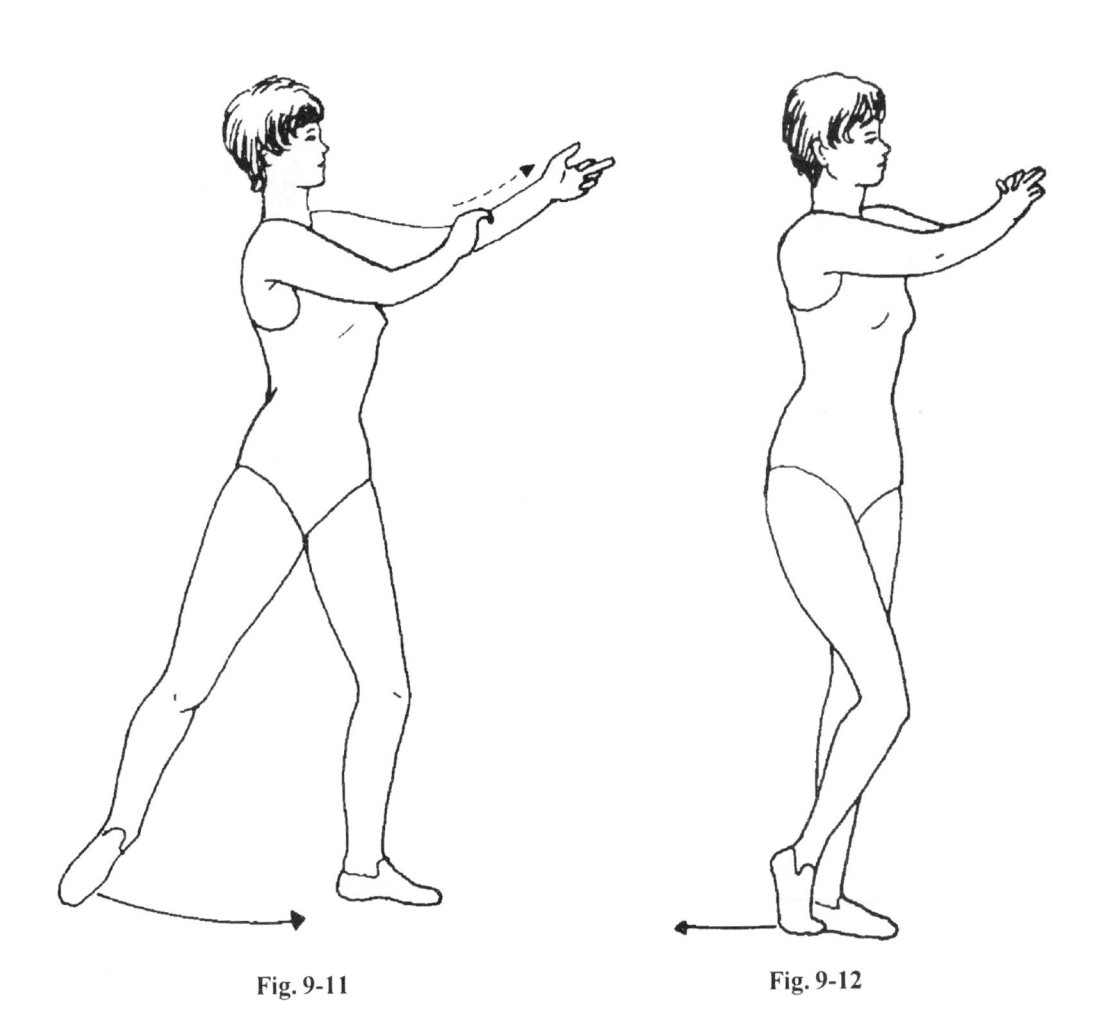

Fig. 9-11   Fig. 9-12

9. Movendo a energia pelo meridiano direito (Figs. 9-13, 9-14).

Enquanto inspira, aproxime o pé direito do pé esquerdo. Vire completamente o tronco para a esquerda e dê um passo para a direita com o pé direito. Ponha o dedo médio da mão esquerda sobre o ponto *Tianchi* (CS 1) direito. Enquanto expira lentamente, gire o tronco para a direita. Simultaneamente, deve mover com a mão esquerda a energia pelo meridiano direito, recitando mentalmente os pontos.

Mova a energia pelo meridiano direito duas vezes.

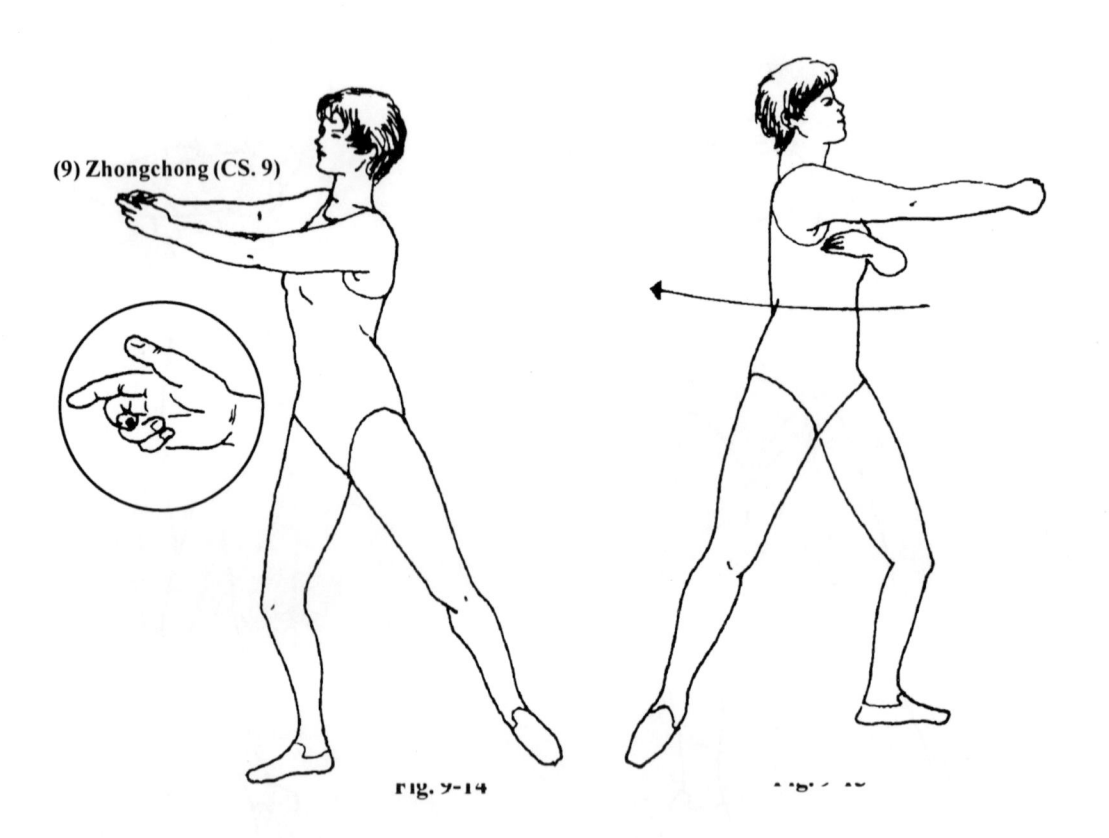

(9) Zhongchong (CS. 9)

Fig. 9-14

10. Movendo a energia do ponto *Laogong* (CS 8) até o ponto *Guanchong* (SJ 1) do Meridiano *Sanjiao Shaoyang* da Mão (Figs. 9-15, 9-16, 9-17).

Enquanto inspira, levante os braços acima da cabeça. Mova o pé esquerdo para que os pés fiquem à distância da largura dos ombros. Enquanto expira, baixe os braços lentamente para a frente do peito. Volte a palma esquerda para cima. A se-

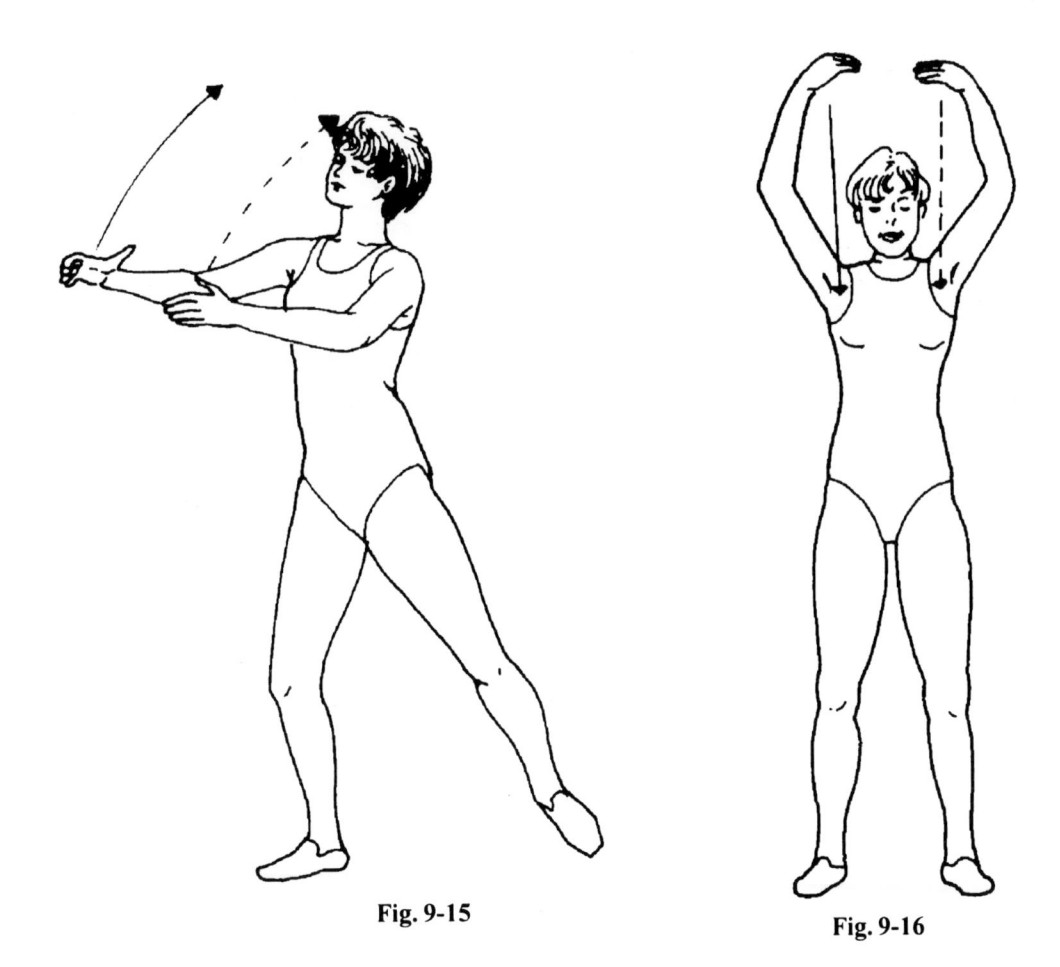

Fig. 9-15

Fig. 9-16

guir, toque com o dedo médio da mão direita o ponto *Laogong* (CS 8) na mão esquerda. Mova a energia do ponto *Laogong* até o *Guanchong* (SJ 1), que se localiza no lado externo do dedo anular, 0,1 *cun* posterior ao ângulo ungueal. Depois de virar a palma esquerda para baixo e a palma direita para cima, deve mover a energia com o dedo médio esquerdo do ponto *Laogong* na mão direita até o ponto *Guanchong*. Este é o ponto de união que conecta o Meridiano *Sanjiao Shaoyang* da Mão com o Meridiano da Circulação-Sexo *Jueyin* da Mão.

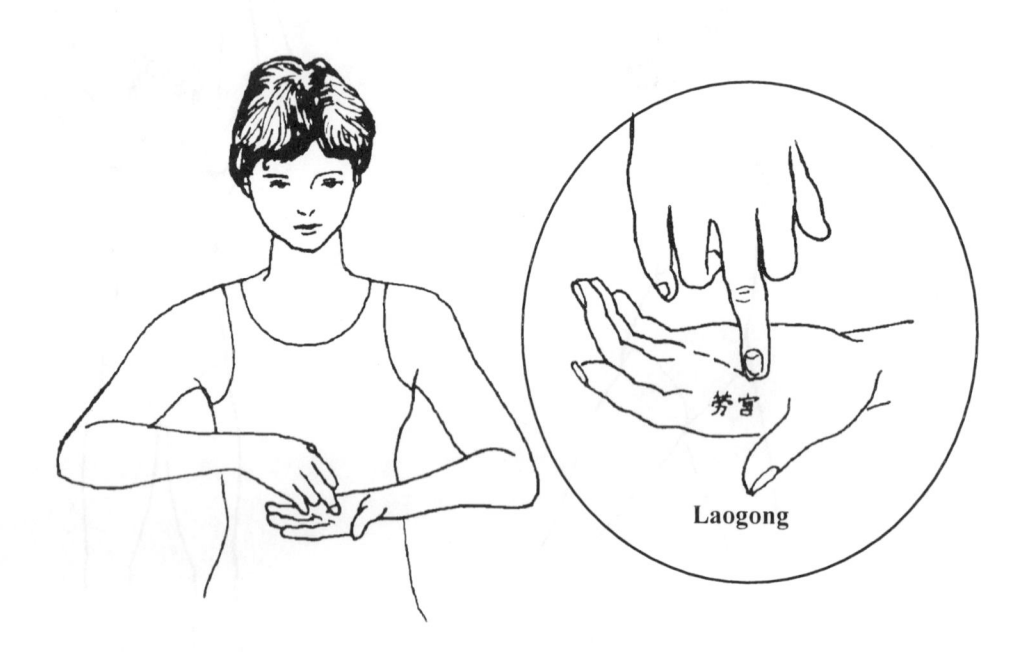

Fig. 9-17

X. O MERIDIANO *SANJIAO SHAOYANG*
DA MÃO

Via de fluxo: (Fig. SJ-1)

O Meridiano *Sanjiao Shaoyang* da Mão se inicia no ângulo ungueal do dedo anular, no ponto *Guanchong* (SJ 1), e corre para cima pelo lado do dedo anular e dorso do pulso. Passa através do olecrânio e da parte posterior do braço até chegar ao ombro e unir-se com o ponto *Dazhui* (*Du* 14). Vai para cima, entrando na fossa supraclavicular, e se dispersa no tórax. Aí surgem duas ramificações. A ramificação interna se une com o pericárdio e baixa pelo diafragma até o abdômen e se une com as partes a que pertence: o *jiao* superior, o médio e o inferior. Assim, a energia pode descer até o ponto *Weiyang* (B 39). A ramificação superficial sai do tórax. Deslocando-se para cima, sai da fossa supraclavicular e daí sobe ao pescoço, correndo ao longo da borda posterior da orelha. Dali, continua em direção à face e termina na região infra-orbitária. A ramificação auricular se origina na região retroauricular, passa ao ouvido e sai pela sua parte anterior, cruza com a ramificação anterior na face e chega ao ângulo externo do olho (o ponto *Sizhukong*, SJ 23), onde se une com o meridiano da vesícula biliar.

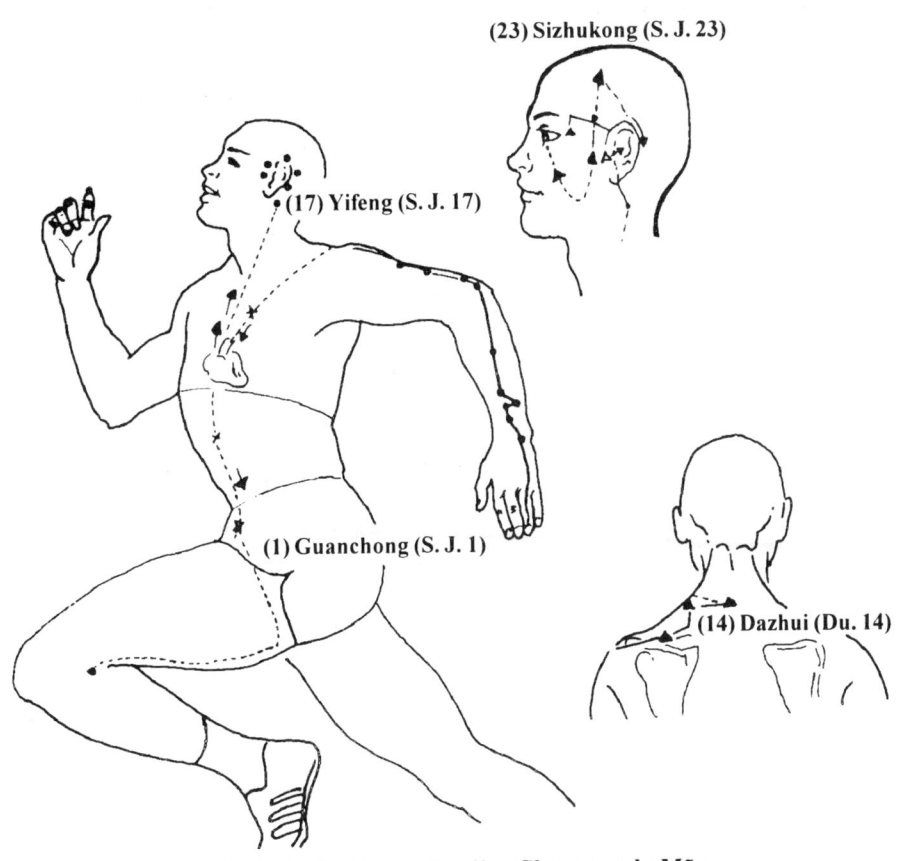

Fig. SJ-1. O Meridiano *Sanjiao Shaoyang* da Mão.

145

Indicações:

A prática por este meridiano é efetiva para a surdez, zumbido, ouvido lesado, enxaqueca, dor na região retro-auricular, no ombro e na parte lateral de braços e cotovelos.

Condições:

O praticante deve concentrar-se na regulação da respiração. Enquanto expira, move a energia do ponto de partida até o cotovelo. Enquanto inspira, move a energia do cotovelo até o ponto *Dazhui*. O meridiano vai desde a mão até à cabeça. Têm-se de rememorar *Guanchong,* o ponto de partida, e *Sizhukong*, o ponto terminal, assim como os pontos *Waiguan* (SJ 5), *Jianliao* (SJ 14), *Yifeng* (SJ 17), *Ermen* (SJ 21) e *Heliao* da orelha (SJ 22). Os acupunturistas e mestres de *Qigong* devem recordar todos estes pontos.

Localização dos pontos importantes (Fig. SJ-2):

1. *Guanchong:* localiza-se no lado externo do dedo anular, 0,1 *cun* posterior ao ângulo ungueal.
2. *Yemen*: está aproximadamente na borda da comissura dos dedos anular e mínimo. Localiza-se este ponto com a mão fechada.

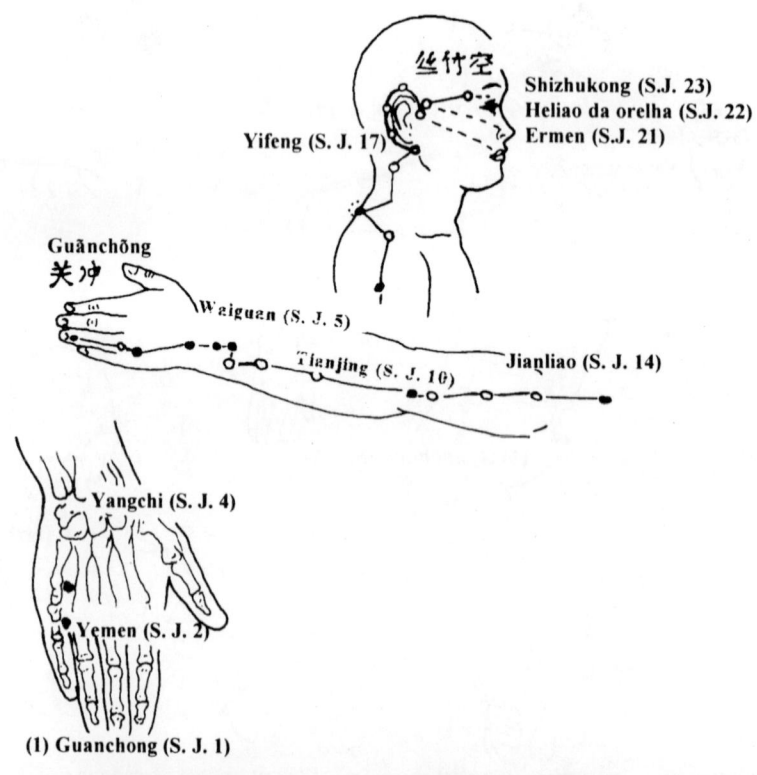

Fig. SJ-2. O Meridiano *Sanjiao Shaoyang* da Mão.

4. *Yangchi*: está na união do cúbito e do carpo, na depressão lateral do tendão do músculo extensor comum digital.

5. *Waiguan*: está 2 *cun* acima do *Yangchi* (SJ 4), entre o rádio e o cúbito.

10. *Tianjing*: quando o cotovelo se flexiona, o ponto se localiza na depressão que está um *cun* acima do olecrânio.

14. *Jianliao*: está na parte póstero-inferior do acrômio, na depressão que se acha um *cun* posterior ao ponto *Jianyu* (IG 15).

17. *Yifeng*: localiza-se atrás do lóbulo da orelha, na depressão entre o ângulo da mandíbula e a apófise mastóide.

21. *Ermen*: está na depressão anterior entre a orelha e a articulação da mandíbula, meio *cun* acima do côndilo da mandíbula. Localiza-se este ponto com a boca aberta.

22. *Heliao* da orelha: está na parte ântero-superior do ponto *Ermen*, ao nível da orelha, na borda posterior da linha dos cabelos, por onde passa a artéria temporal superficial.

23. *Sizhukong*: está na depressão que se acha no extremo externo da sobrancelha.

Instruções:

1. Virando o corpo e estendendo os braços para fora à direita (Fig. 10-1).

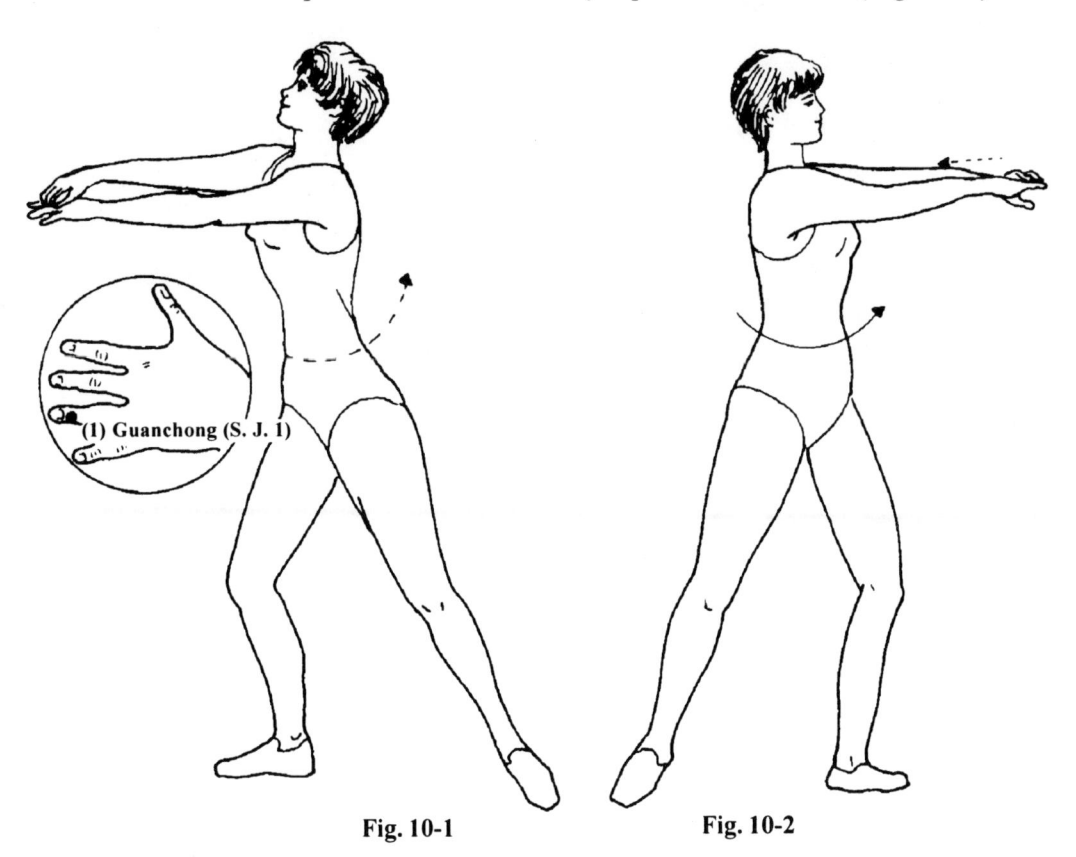

(1) Guanchong (S. J. 1)

Fig. 10-1   Fig. 10-2

Volte o tronco e o pé direito (90 graus) para a direita. Ponha o dedo indicador da mão direita no dedo anular da mão esquerda. O peso se transfere ao pé direito. Dê um passo atrás com o pé esquerdo e respire normalmente.

2. Virando o pé esquerdo para mover a energia do lado esquerdo (Figs. 10-2, 10-3, 10-4, 10-5).

Vire gradualmente o tronco, o pé direito (135 graus) e o pé esquerdo (90 graus) para a esquerda, movendo simultaneamente a energia pelo meridiano. Quando a energia tiver chegado ao ponto *Dazhui* (*Du* 14), dobre o braço esquerdo. A seguir, vire o pé esquerdo (45 graus) e o tronco para a esquerda. Dê um passo para a frente com o pé direito. Ponha o dedo indicador da mão esquerda sobre o dedo anular da mão direita.

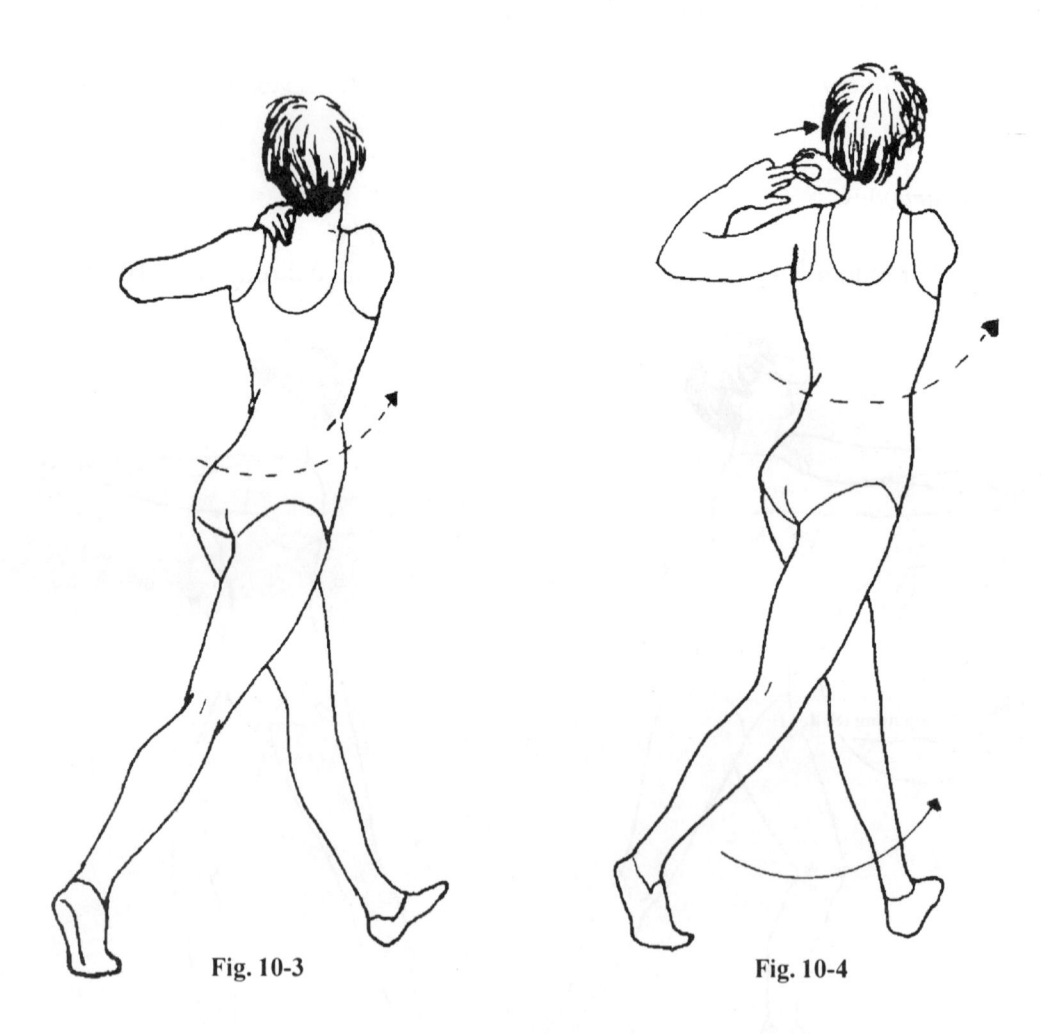

Fig. 10-3   Fig. 10-4

Nota: Enquanto expira, mova a energia desde o ponto de partida até o cotovelo. Enquanto inspira, mova a energia desde o cotovelo até o ponto *Dazhui* (*Du* 14).

3. Virando o corpo para a direita para mover a energia do lado direito (Figs. 10-5, 10-6).

Enquanto estende os braços para fora e para a frente, vire o tronco e o pé direito, 45 graus, à direita. Ao mesmo tempo, deve mover a energia para cima, com o dedo indicador da mão esquerda, pela rota direita. Quando a energia tiver chegado ao ponto *Dazhui* (*Du* 14), dobre o braço direito. Volte o pé direito, 45 graus, e o tronco para a direita. Dê um passo à frente com o pé esquerdo e comece a deslocar a energia do lado direito.

Nota: Veja as notas no tópico 2. Mova a energia, duas vezes, em cada lado.

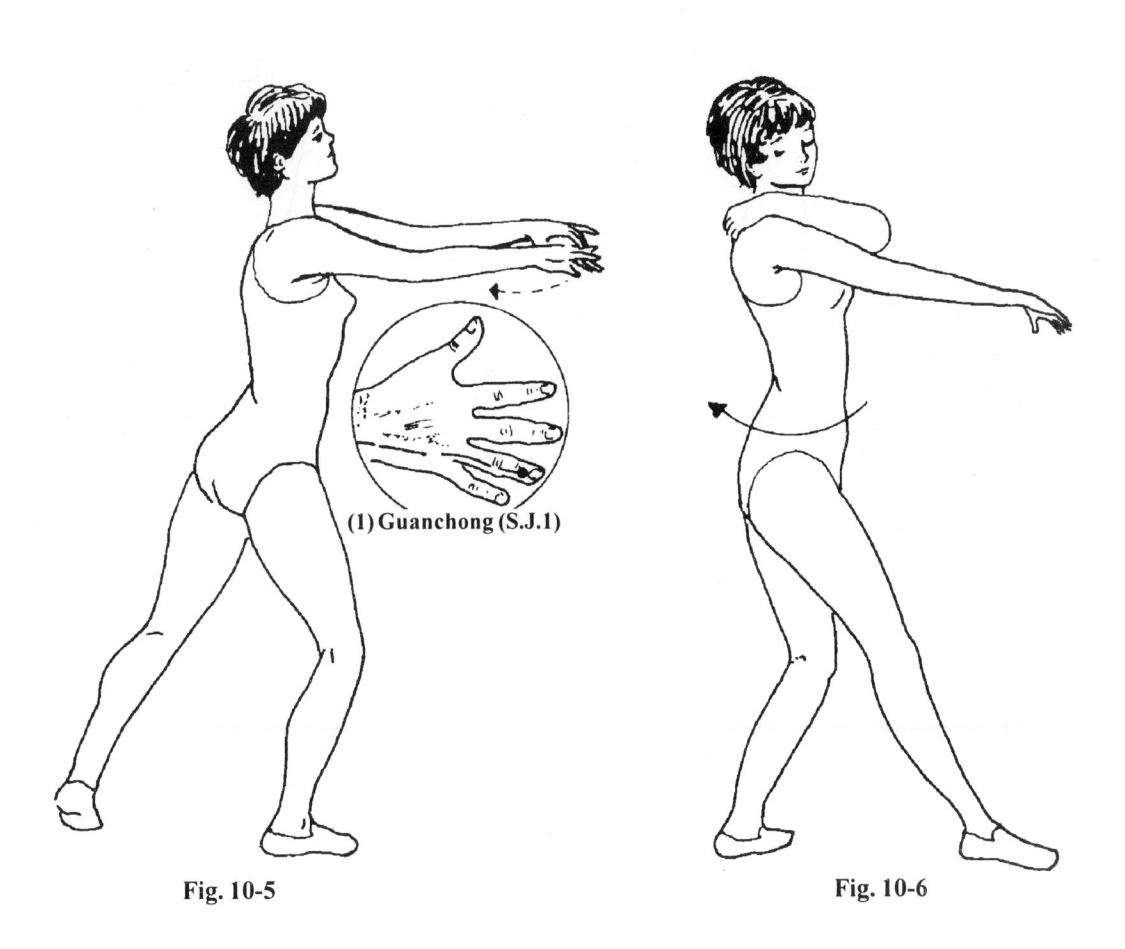

(1) Guanchong (S.J.1)

Fig. 10-5   Fig. 10-6

4. Volvendo o corpo e levantando os braços (Figs. 10-7, 10-8, 10-9).

Enquanto expira, volte o pé direito, 90 graus, e o corpo para a direita. Mova o pé esquerdo para fazer com que os pés fiquem à distância da largura dos ombros. Enquanto inspira, levante os braços sobre a cabeça e junte os dedos. Enquanto expira, baixe as mãos para tocar o ponto *Dazhui* (*Du* 14).

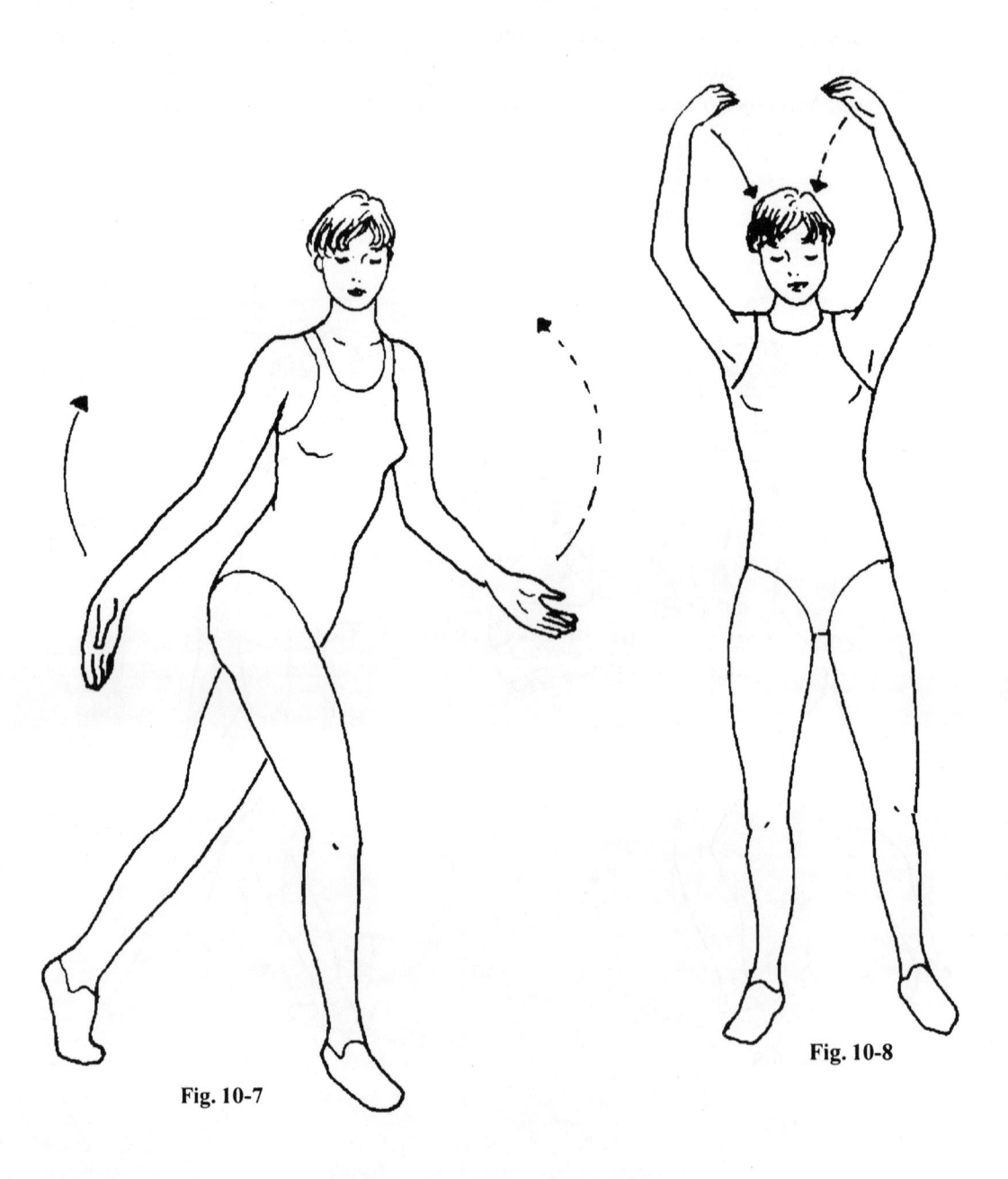

Fig. 10-7

Fig. 10-8

5. Movendo a energia até o ponto *Dazhui* e respirando normalmente (Figs. 10-9, 10-10, 10-11, 10-12, 10-13, 10-14).

Incline e levante a cabeça, seis vezes.

Vire o tronco e os membros para a esquerda e para a direita, seis vezes.

Volte a cabeça seis vezes para cada lado.

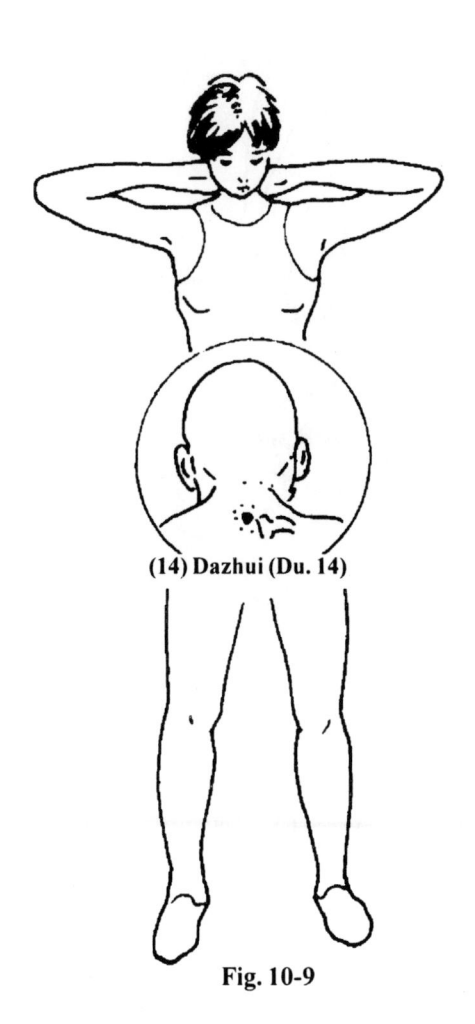

(14) Dazhui (Du. 14)

Fig. 10-9

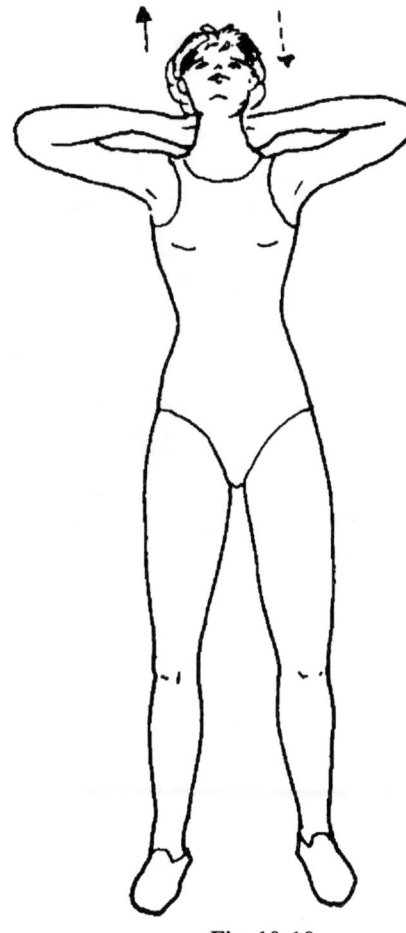

Fig. 10-10

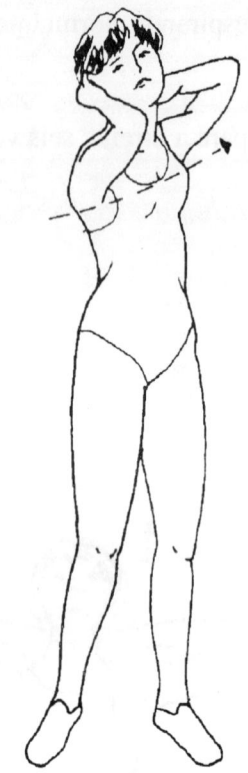

Fig. 10-11

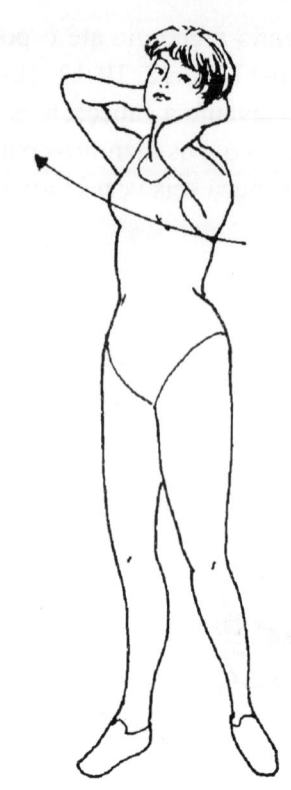

Fig. 10-12

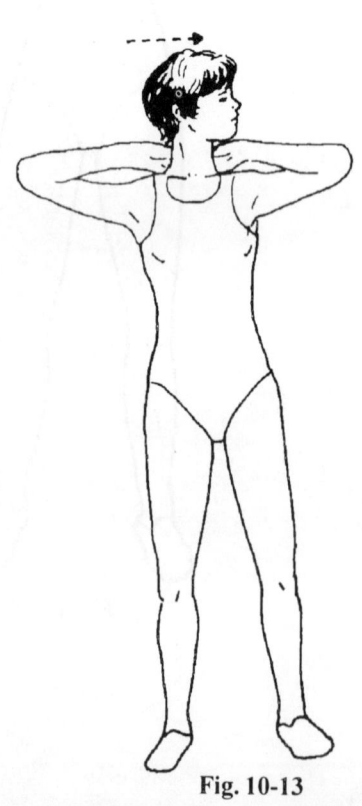

Fig. 10-13

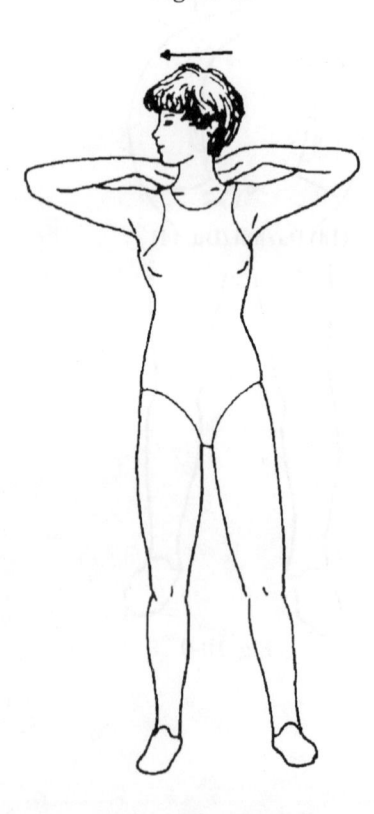

Fig. 10-14

6. Indo a energia à fossa supraclavicular e girando os braços, três vezes (Fig. 10-15).

Mova as mãos em direção à fossa supraclavicular, e gire os braços para a frente e para trás, três vezes. Respire normalmente.

7. Concentrando-se em *Sanjiao* (Fig. 10-16).

Enquanto expira, baixe as mãos, pela rota, em direção ao *jiao* inferior. Inspire e detenha a respiração.

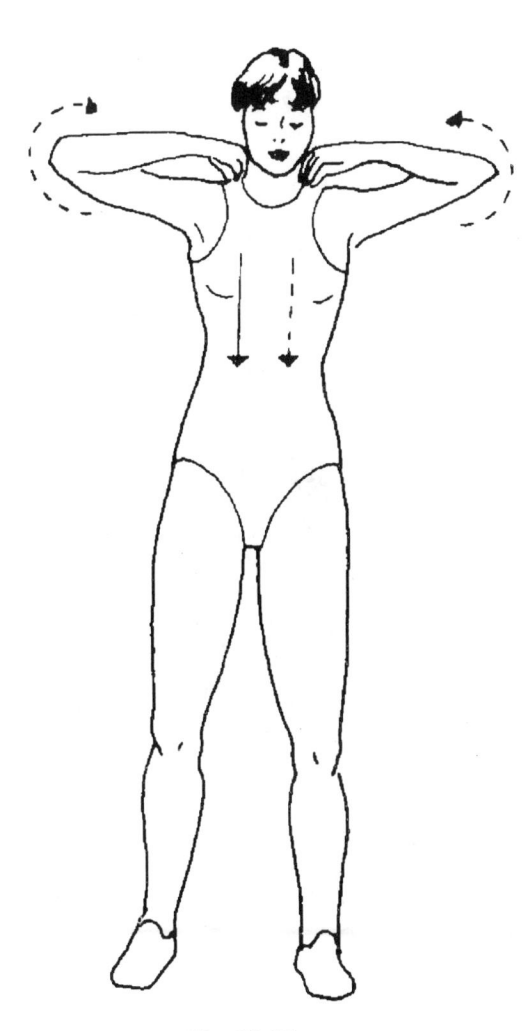

Fig. 10-15

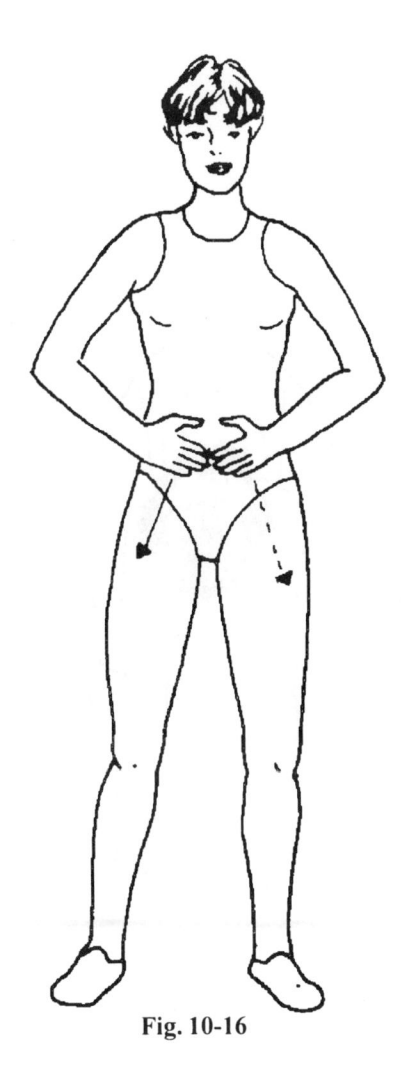

Fig. 10-16

Nota: Quando mover a energia para baixo, represente vividamente na mente que a energia, na ramificação interna, se conecta com o pericárdio e se dirige para baixo, através do diafragma, até o abdômen, onde se une com as partes que lhe pertencem — os *jiao* superior, médio e inferior.

8. Inclinando-se à frente para tocar o ponto *Weiyang* (Fig. 10-17).

Enquanto expira lentamente, incline-se para a frente e mova as mãos pelas rotas que vão em direção ao ponto *Weiyang* (B 39). Durante esta operação, a energia se move desde as três partes (superior, média, inferior) do *Sanjiao* até o ponto *Weiyang*.

9. Dobrando os joelhos e mantendo a energia (Fig. 10-18).

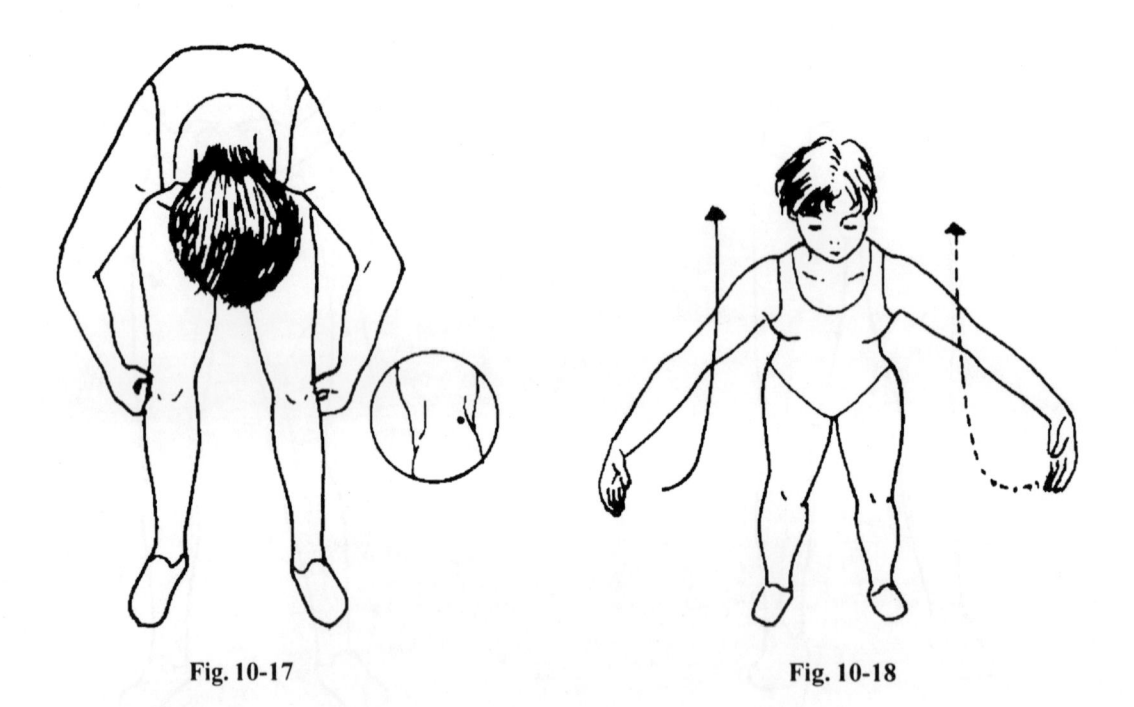

Fig. 10-17   Fig. 10-18

10. Endireitando o corpo e levantando os braços por cima da cabeça (Fig. 10-19).

11. Empurrando a energia em direção à fossa supraclavicular (Fig. 10-20).

12. Fazendo massagem no ponto *Yifeng* (SJ 17), seis vezes (Fig. 10-21).

Enquanto inspira, mova as mãos para cima, pela ramificação superficial, até o ponto *Yifeng*. Ponha os dedos médios sobre os indicadores. Faça massagem no ponto *Yifeng*, com os dedos, seis vezes. Na mente, represente que a energia está entrando nas orelhas e se unindo com os olhos. Respire normalmente.

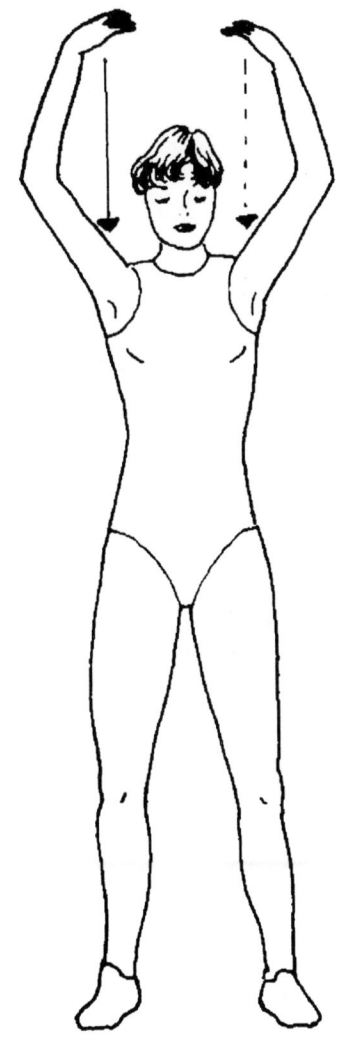

Fig. 10-19

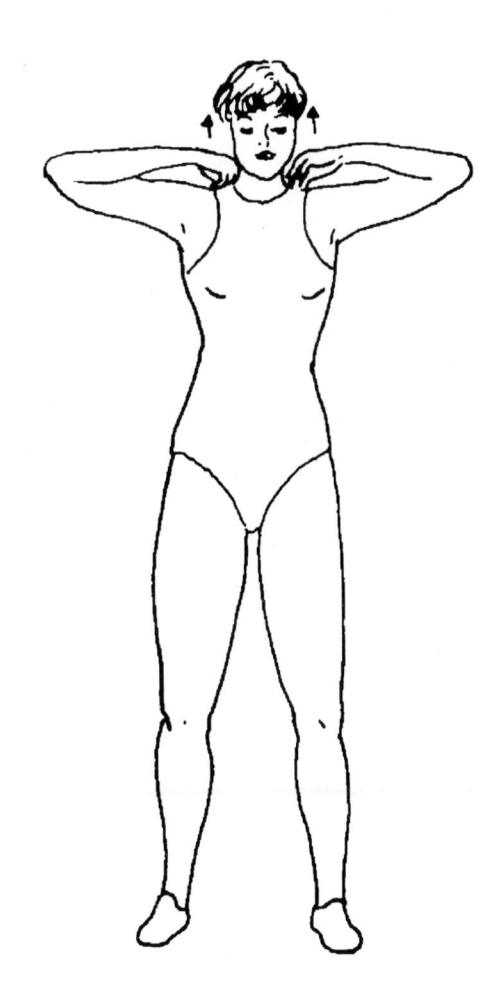

Fig. 10-20

13. Massageando os pontos *Ermen* (SJ 21) e *Heliao* da orelha (SJ 22), seis vezes (Fig. 10-22).

Mova os dedos para cima até os pontos *Ermen* (SJ 21) e *Heliao* da orelha (SJ 22). Coloque os dedos indicadores e os médios sobre os pontos *Ermen* e *Heliao* da orelha, respectivamente, massageando-os, seis vezes. Respire normalmente.

14. Massageando o ponto *Sizhukong* (SJ 23) (Fig. 10-23).

Mova os dedos até o ponto *Sizhukong*. Massageie-o seis vezes. Na mente, represente que a energia se desloca para baixo, ao ponto *Tongziliao* (VB 1), no ângulo externo do olho, para conectar-se com o Meridiano da Vesícula Biliar *Shaoyang* do Pé.

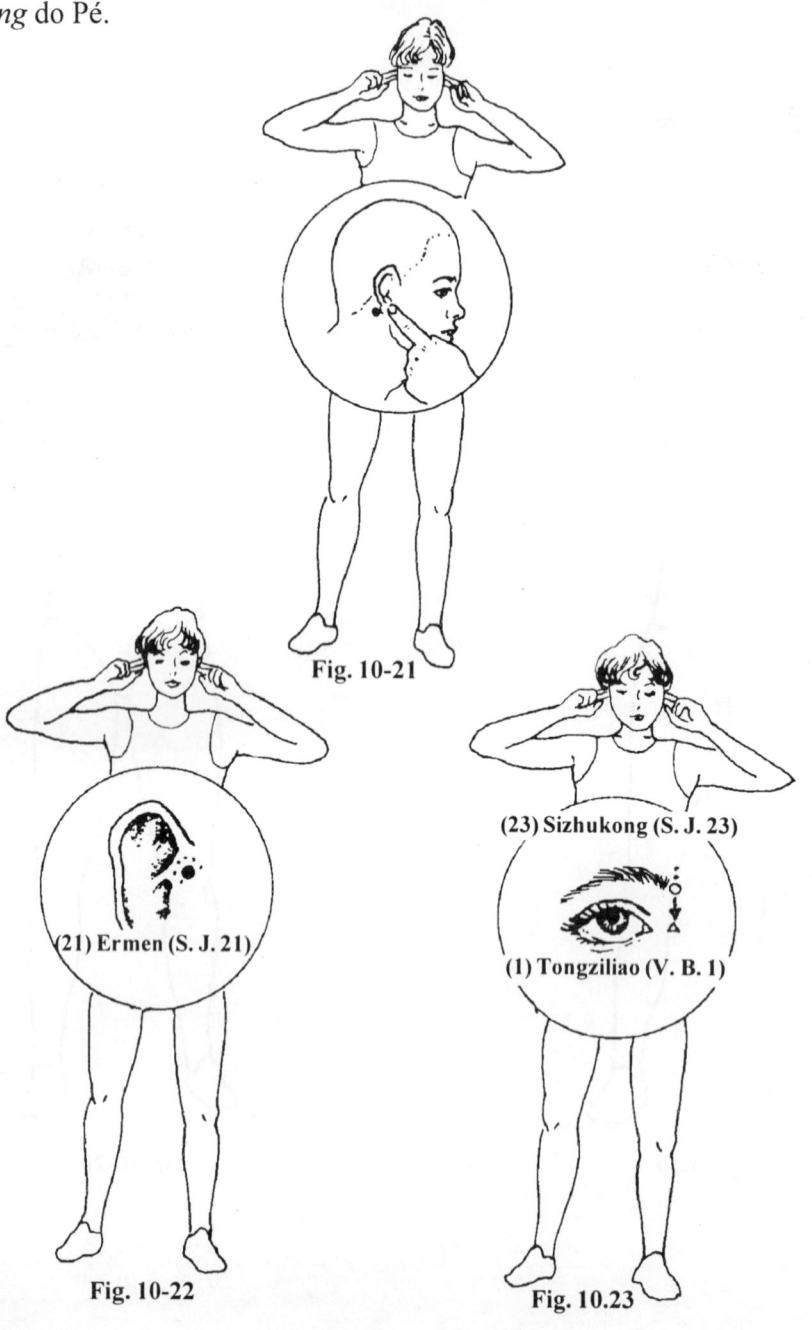

Fig. 10-21

(21) Ermen (S. J. 21)

(23) Sizhukong (S. J. 23)

(1) Tongziliao (V. B. 1)

Fig. 10-22

Fig. 10.23

XI. O MERIDIANO DA VESÍCULA BILIAR *SHAOYANG* DO PÉ

Via de fluxo: (Fig. VB-1)

O Meridiano da Vesícula Biliar *Shaoyang* do Pé começa no ponto *Tongziliao* (VB 1), no ângulo externo do olho, vai obliquamente para o ponto *Tinghui*, corre para cima até o ponto *Touwei* (E 8), na têmpora, descendo a seguir pela parte posterior da orelha até o ponto *Wangu* (VB 12). Daí, ao retornar para a frente, chega ao ponto *Yangbai* (VB 14), baixando depois até o ponto *Fengchi* (VB 20). Aí se bifurca. A ramificação interna entra na orelha, passando pelo ponto *Yifeng* (SJ 17). Depois, sai dela e se une com o ponto *Tongziliao*. Ao baixar até a face e voltar atrás até o ponto abaixo do olho, desce pelo pescoço em direção à fossa supraclavicular, onde se conecta com a ramificação superficial. Daí, a ramificação interna segue descendo em direção ao tórax, passando pelo diafragma, para unir-se com o fígado e entrar no órgão a que pertence, a vesícula biliar. A seguir, corre para baixo até a borda do púbis e entra transversalmente na região glútea (o ponto *Huantiao*, VB 30). A ramificação superficial vai para baixo desde o ponto *Fengchi* até o *Tianrong* (ID 17). Depois, retorna para unir-se com o ponto *Dazhui* (*Du* 14). Do ponto *Dazhui*, chega à fossa supraclavicular, passando pelo ponto *Jianjing* (VB 21). Da fossa supraclavicular, desce e atravessa a frente da axila ao longo da parte lateral do tórax e através das extremidades livres das costelas flutuantes até a região glútea, onde se une por fim com a ramificação interna. Descendo pela linha central da parte lateral da perna, chega ao lado da ponta do quarto dedo do pé, passando pelo ponto *Linqi* do pé (VB 41).

A partir do ponto *Linqi* do pé, uma ramificação circula entre o primeiro e o segundo metatarsos em direção à parte distal do dedo polegar do pé até chegar a *Dadun* (F 1), onde se une com o meridiano do fígado.

Indicações:

A prática por este meridiano é efetiva para dor ao longo da parte lateral do peito, hipocôndrio, coxa e membros inferiores, visão embaçada, boca amarga, enxaqueca, melancolia e mau humor, sudorese espontânea e colicistite crônica.

Condições:

Devem-se saber os pontos importantes e a rota na cabeça. O meridiano da vesícula biliar vai desde a cabeça até o pé. Enquanto move a energia pelo meridiano, concentre-se na regulação da mente, respiração e força dos movimentos. Inspire e expire lenta e profundamente.

Pontos-chave:

1. Devem-se conhecer as três voltas do meridiano da vesícula biliar na cabeça.

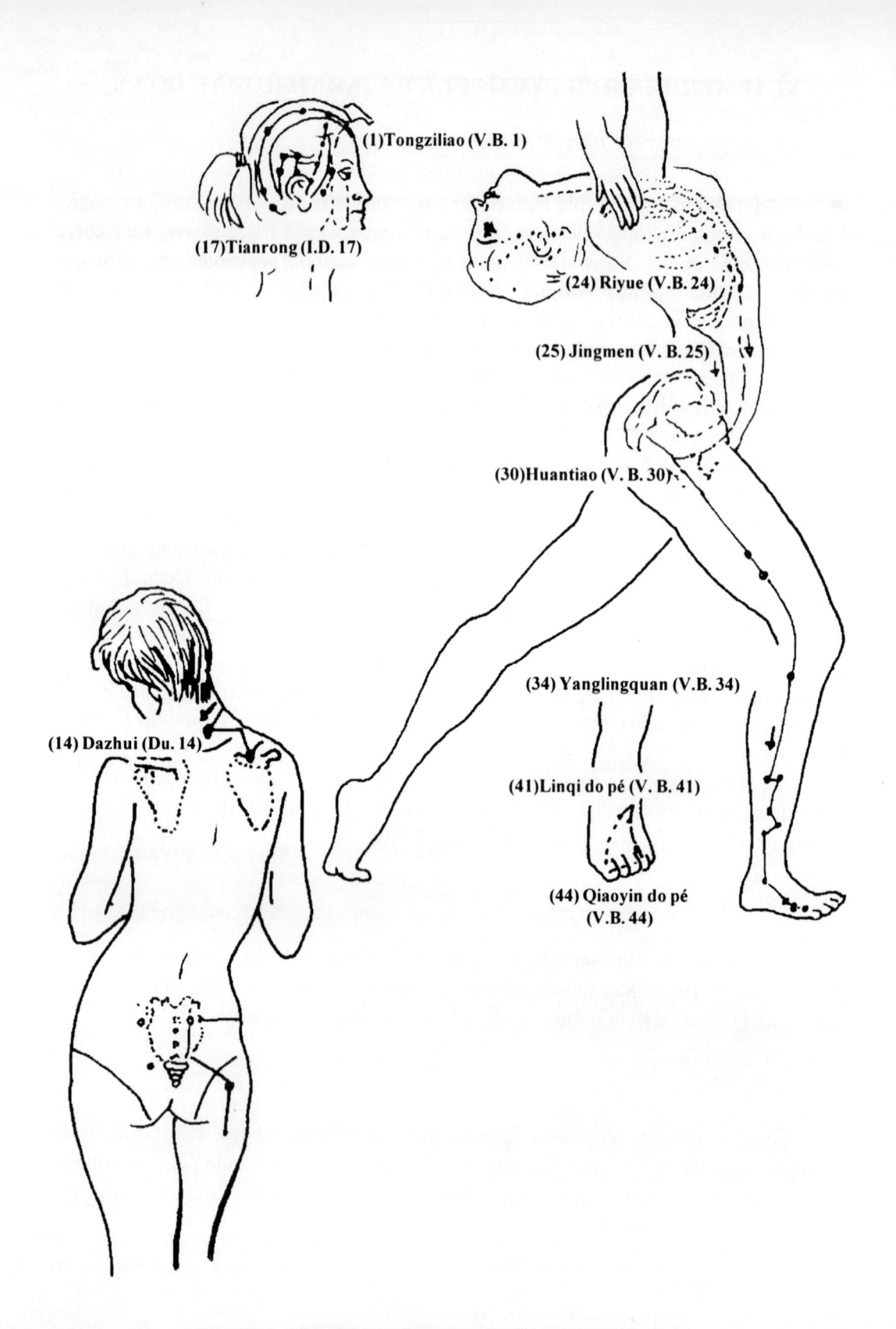

Fig. VB-1. O Meridiano da Vesícula Biliar *Shaoyang* **do Pé.**

2. As duas ramificações surgem no ponto *Fengchi* (VB 20) e se unem no ponto *Huantiao* (VB 30).

3. Uma ramificação surge no ponto *Linqi* do pé e se une com o meridiano do fígado. Há aqui 44 pontos no total. Têm-se de rememorar *Tongziliao* (VB 1), o ponto de partida, e *Qiaoyin* do pé (VB 44), o ponto terminal, assim como os pontos *Tinghui* (VB 2), *Wangu* da cabeça (VB 12), *Yangbai* (VB 14), *Fengchi* (VB 20) e *Linqi* do pé (VB 41). Os acupunturistas e mestres de *Qigong* devem recitar todos estes pontos mentalmente, enquanto movem a energia.

Localização dos pontos importantes (Fig. VB-2):

1. *Tongziliao*: localiza-se na parte lateral externa do olho, na depressão que se acha externa à órbita.

2. *Tinghui*: está na parte anterior da incisão do intertrago, diretamente abaixo do ponto *Tinggong* (ID 19), na borda posterior do côndilo da mandíbula. O ponto é localizado com a boca aberta.

12. *Wangu* da cabeça: está na depressão póstero-inferior da apófise mastóide.

14. *Yangbai*: acha-se à frente, um *cun* acima do ponto médio da sobrancelha, sobre a linha vertical que passa por este ponto e a dois terços da distância entre a linha do cabelo e a sobrancelha, a partir da linha do cabelo.

20. *Fengchi*: localiza-se na parte posterior do pescoço, abaixo do osso occipital, na depressão entre a parte superior do músculo esternoclidomastóide e o músculo trapézio.

21. *Jianjing*: está no ponto médio entre o ponto *Dazhui* e o acrômio, na parte mais alta do ombro.

24. *Riyue*: encontra-se abaixo do mamilo, entre a sétima e a oitava costelas.

25. *Jingmen*: está no lado do abdômen, na borda inferior do extremo livre da duodécima costela.

29. *Juliao* do fêmur: está na parte média entre a espinha ilíaca ântero-superior e o grande trocanter.

30. *Huantiao*: localiza-se na união do terço externo e do terço médio entre a distância do grande trocanter e do hiato-sacro.

34. *Yanglingquan*: está na depressão ântero-inferior da cabeça do perônio.

37. *Guangming*: está 5 *cun* diretamente abaixo da ponta do maléolo externo, na borda anterior do perônio.

39. *Xuanzhong*: está 3 *cun* acima do extremo do meléolo externo, na depressão entre a borda posterior do perônio e os tendões do músculo peroneal largo e peroneal curto.

41. *Linqi* do pé: está na depressão distal da união do quarto e quinto metatarsos, no lado externo do tendão do músculo extensor digital do pé.

44. *Qiaoyin* do pé: está no lado externo do quarto dedo, 0,1 *cun* posterior ao ângulo ungueal.

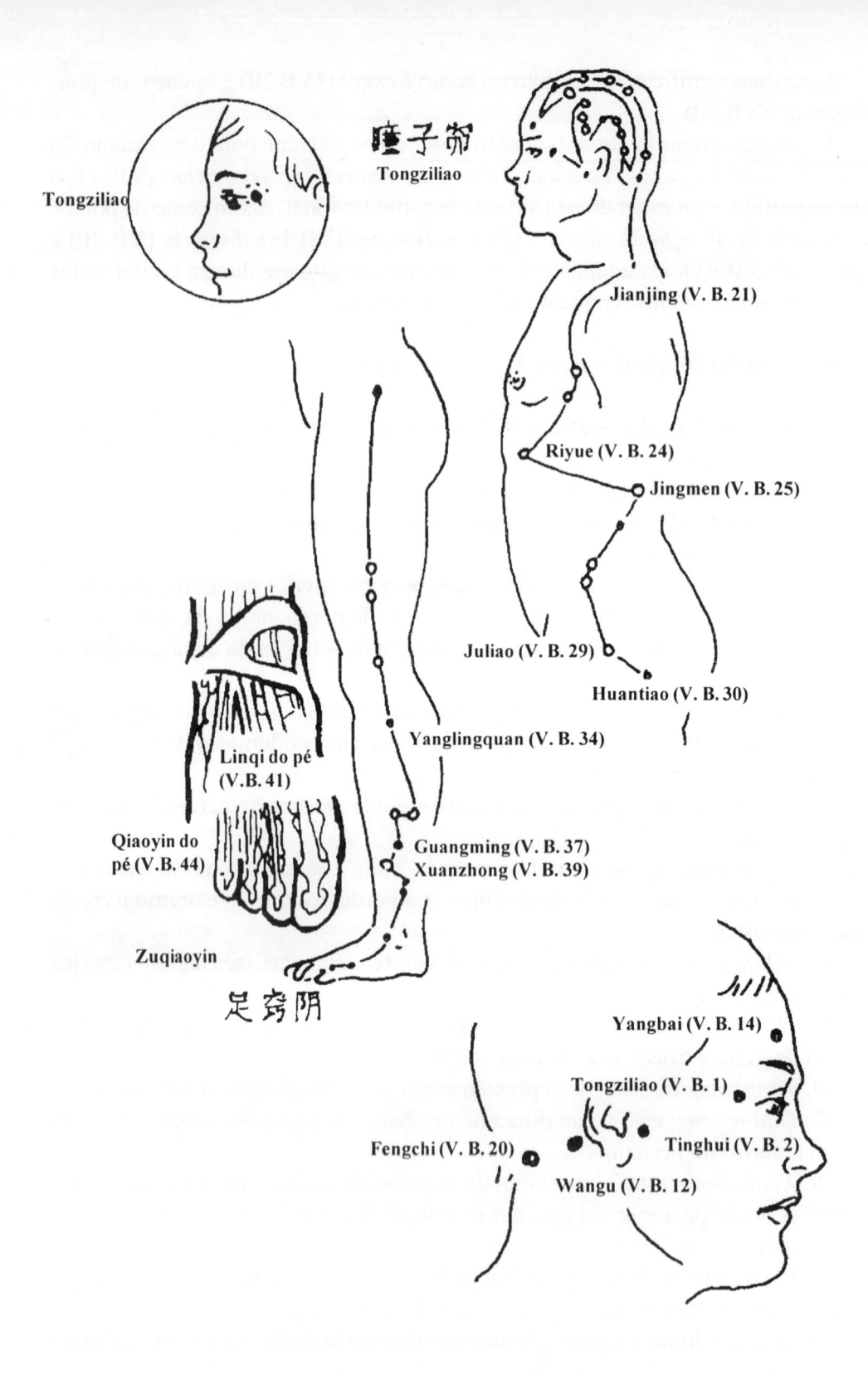

Fig. VB-2. O Meridiano da Vesícula Biliar *Shaoyang* do Pé.

Instruções:

1. Massageando o ponto *Tongziliao* (VB 1) (Fig. 11-1).

Coloque os dedos médios sobre os indicadores. Faça massagem no ponto *Tongziliao*, com os dedos, seis vezes, e respire naturalmente.

2. Massageando os pontos *Tinghui* (VB 2), *Touwei* (E 8) e *Wangu* da cabeça (VB 12) (Figs. 11-2, 11-3, 11-4).

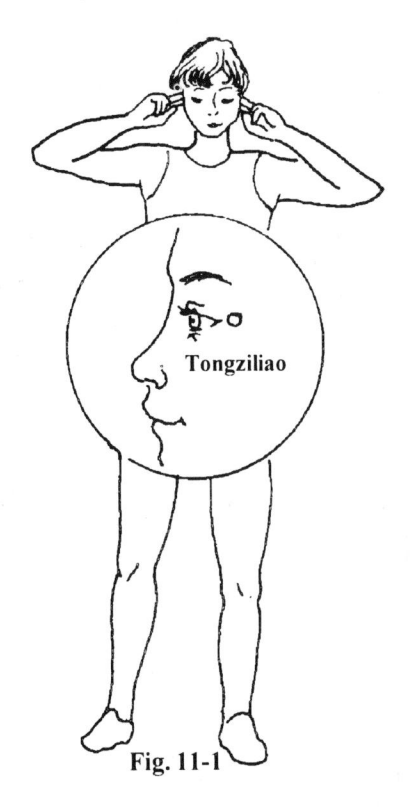

Fig. 11-1

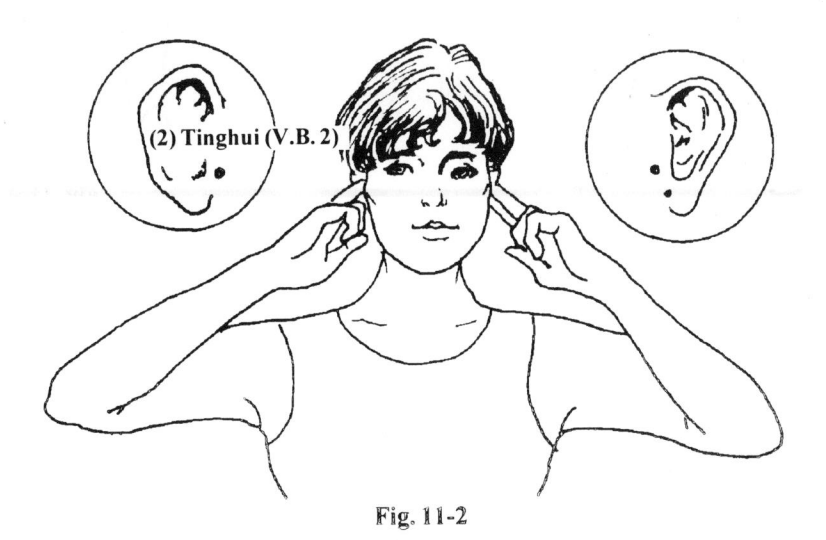

Fig. 11-2

Mova os dedos, pela rota, fazendo massagem nos pontos *Tinghui, Touwei* e *Wangu* da cabeça, seis vezes em cada ponto. Respire naturalmente.

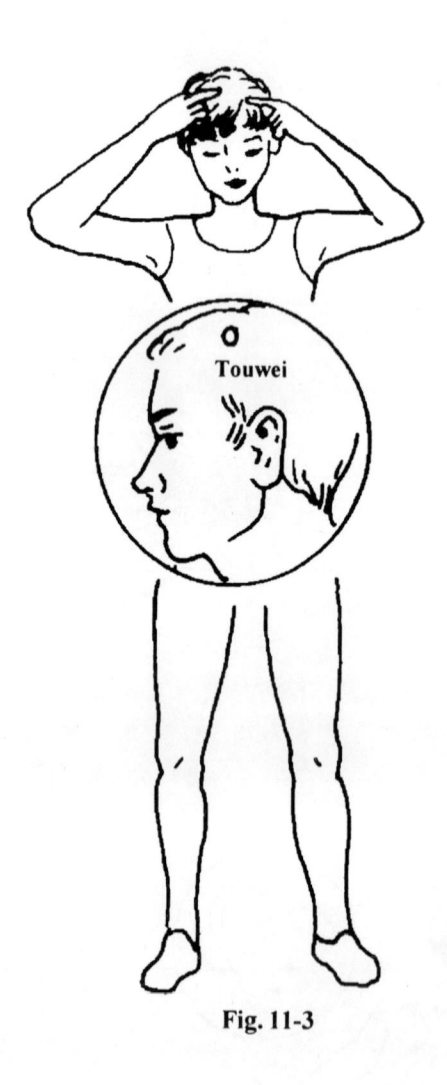

Fig. 11-3

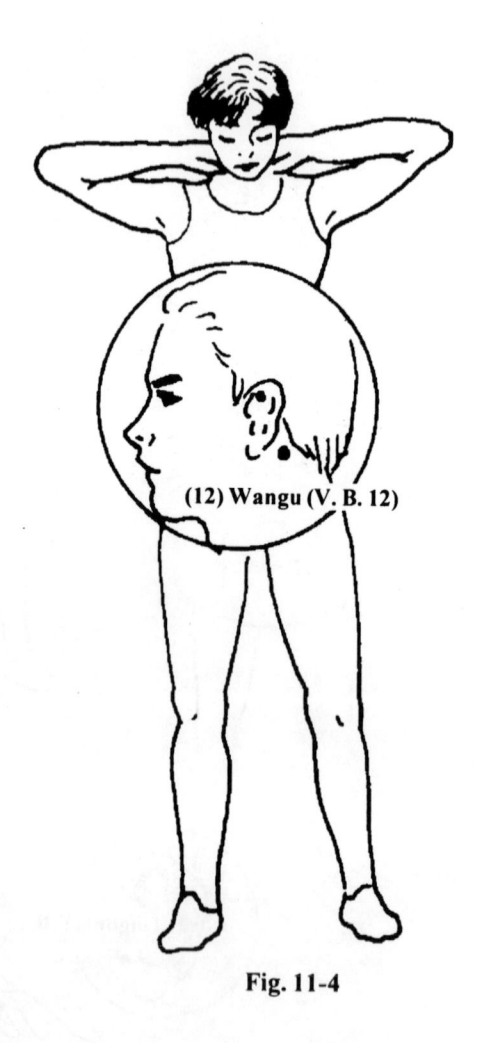

Fig. 11-4

3. Massageando o ponto *Yangbai* (VB 14) (Fig. 11-5).

Mova os dedos para cima, pela rota, até o ponto *Yangbai*, massageando-o seis vezes. Respire naturalmente.

4. Fazendo massagem no ponto *Fengchi* (VB 20) (Fig. 11-6).

Mova os dedos, pela rota, até o ponto *Fengchi*, massageando-o seis vezes. Respire normalmente.

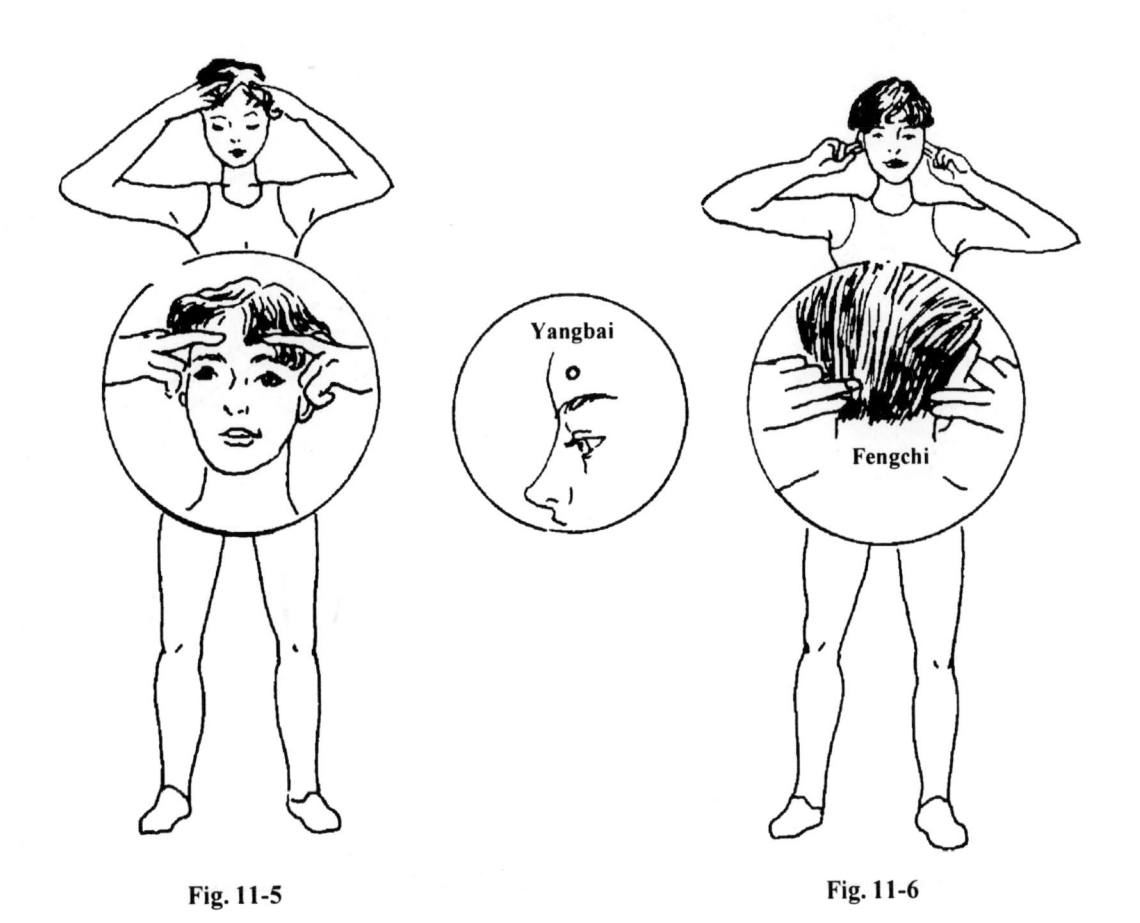

Fig. 11-5 Fig. 11-6

5. Fazendo massagem na cabeça (Fig. 11-7).

Faça massagem nos ossos temporais com as palmas, para frente e para trás, seis vezes. Respire normalmente.

6. Baixando a energia para fazê-la entrar na vesícula biliar e unir-se com o fígado (Figs. 11-8, 11-9).

Mova os dedos pela ramificação interna. Faça com que os dedos cheguem ao ponto *Yifeng* (SJ 17), atravessem as orelhas e retornem novamente ao ponto *Tongziliao* (VB 1). A seguir, faça-os correr ao redor da face e chegar aos pontos abaixo dos olhos. Enquanto expira, mova a energia para baixo para fazê-la entrar na vesícula biliar e unir-se com o fígado.

Nota: A concentração deve seguir a energia ao longo de sua rota interna.

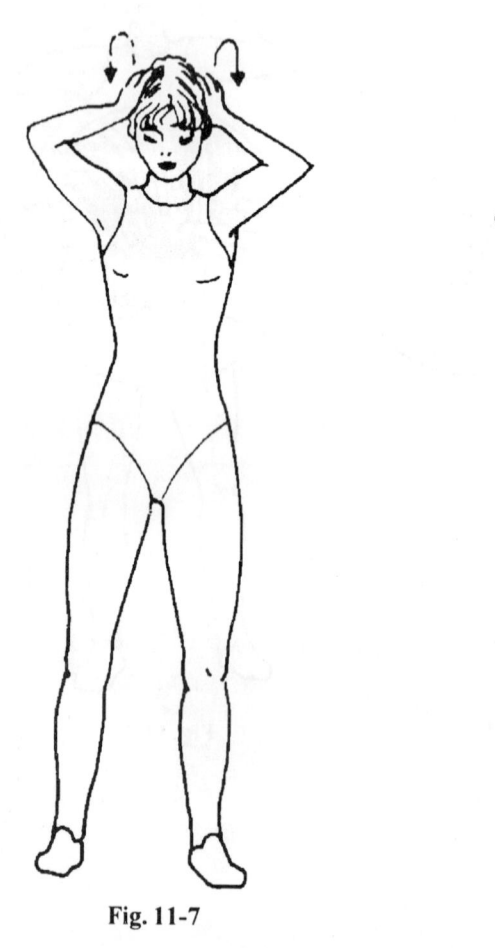

Fig. 11-7

Fig. 11-8

7. Correndo abaixo até a virilha (Fig. 11-10).
Enquanto expira, baixe as mãos, pelas rotas, até as virilhas.

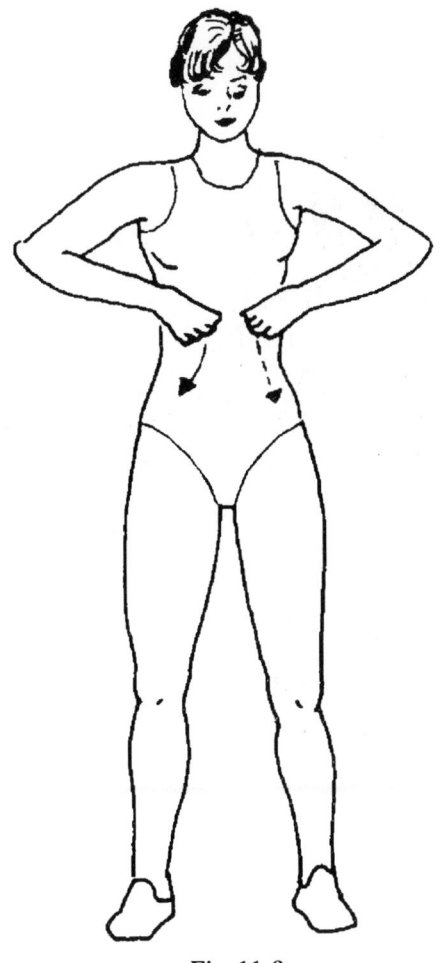

Fig. 11-9

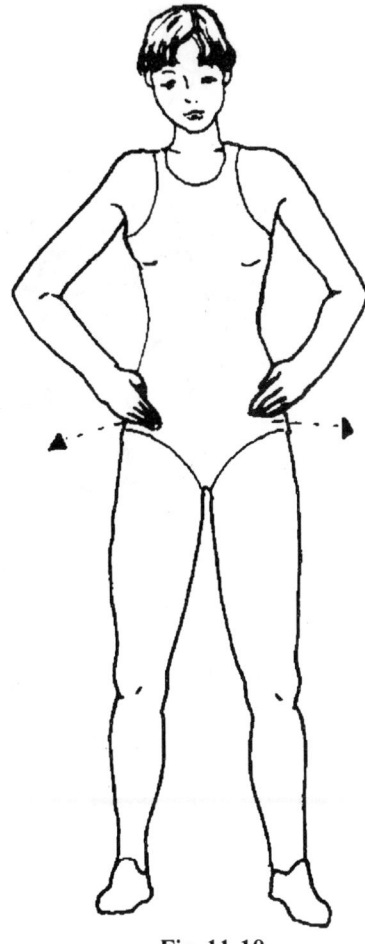

Fig. 11-10

8. Entrando transversalmente na região glútea (Fig. 11-11).

Enquanto inspira, mova as mãos a partir da borda do púbis, entrando transversalmente na região glútea, no ponto *Huantiao* (VB 30).

9. Dobrando os joelhos e mantendo a energia (Fig. 11-12).

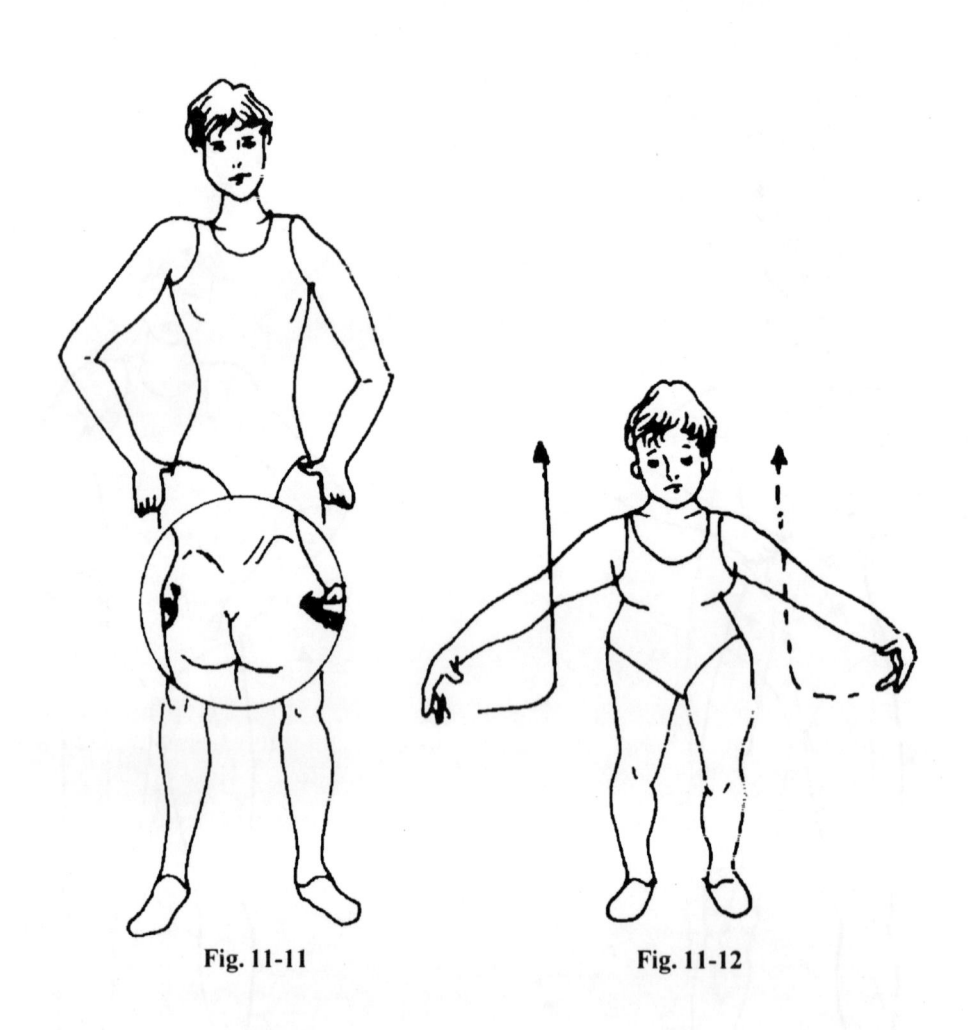

Fig. 11-11   Fig. 11-12

10. Endireitando o corpo e levantando os braços por cima da cabeça (Fig. 11-13).

Fazendo massagem na cabeça, três vezes (Fig. 11-14).

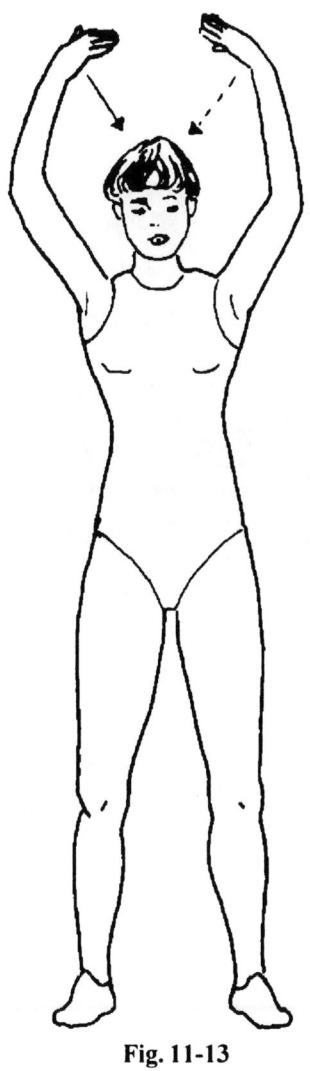

Fig. 11-13

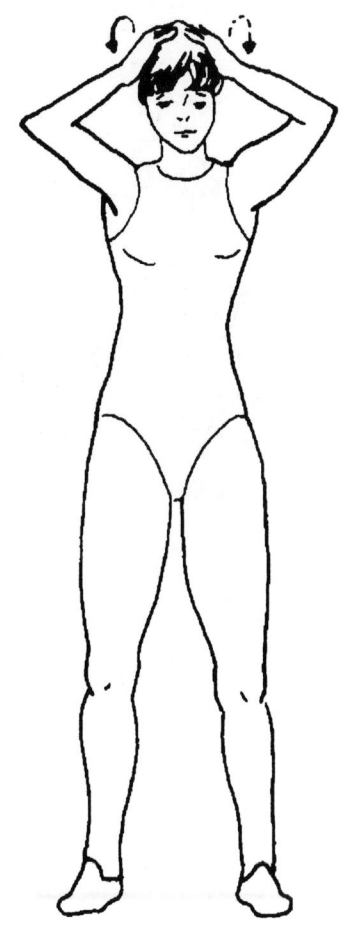

Fig. 11-14

11. Unindo-se com o ponto *Dazhui* (*Du* 14) (Fig. 11-15).

Mova as mãos desde o ponto *Fengchi* (VB 20) até o *Tianrong* (ID 17) e, a seguir, até o ponto *Dazhui*. Respire normalmente.

12. Movendo o ponto *Dazhui* (Fig. 11-15).

Mova o ponto *Dazhui*, no sentido dos ponteiros do relógio, seis vezes; e, no sentido contrário, seis vezes. Respire naturalmente.

13. Movendo a energia até a axila (Fig. 11-16).

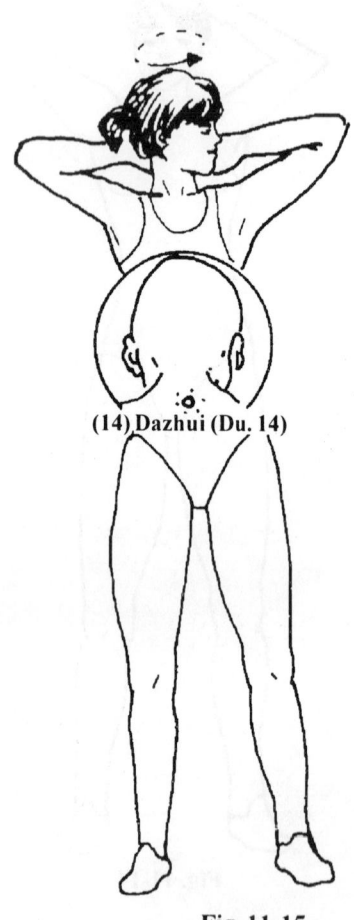

(14) Dazhui (Du. 14)

Fig. 11-15

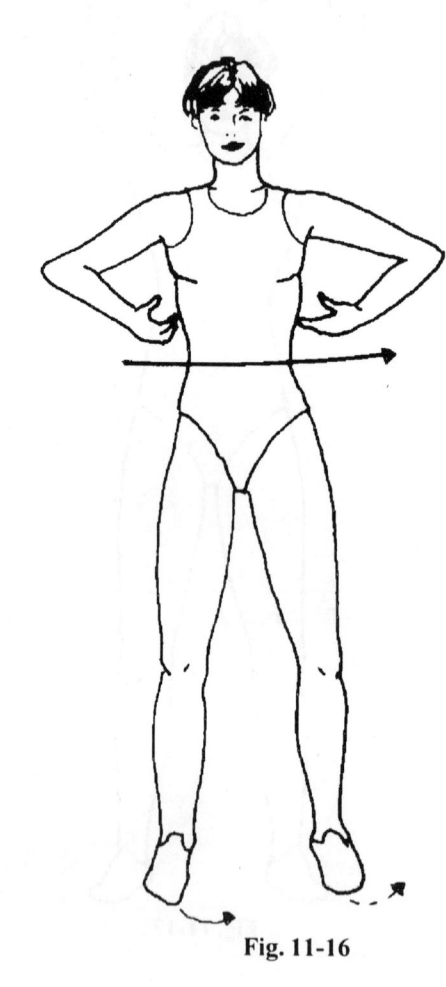

Fig. 11-16

Mova as mãos, passando pelo ponto *Jianjing* (VB 21) até a fossa supraclavicular, e, a seguir, mova a energia entrando na axila. Estique os braços, para trás, até às costas. Volte o pé direito (45 graus) e o pé esquerdo (90 graus) para a esquerda. Mova o corpo seguindo o movimento dos pés e olhe para o lado esquerdo. Inspire lentamente durante estes movimentos.

14. Movendo a energia pelo meridiano esquerdo (Fig. 11-17).

Dobre os braços. Enquanto se curva para a frente, mova com as mãos a energia, pela rota, até o ponto terminal, *Qiaoyin* do pé (VB 44). Expire lentamente durante a prática.

15. Endireitando o corpo, levantando os braços e fazendo massagem na cabeça (Fig. 11-18).

Inspirando lentamente, endireite o corpo e levante os braços sobre a cabeça. Enquanto expira, baixe os braços para massagear a zona temporal, três vezes. Enquanto inspira, mova a energia para entrar na axila e, logo a seguir, estique os braços para trás, sobre a cabeça.

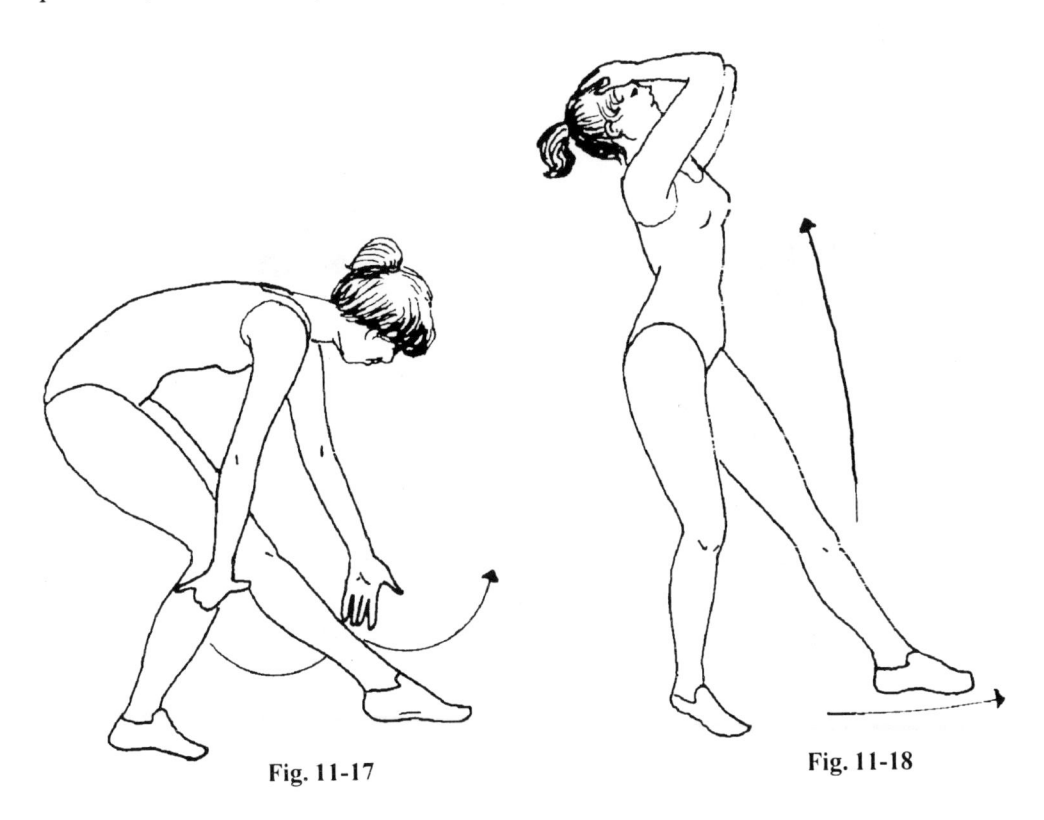

Fig. 11-17   Fig. 11-18

16. Movendo a energia pelo meridiano direito (Fig. 11-19).

Dê um passo adiante com o pé direito. À medida que se curva para a frente, mova a energia com as mãos, pela rota, até o ponto *Qiaoyin* do pé (VB 44), o ponto terminal. Mantenha a respiração lenta durante os movimentos.

17. Endireitando, levantando os braços e virando o corpo (Figs. 11-20, 11-21, 11-22).

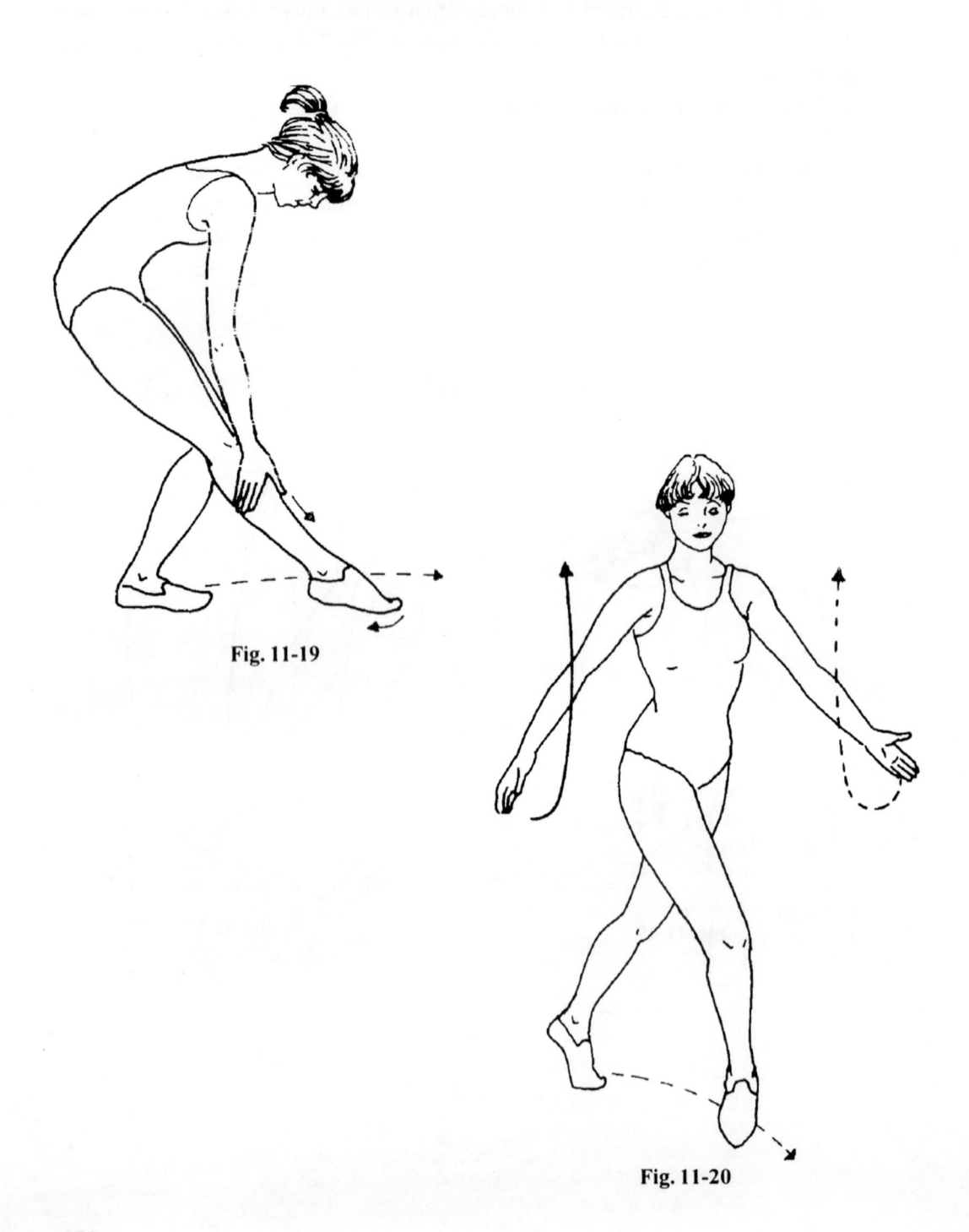

Fig. 11-19

Fig. 11-20

Enquanto inspira, endireite lentamente o corpo e levante os braços sobre a cabeça. Vire o pé direito, 90 graus, e o corpo para a direita. Mova o pé esquerdo para que os pés fiquem à distância da largura dos ombros. Enquanto expira, baixe os braços para massagear os ossos temporais, três vezes.

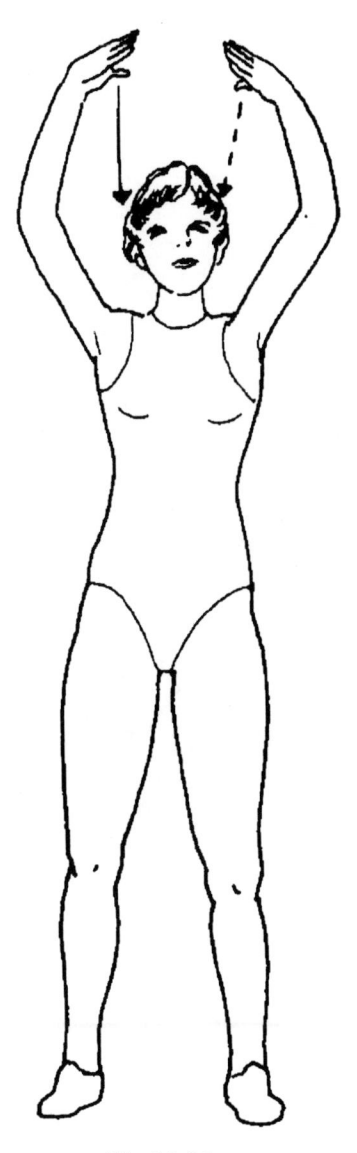

Fig. 11-21

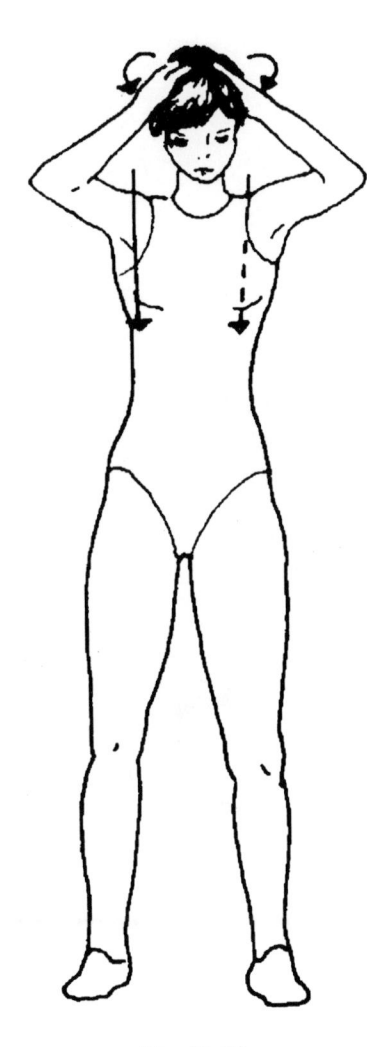

Fig. 11-22

18. Movendo a energia até a axila (Fig. 11-23).

Mova as mãos até à axila e estenda os braços para os lados, em direção às costas. Vire o pé esquerdo, 45 graus, e o pé direito, 90 graus, para a direita. Mova o corpo, seguindo o movimento dos pés, e olhe para o lado direito. Estes movimentos devem realizar-se respirando-se lentamente.

19. Movendo a energia pelos meridianos direito e esquerdo (Figs. 11-24, 11-25, 11-26).

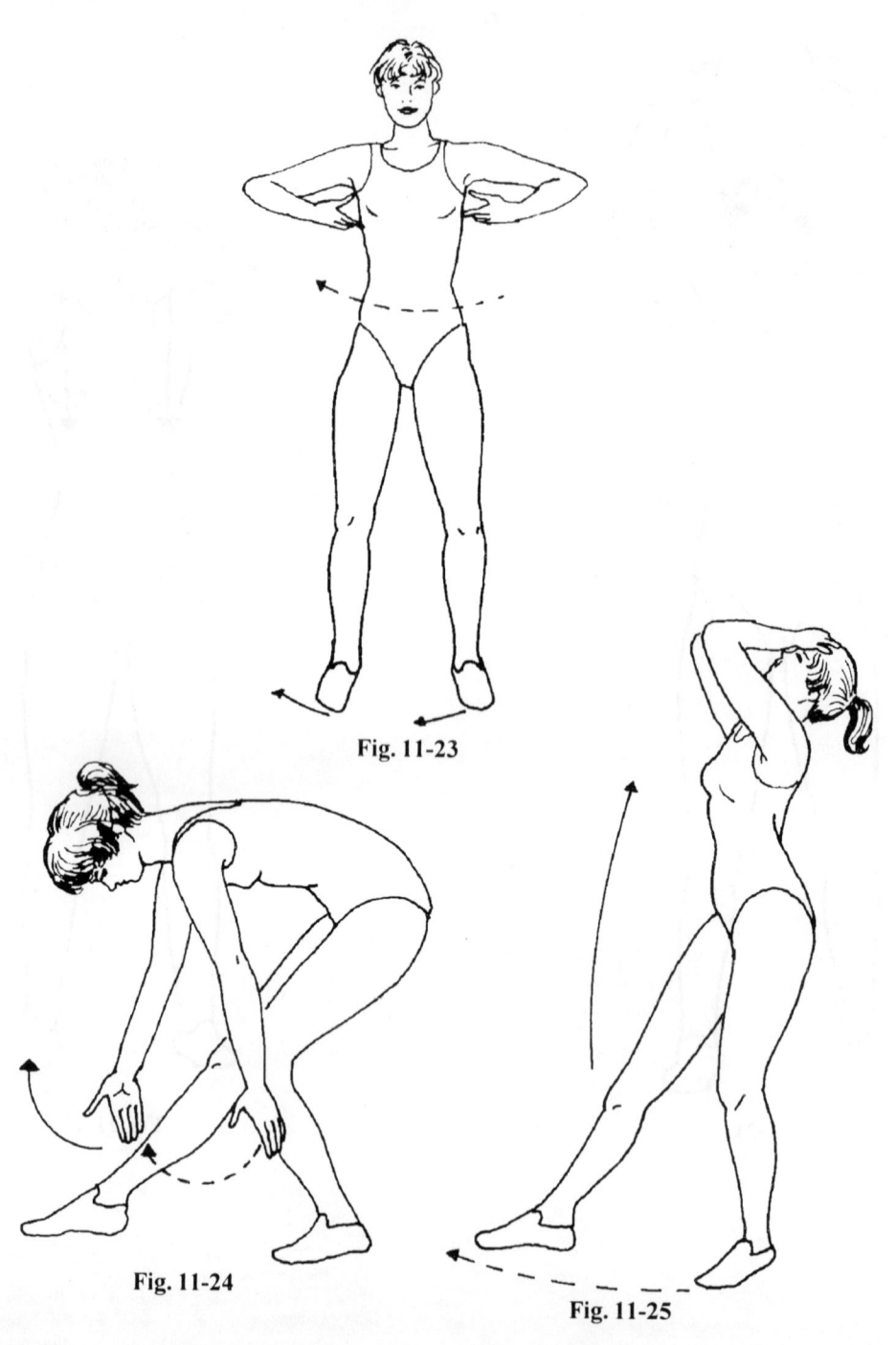

Fig. 11-23

Fig. 11-24

Fig. 11-25

Veja os tópicos 14, 15 e 16.

20. Endireitando, virando o corpo e levantando os braços (Figs. 11-27, 11-28).

Enquanto inspira, endireite lentamente o corpo para cima e levante os braços acima da cabeça. Vire o pé esquerdo, 90 graus, e volte o corpo para a esquerda. Mova o pé direito para que os pés fiquem à distância da largura dos ombros. Enquanto expira, baixe os braços. Faça massagem na zona temporal, três vezes, respirando naturalmente.

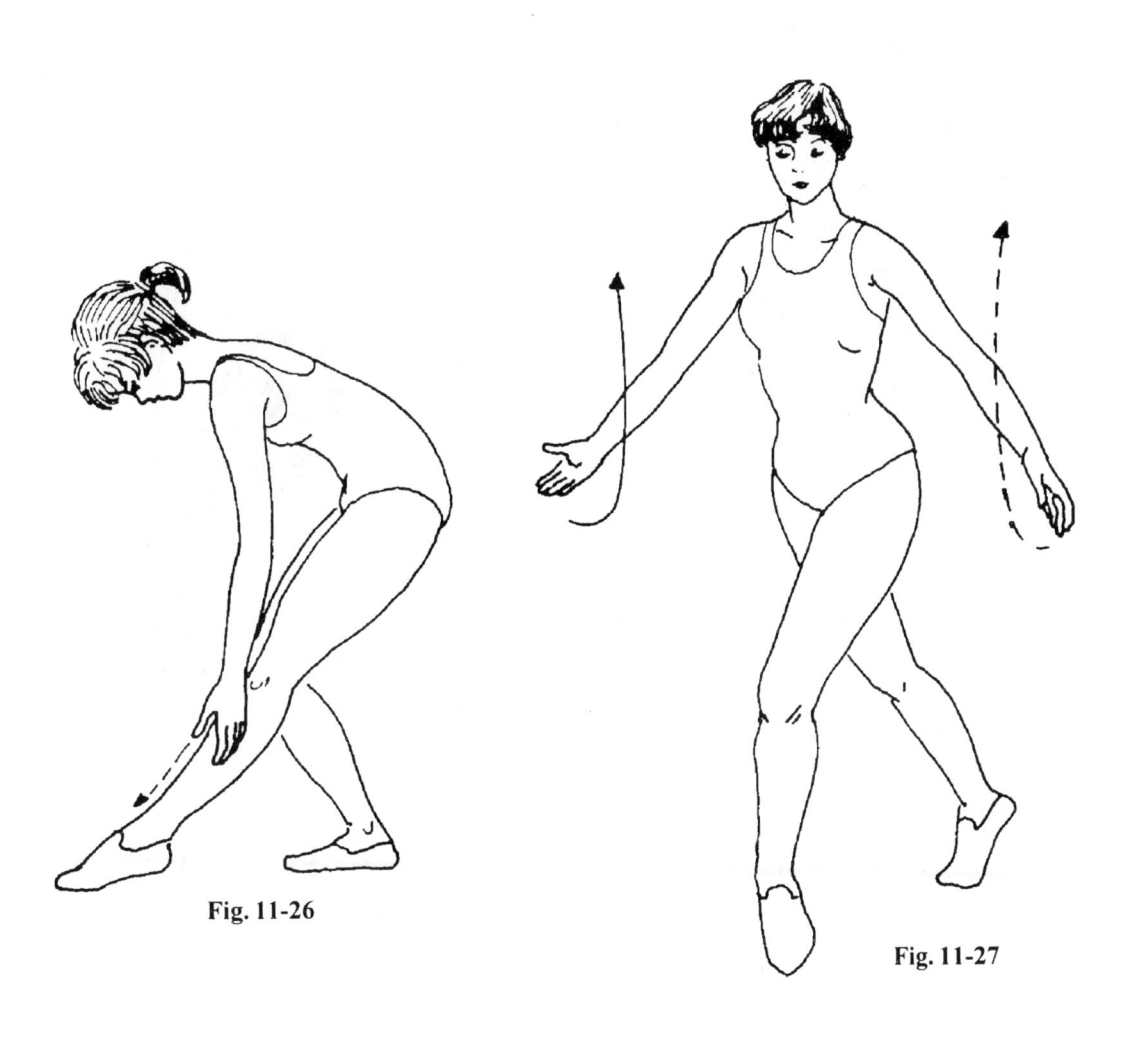

Fig. 11-26

Fig. 11-27

21. Movendo a energia lateral e unindo-a com o meridiano do fígado (Fig. 11-29).

Enquanto inspira, mova com as mãos a energia em direção à axila. Enquanto expira, dobre-se lentamente para a frente, movendo a energia para baixo, pela rota. Quando a energia tiver chegado ao ponto *Linqi* do pé (VB 41), deve começar a mover-se, pela ramificação, até o ponto *Dadun* (F 1), no dedo polegar do pé, onde se une com o Meridiano do Fígado *Jueyin* do Pé.

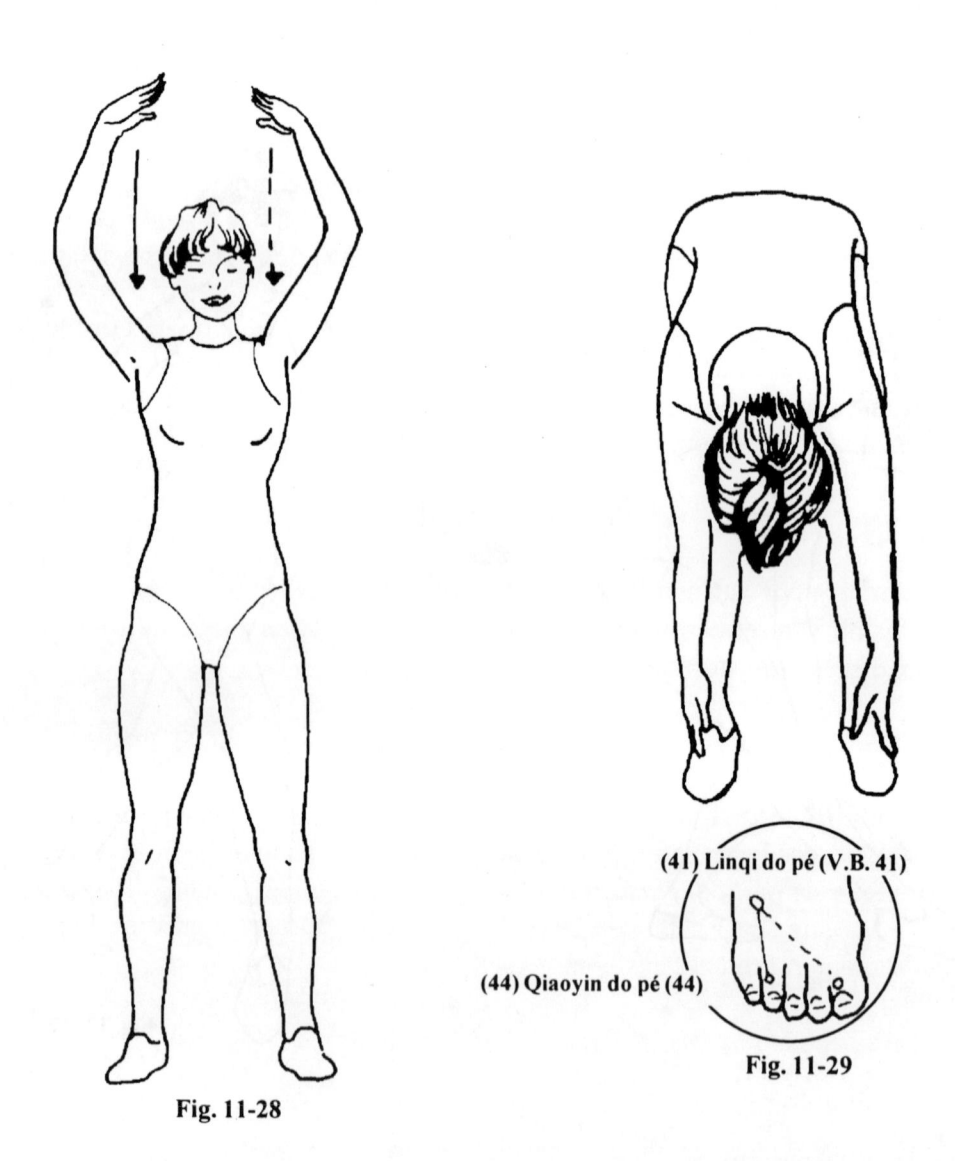

Fig. 11-28

(41) Linqi do pé (V.B. 41)

(44) Qiaoyin do pé (44)

Fig. 11-29

XII. O MERIDIANO DO FÍGADO *JUEYIN* DO PÉ

Via de fluxo: (Fig. F-1)

O Meridiano do Fígado *Jueyin* do Pé parte do ponto *Dadun* (F 1), no lado da ponta do dedo polegar do pé. Correndo para cima pelo dorso do pé e passando através do ponto *Zhongfeng* (F 4), um *cun* à frente do maléolo interno, vai para cima pelo lado médio do joelho. Daí para a frente, corre para cima pela face interna da coxa, sobe em direção à região do púbis, de onde, dando uma volta pelos genitais externos, ascende para o abdômen inferior; a seguir, vai para cima em direção ao hipogástrio até chegar ao ponto *Qimen* (F 14), passando pelo ponto *Zhangmen* (F 13). A partir do ponto *Zhangmen*, divide-se em ramificações no abdômen. Depois, corre para cima, curva-se ao redor do estômago para entrar no fígado, o órgão a que pertence, e se une com a vesícula biliar. Dali, continua ascendendo, passando através do diafragma e dividindo-se em ramificações para entrar nas regiões costal e do hipocôndrio. A seguir, sobe pela garganta até à nasofaringe e se abre nos olhos. Em continuação, corre para cima, entra no cérebro, vai pelas orelhas e sai à frente para unir-se com o Meridiano *Du*, no vértice.

A ramificação que provém do "sistema dos olhos" circula pela face, baixa e circunda os lábios. A energia se espalha por ambos os lados da língua.

A outra ramificação, que se origina no fígado e atravessa o diafragma, chega ao pulmão, unindo-se com o Meridiano do Pulmão *Taiyin* da Mão.

Indicações:

A prática por este meridiano é efetiva para lumbago, sensação de plenitude no peito, dor no ventre, hérnia, cefaléia do vértice, secura na garganta, iridocinesia, enurese, disúria, transtorno mental.

Condições:

O praticante deve concentrar-se na regulação da respiração e no equilíbrio. O meridiano vai desde o pé até o peito. Há aqui 14 pontos no total. Têm-se de recordar tanto o ponto de partida, *Dadun* (F 1), e o ponto terminal, *Qimen* (F 14), como os pontos *Taichong* (F 3) e *Zhangmen* (F 13). Os acupunturistas e mestres de *Qigong* devem rememorar todos estes pontos.

Localização dos pontos importantes (Fig. F-2):

1. *Dadun*: localiza-se na parte interna do dorso da falangeta do dedo polegar, entre o ângulo externo da unha e a articulação interfalangiana.
2. *Xingjian*: localiza-se entre o primeiro e o segundo dedos do pé, próximo à comissura.
3. *Taichong*: está na depressão distal na união do primeiro e segundo metatarsos.

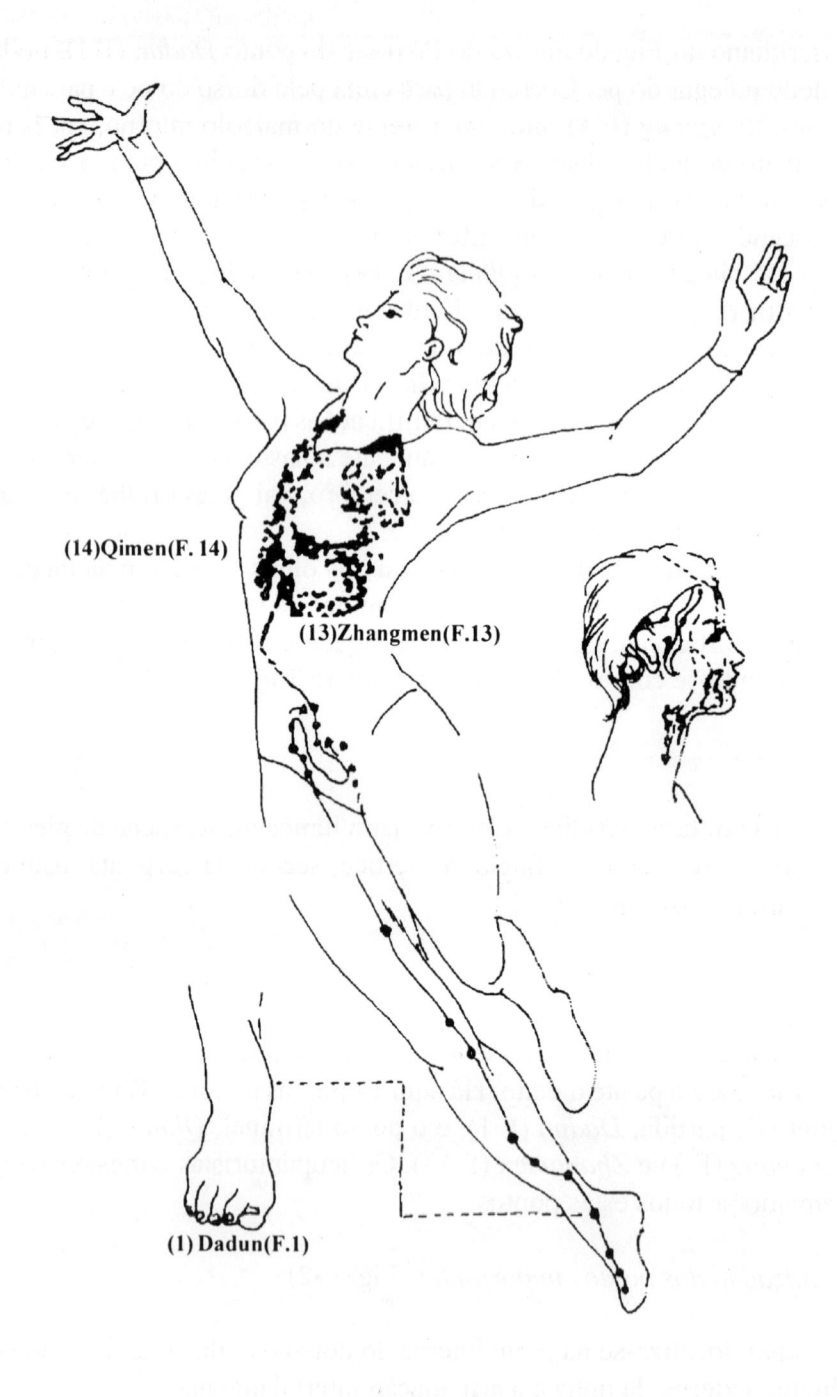

(14)Qimen(F. 14)

(13)Zhangmen(F.13)

(1) Dadun(F.1)

Fig. F-1. O Meridiano do Fígado *Jueyin* do Pé.

7. *Xiguan*: está localizado póstero-inferior ao côndilo interno da tíbia, na parte superior do músculo gastrocnêmico, um *cun* posterior ao ponto *Yinlingquan* (BP 9).

8. *Ququan*: localiza-se no lado interno da articulação do joelho. Quando o joelho se dobra, o ponto está acima do extremo interno da dobra transversal poplítea, posterior ao côndilo interno da tíbia, na borda anterior da inserção do músculo semimembranoso e do músculo semitendinoso.

12. *Jimai*: está na parte ínfero-externa da borda pubiana, 2,5 *cun* para fora do Meridiano *Ren*, abaixo do ponto *Qichong* (E 30).

13. *Zhangmen*: está no lado externo do abdômen, abaixo do extremo livre da costela flutuante.

14. *Qimen*: está na linha mamária, duas costelas abaixo do mamilo, no sexto espaço intercostal.

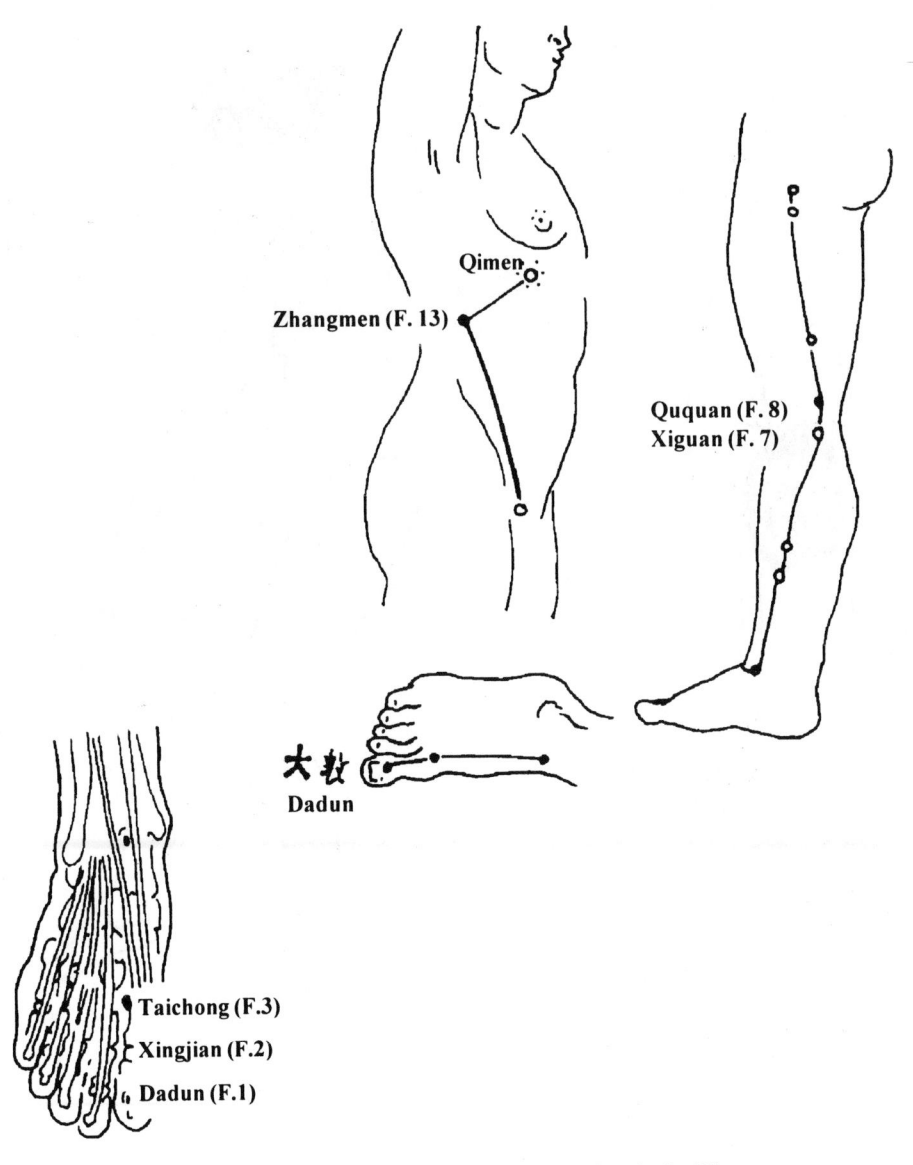

Fig. F-2. O Meridiano do Fígado *Jueyin* do Pé.

Instruções:

1. Voltando o corpo para a esquerda e movendo a energia pela rota esquerda (Figs. 12-1, 12-2, 12-3).

Endireite lentamente o corpo a partir da posição curvada. Volte o pé direito, 45 graus, e o pé esquerdo, 90 graus, para a esquerda. O corpo olha para a esquerda. Levante o braço e a perna esquerdos. Ao mesmo tempo, estenda o braço direito em direção ao pé esquerdo. Concentre-se no ponto de partida. Enquanto inspira, mova a energia para cima, pela rota.

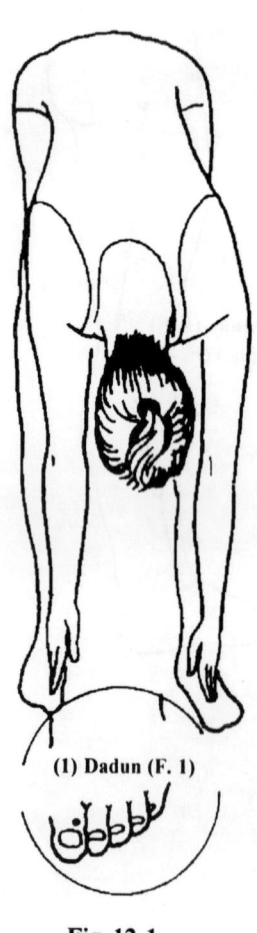

(1) Dadun (F. 1)

Fig. 12-1

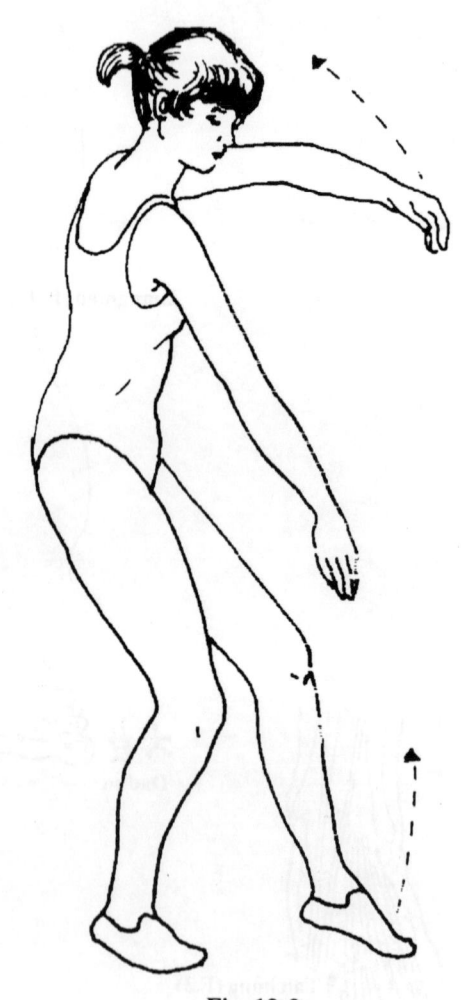

Fig. 12-2

2. Movendo a energia pela rota esquerda e dando um passo atrás com o pé esquerdo (Figs. 12-4, 12-5).

Quando a energia tiver sido movida até a região pubiana, dê um passo atrás com o pé esquerdo. Continue movendo a energia para cima, pela rota, até o ponto *Qimen* (F 14), e detenha a inspiração.

Nota: O praticante não deve esquecer-se de mover a energia externamente ao redor dos órgãos genitais.

Fig. 12-3   Fig. 12-4

3. Levantando o braço e a perna direitos (Figs. 12-5, 12-6).

Enquanto expira, levante o braço e a perna direitos, e baixe o braço esquerdo. Estenda o braço esquerdo em direção ao pé direito. Concentre-se no ponto de partida.

4. Movendo a energia pela rota direita e dando um passo atrás com o pé direito (Fig. 12-6).

Enquanto inspira, mova a energia para cima, até à região pubiana. Dê um passo atrás com o pé direito. Mova a energia ao redor dos órgãos genitais externos até o ponto *Qimen* (F 14). Enquanto expira, baixe o braço direito e levante o braço e a perna esquerdos, para mover novamente a energia do lado esquerdo. Mova a energia duas vezes, pela rota, em cada lado.

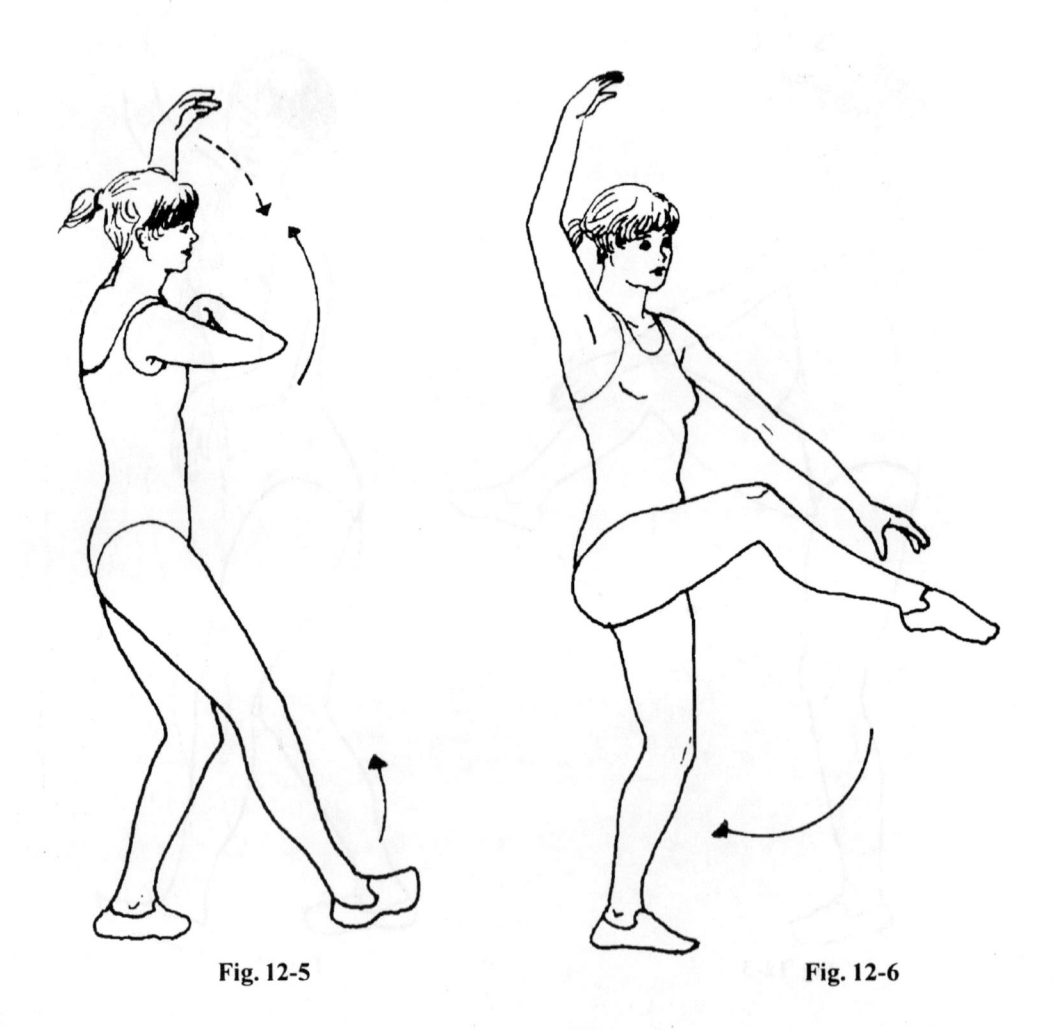

Fig. 12-5   Fig. 12-6

5. Virando o corpo e levantando os braços (Figs. 12-7, 12-8).

Enquanto continua expirando, vire o corpo para a direita. Enquanto inspira, levante gradualmente os braços, desde as costas. Mova o pé direito a fim de manter os pés à largura dos ombros.

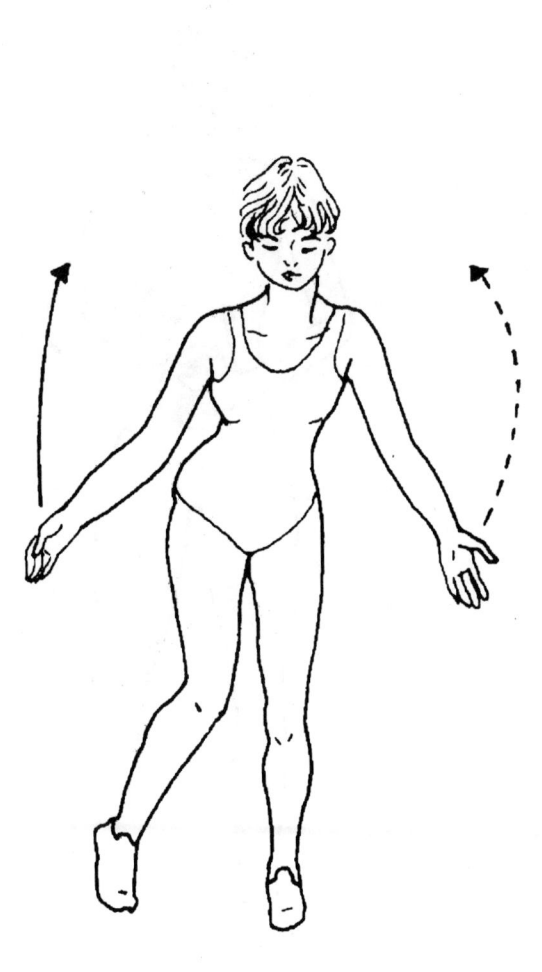

Fig. 12-7

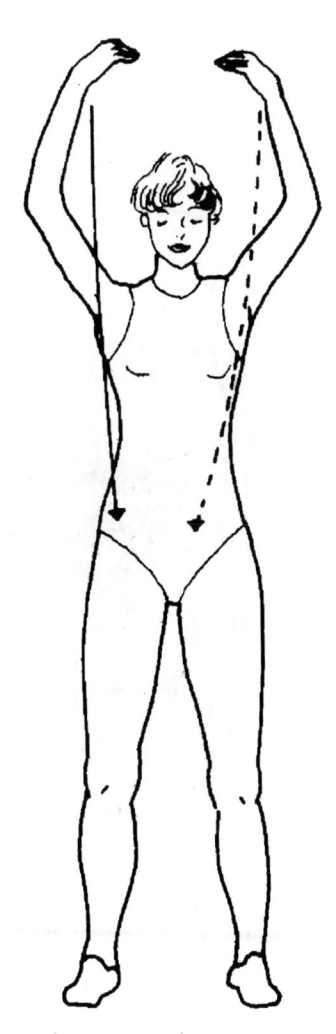

Fig. 12-8

6. Movendo a energia lateral (Fig. 12-9).

Enquanto expira, curve-se para a frente, a fim de tocar com as mãos os pontos de partida. Enquanto inspira, mova lentamente com as mãos a energia para cima, pelas rotas, e endireite lentamente o corpo.

7. Indo ao redor dos órgãos genitais (Fig. 12-10).

Enquanto expira, mova a energia, com as mãos, ao redor dos órgãos genitais.

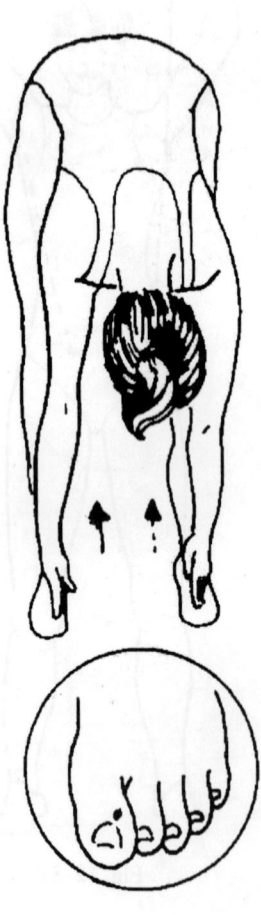

Fig. 12-9

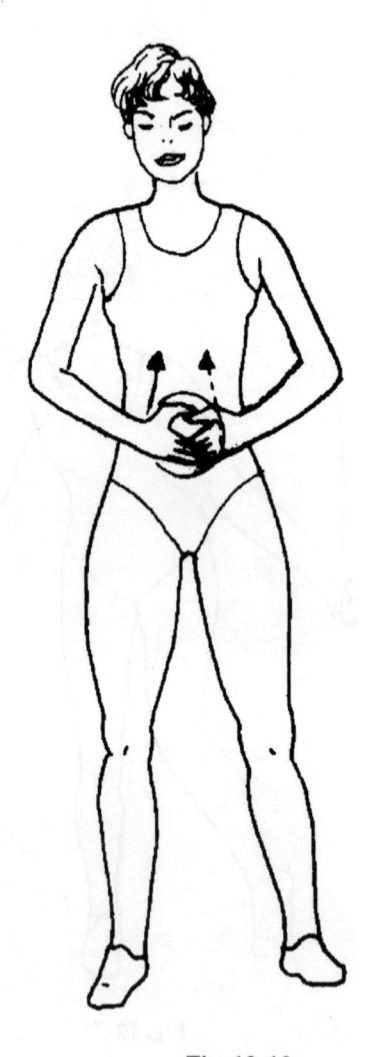

Fig. 12-10

8. Entrando no fígado e unindo-se com a vesícula biliar (Fig. 12-11).

Enquanto faz uma inspiração, a energia se move até o ponto *Qimen* (F 14), entra no fígado e se une com a vesícula biliar. Mova as mãos para cima, pelas rotas, em direção aos olhos. Na mente, represente vividamente que a energia atravessa os olhos e entra no cérebro.

9. Fazendo massagem nos globos dos olhos (Fig. 12-12).

Ponha os dedos médios sobre os globos dos olhos, e os dedos indicadores e anulares nos lados dos mesmos. Faça massagem nos globos dos olhos, seis vezes. Concentre-se em mover a energia para o cérebro. Respire normalmente.

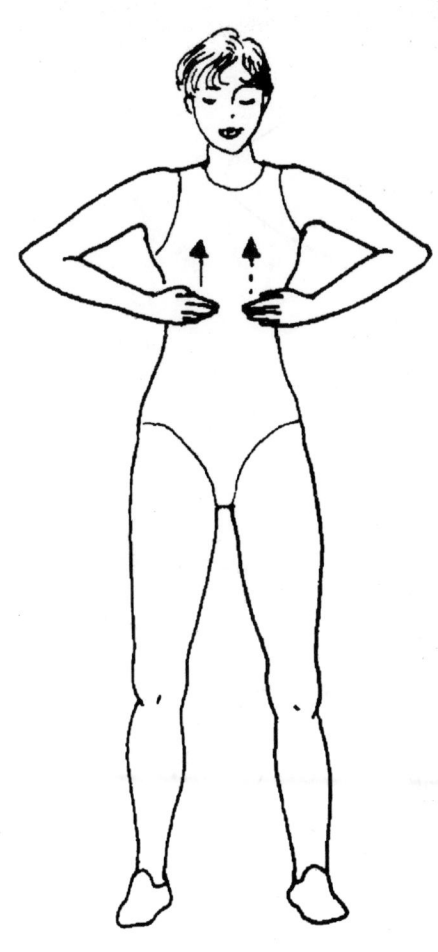

Fig. 12-11

Fig. 12-12

10. Indo a energia ao redor da boca e espalhando-se pela língua (Fig. 12-13).

Mova as mãos para baixo, até à boca. Represente vividamente na mente que a energia vai através da face e ao redor dos lábios. Faça massagem na boca com os dedos indicadores, de cima para baixo, seis vezes. Represente vividamente na mente que a energia se espalha pelos lados da língua. Respire normalmente.

11. Indo a energia até o vértice, entrando no cérebro e passando através das orelhas (Fig. 12-14).

Mova as mãos, desde a boca, para cima até o vértice. Use os dedos médios para pressionar o ponto *Baihui* (*Du* 20), seis vezes. Represente vividamente na mente que a energia entra no cérebro e vai através das orelhas. Respire naturalmente.

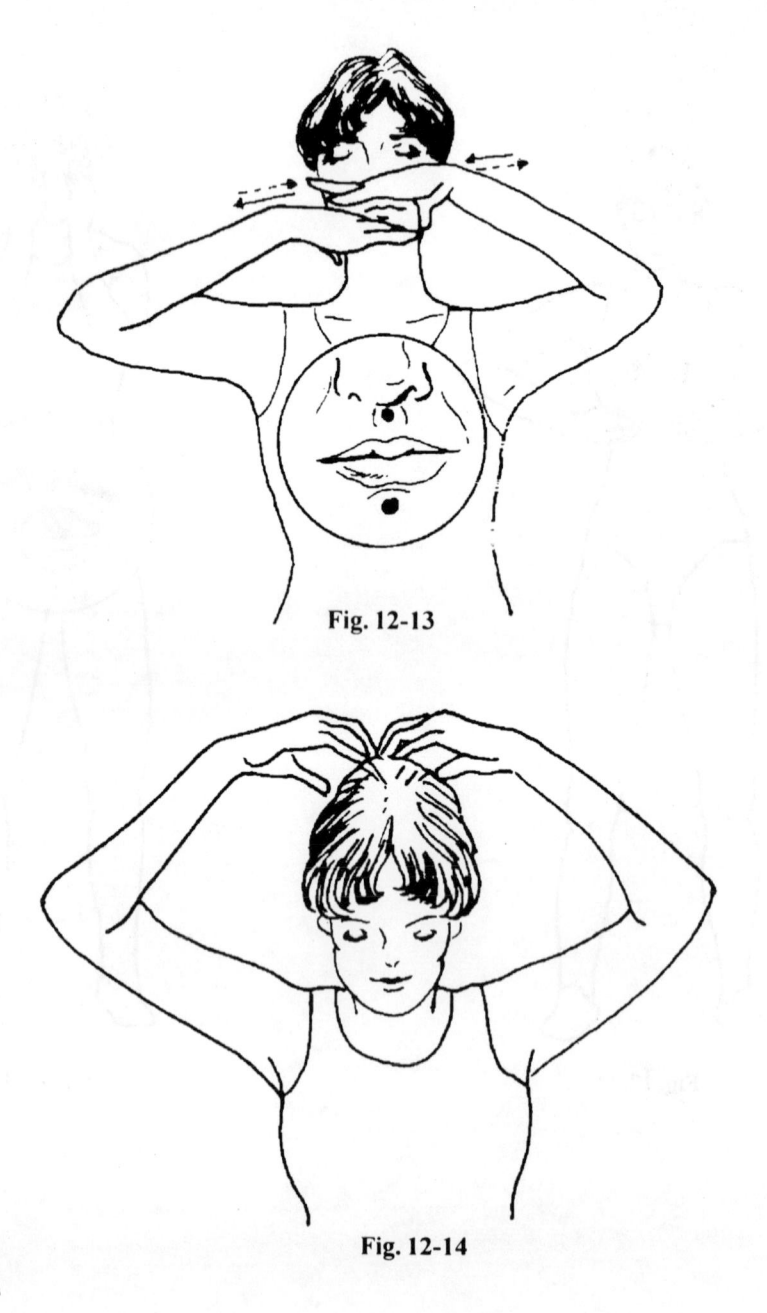

Fig. 12-13

Fig. 12-14

12. Dobrando os joelhos e mantendo a energia (Fig. 12-15).

13. Endireitando o corpo e levantando os braços por cima da cabeça (Fig. 12-16).

14. Movendo a energia bilateral (Fig. 12-17).

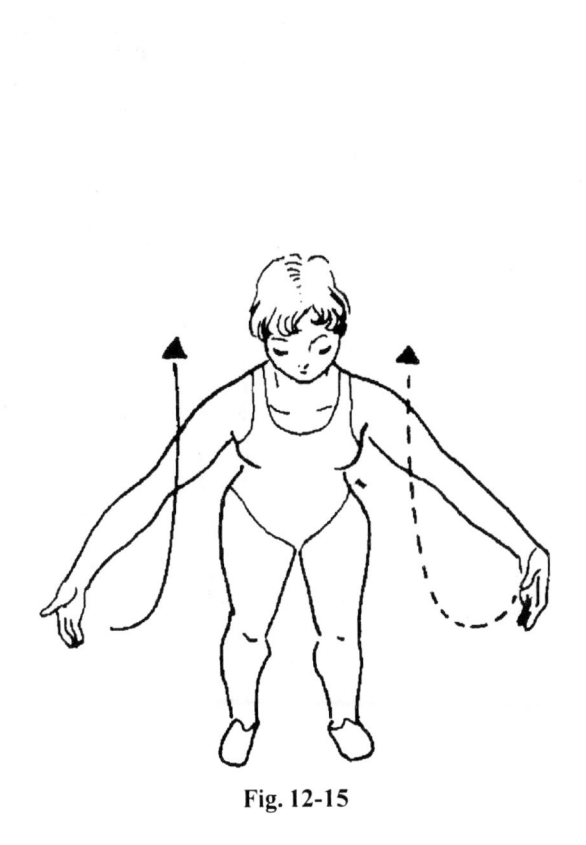

Fig. 12-15

Fig. 12-16

15. Indo a energia ao redor dos órgãos genitais e para cima (Figs. 12-18, 12-19).

Enquanto inspira, mova, com as mãos, a energia ao redor dos órgãos genitais. Enquanto expira, a energia se move para cima, para entrar no epigástrio.

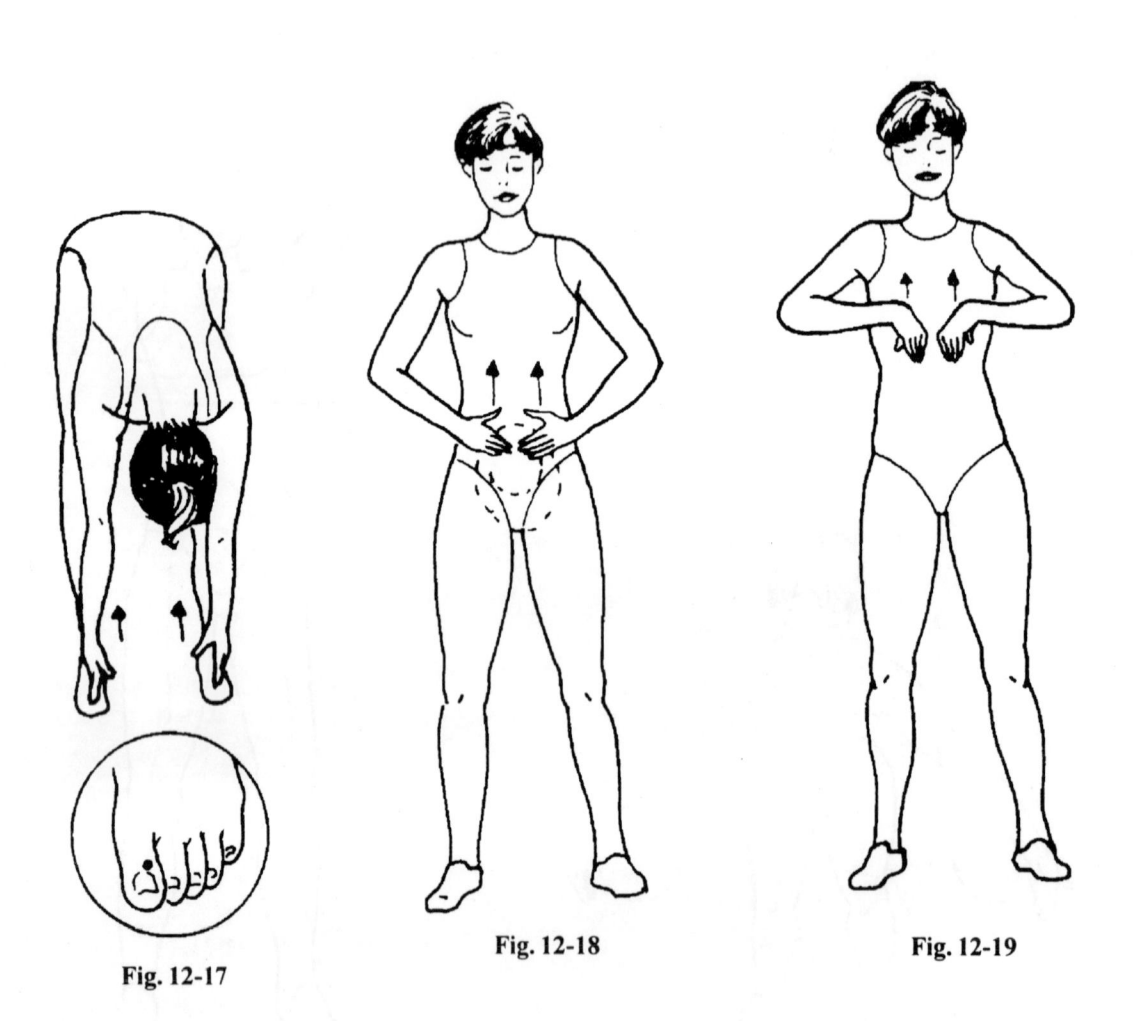

Fig. 12-17

Fig. 12-18

Fig. 12-19

16. Invertendo-se a energia nos pulmões (Figs. 12-20, 12-21).

Mova a energia, com as mãos, até os pulmões. Passando para baixo, através do diafragma, mova as mãos para trás até o *jiao* médio, a zona de partida do meridiano do pulmão.

Notas: Enquanto inspira, mova a energia para cima. Enquanto expira, mova a energia para baixo.

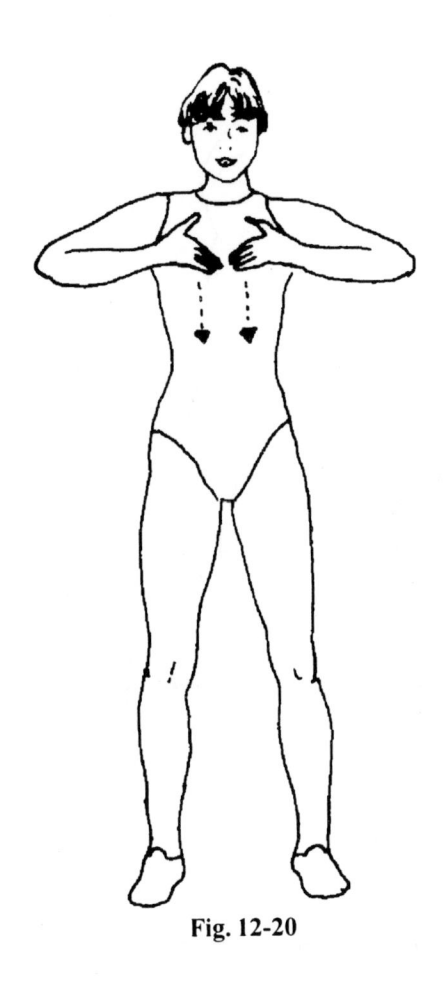

Fig. 12-20

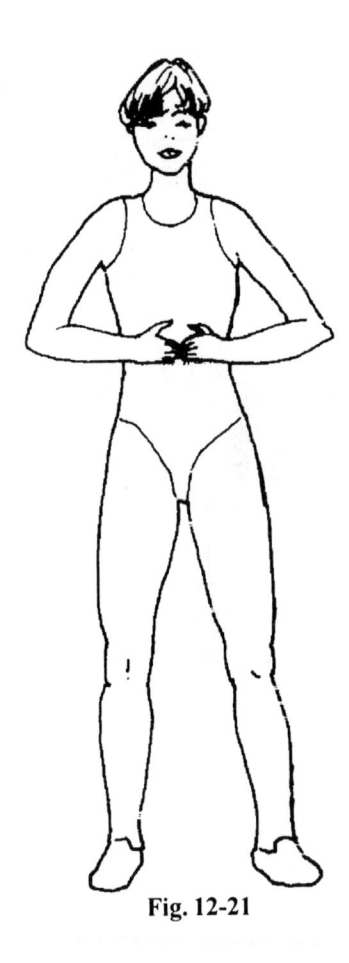

Fig. 12-21

17. Concentrando-se no ponto *Dantian* (Figs. 12-22, 12-23, 12-24, 12-25).

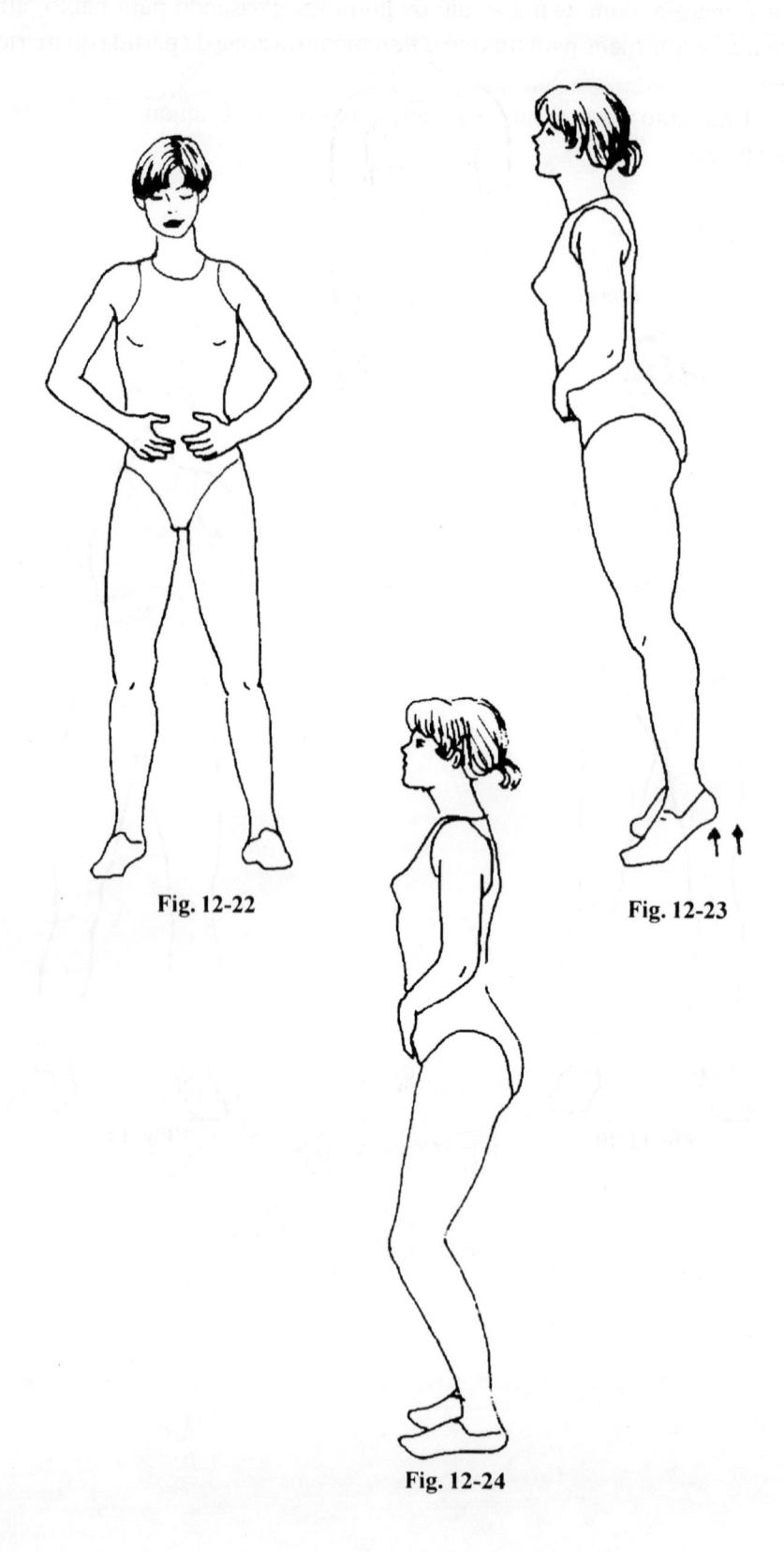

Fig. 12-22

Fig. 12-23

Fig. 12-24

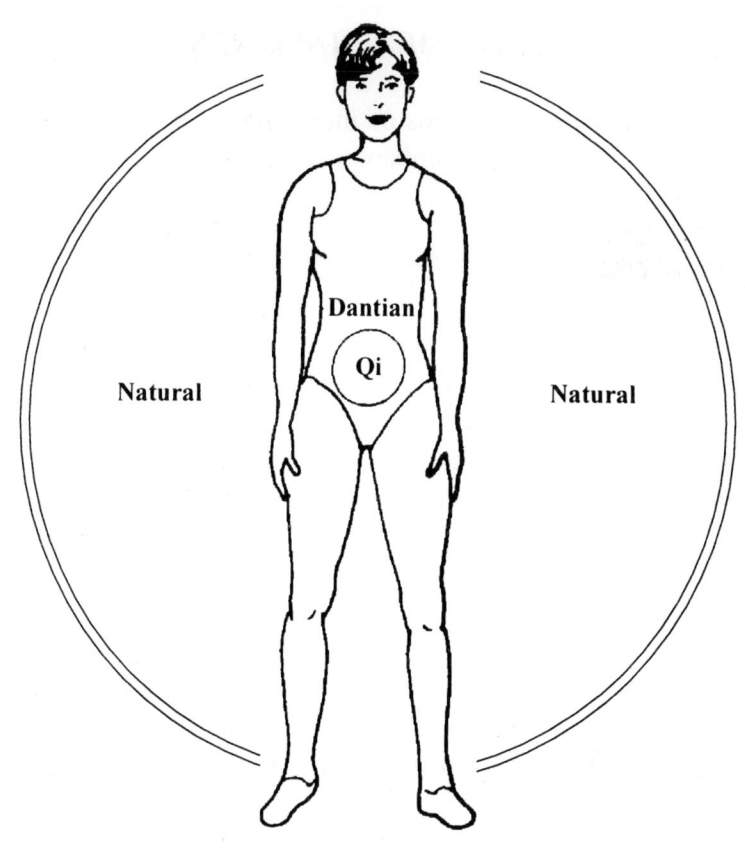

Fig. 12-15

O Meridiano *Ren (Ren.)* (小周天) O Meridiano *Du (Du)*

任 ⟷ 督

XIII. O MERIDIANO *REN*

O Meridiano *Ren* controla todos os meridianos *yin* e, por isso, é conhecido como o "Mar dos meridianos *yin*". Também se relaciona com as funções reprodutoras e sexuais.

Via de fluxo: (Fig. *Ren*-1)

O Meridiano *Ren* sobe desde o ponto *Dantian* e sai do períneo (*Huiyin, Ren* 1). Passa pelo púbis e ascende pela linha média do abdômen, passando pelo ponto *Guanyuan* (*Ren* 4) e outros pontos ao longo da linha média e atravessando pelo tórax em direção ao pescoço. Segue ascendendo pela parte média do queixo, rodeia os lábios, sobe lateralmente e entra na região infra-orbitária (*Chengqi*, E 1).

Indicações:

Mova a energia para o hipogástrio e massageie-o a fim de aliviar os problemas do sistema geniturinário — tais como hérnia, leucorréia, fibroma, menstruação anormal, emissão seminal, ejaculação precoce — e desordens do estômago.

Mova a energia em direção ao epigástrio e massageie para tratar as desordens intestinais e do estômago.

Mova a energia em direção à garganta e massageie para tratar os problemas do coração, pulmões e esôfago superior.

Condições:

Concentre-se em regular a respiração e em mover a energia pelo meridiano. Faça massagens nos pontos *Shenque* (*Ren* 8), *Zhongwan* (*Ren* 12), *Shanzhong* (*Ren* 17), *Chengjiang* (*Ren* 24) e *Chengqi* (E 1), sucessivamente. Há aqui 24 pontos no total, distribuídos pela linha central da garganta e abdômen. Têm-se de recordar o ponto de partida, *Huiyin* (*Ren* 1), e o ponto terminal, *Chengjiang* (*Ren* 24), assim como os cinco pontos acima mencionados. Os acupunturistas e mestres de *Qigong* devem recitar mentalmente todos estes pontos, enquanto movem a energia.

Localização dos pontos importantes (Fig. *Ren*-2):

1. *Huiyin*: localiza-se no centro do períneo. Está entre o ânus e o escroto nos homens; e entre o ânus e a forquilha vulvar nas mulheres.

3. *Zhongji*: está na linha média abdominal, 4 *cun* abaixo do umbigo, um *cun* acima da borda superior da sínfise pubiana.

4. *Guanyuan*: está na linha média abdominal, 3 *cun* abaixo do umbigo.

6. *Qihai*: está na linha média do abdômen, 1,5 *cun* abaixo do umbigo.

8. *Shenque*: localiza-se no centro do umbigo.

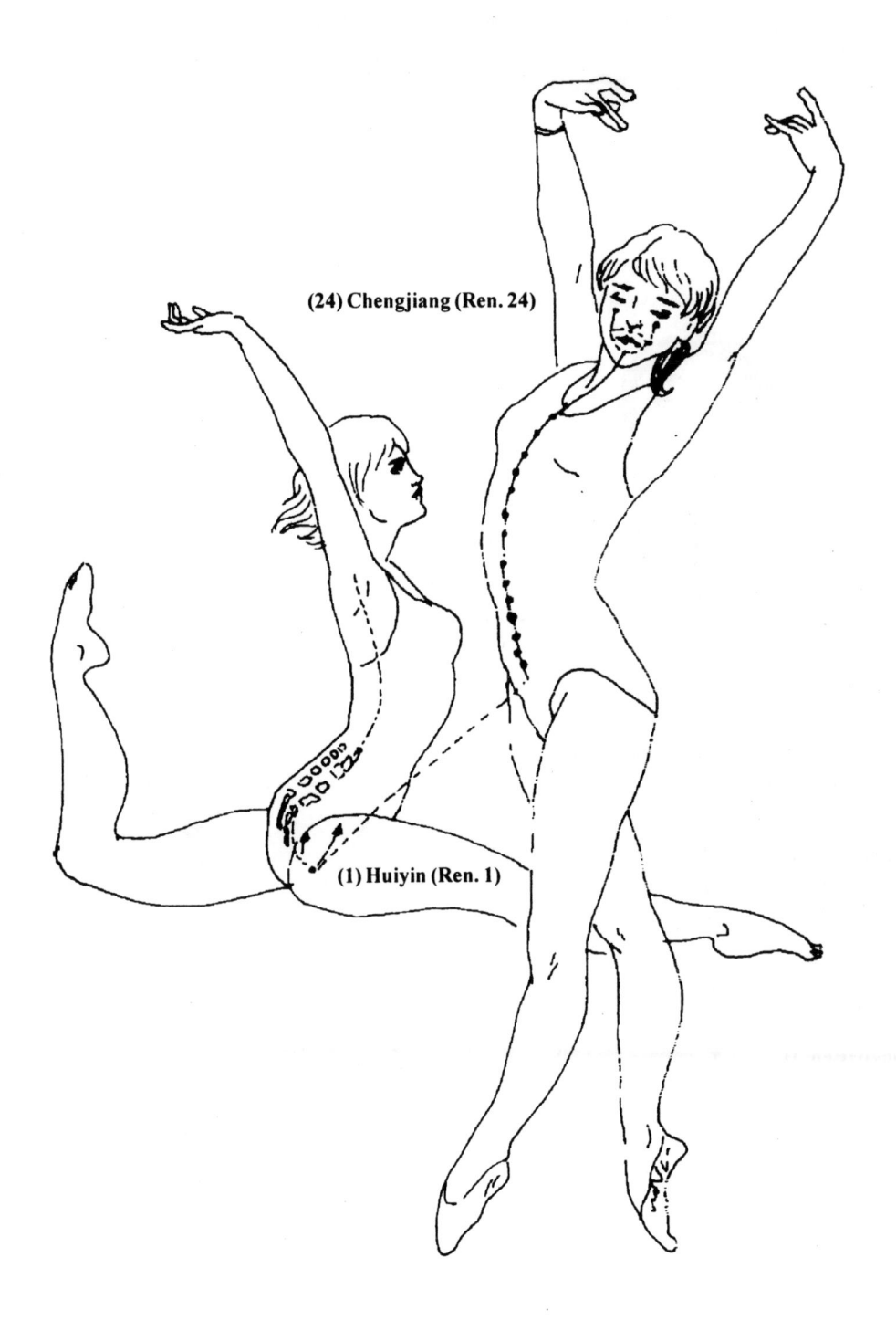

(24) Chengjiang (Ren. 24)

(1) Huiyin (Ren. 1)

Fig. *Ren*-1. O Meridiano *Ren.*

12. *Zhongwan*: está na linha média do abdômen, 4 *cun* acima do umbigo.

17. *Shanzhong* (também chamado *Tanzhong*): está na linha média do esterno, entre os mamilos, ao nível do quarto espaço intercostal.

22. *Tiantu*: acha-se no centro da fossa supra-esternal.

24. *Chengjiang*: localiza-se na linha média do sulco queixal.

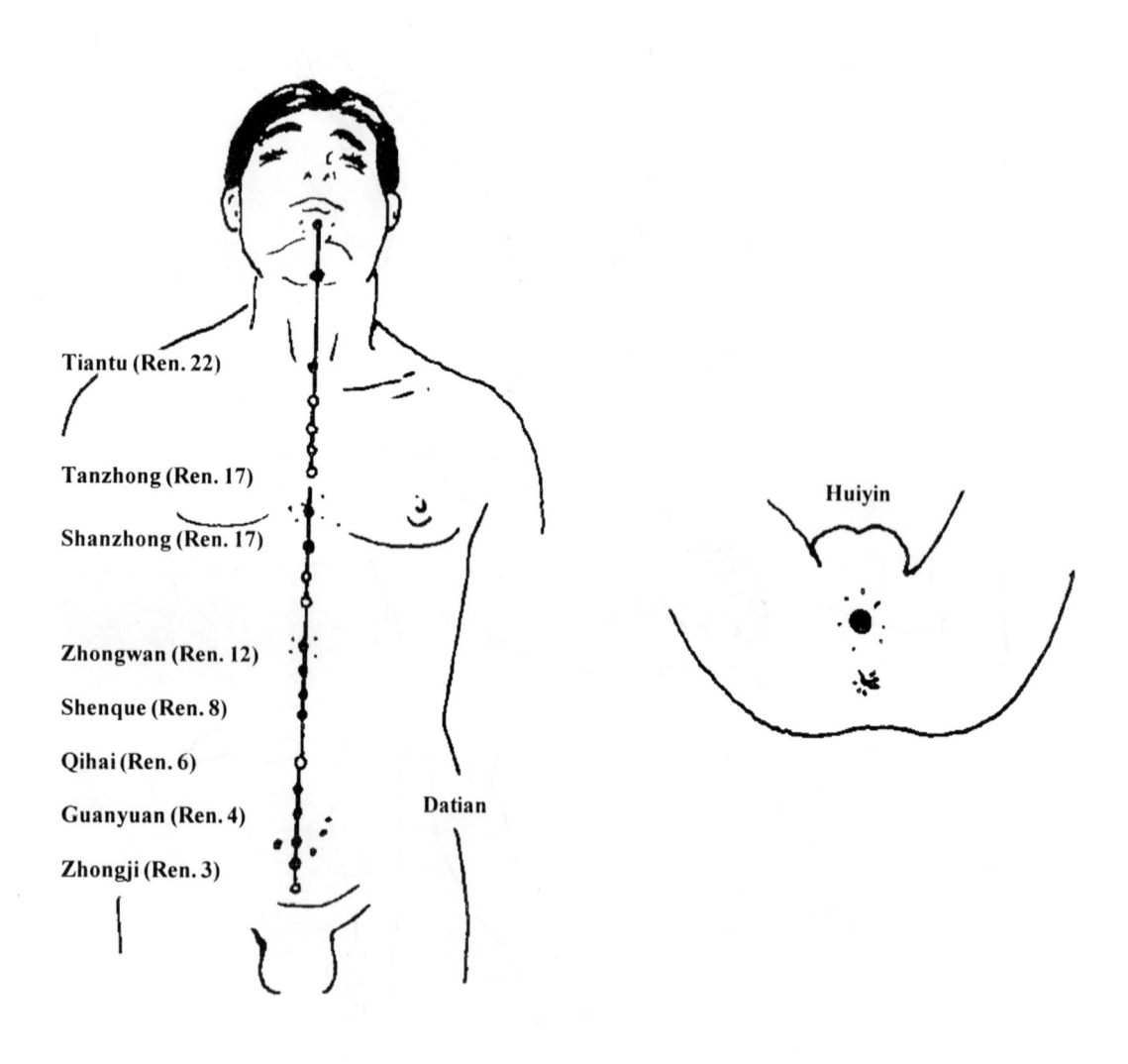

Fig. *Ren*-2. O Meridiano *Ren*.

Instruções:

1. Iniciando do ponto *Dantian* e saindo do ponto *Huiyin* (*Ren* 1) (Figs. 13-1, 13-2, 13-3).

Com as palmas, toque o ponto *Dantian*. Enquanto inspira, volte as palmas para cima e levante-as ligeiramente. Enquanto expira, volte as palmas para baixo e baixe-as ligeiramente. Represente vividamente na mente que a energia chega ao ponto *Huiyin*.

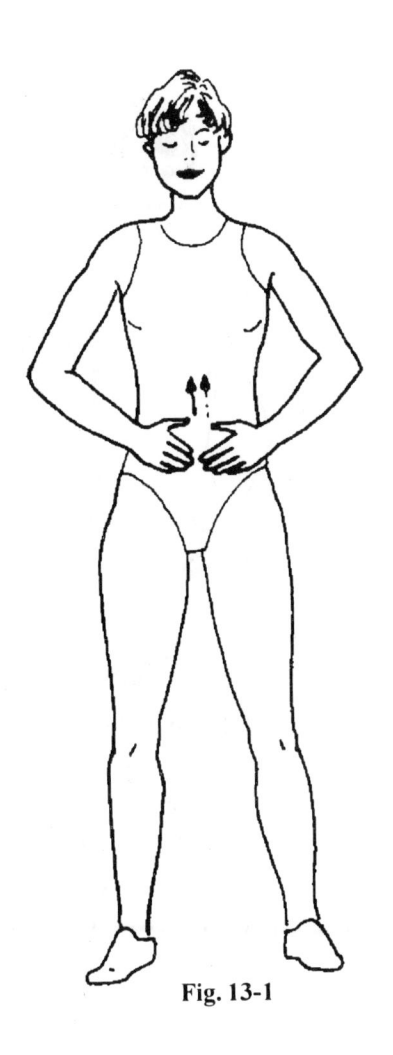

Fig. 13-1

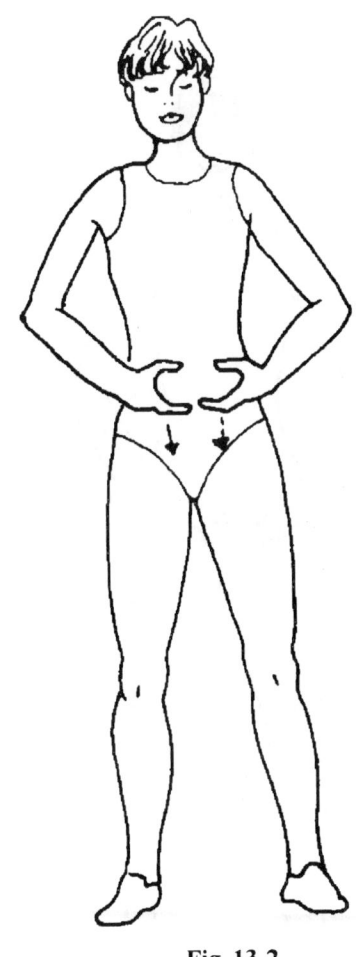

Fig. 13-2

2. Movendo a energia ao redor dos órgãos genitais externos e em direção ao ponto *Shenque* (*Ren* 8) (Figs. 13-4, 13-5, 13-6).

Na mente, a energia se curva ao redor dos órgãos genitais externos. Enquanto inspira, endireite os joelhos e mova as mãos para cima, pela rota, em direção ao ponto S*henque*. Enquanto respira naturalmente, pressione o ponto *Shenque*, tensione os músculos do abdômen, contraia os músculos que cercam os órgãos genitais e o ânus, e cerre os dentes. Faça estes movimentos três vezes.

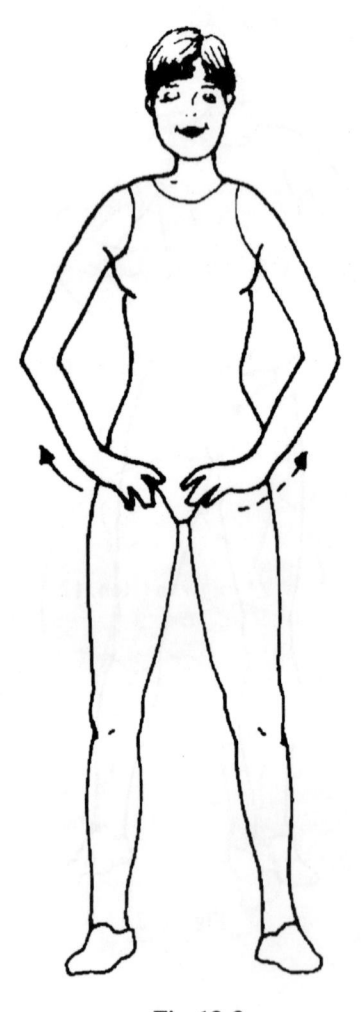

Fig. 13-3

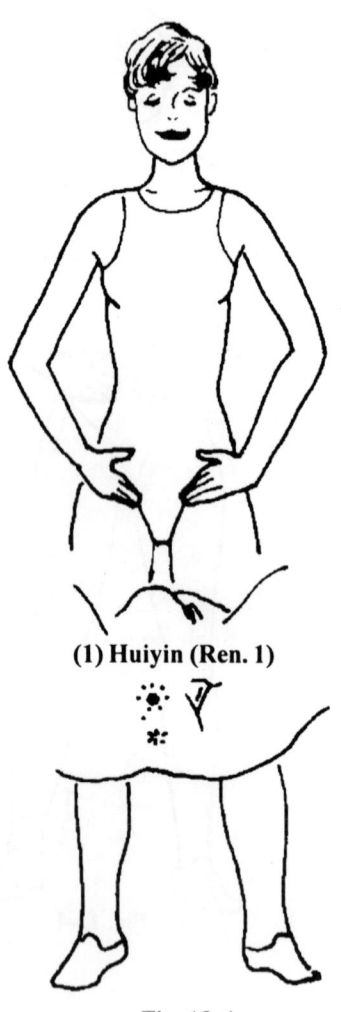

(1) Huiyin (Ren. 1)

Fig. 13-4

3. Movendo a energia até o ponto *Zhongwan* (*Ren* 12) para revigorar o funcionamento do rim e do estômago (Fig. 13-6).

Enquanto inspira, mova com as mãos a energia para cima, até o ponto *Zhongwan*. Enquanto respira normalmente, pressione o ponto *Zhongwan*, três vezes.

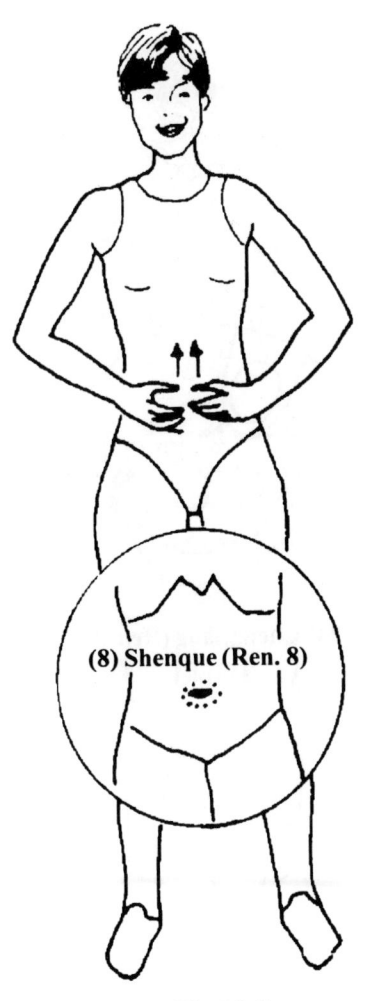

Fig. 13-5

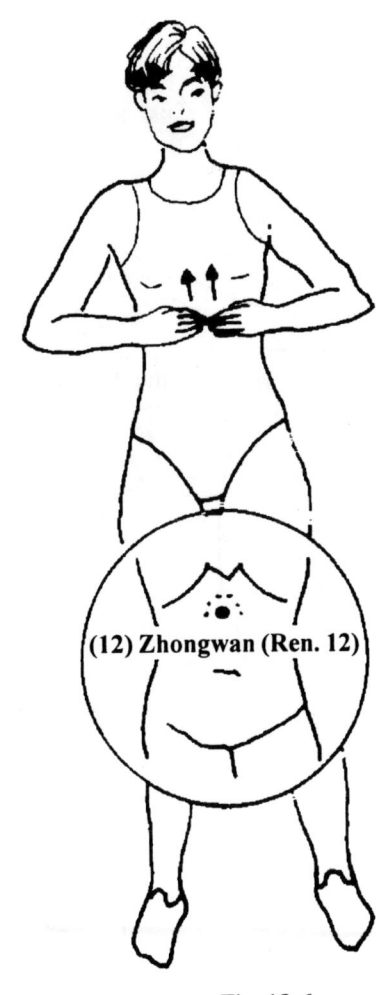

Fig. 13-6

4. Movendo a energia em direção ao ponto *Shanzhong* (*Ren* 17) para regular a energia vital e o coração (Fig. 13-7).

Enquanto inspira, mova a energia para cima, até o ponto *Shanzhong* (entre os mamilos). Enquanto respira naturalmente, friccione o ponto *Shanzhong*, transversalmente, três vezes, a fim de regular a energia vital e o coração.

5. Rodeando os lábios para unir-se com o Meridiano *Du* (Fig. 13-8).

Enquanto inspira, mova as mãos para cima, pela rota. A energia rodeia os lábios e se une com o Meridiano *Du*. Enquanto respira normalmente, faça massagem nos lábios, três vezes.

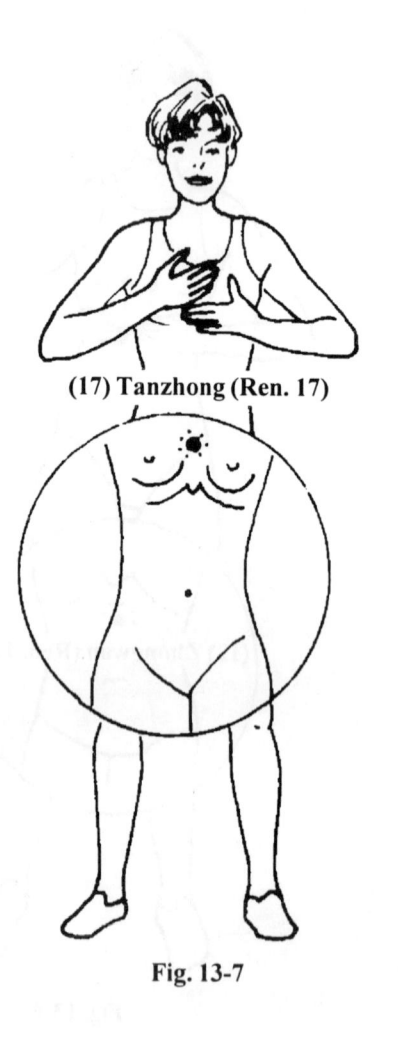

(17) Tanzhong (Ren. 17)

Fig. 13-7

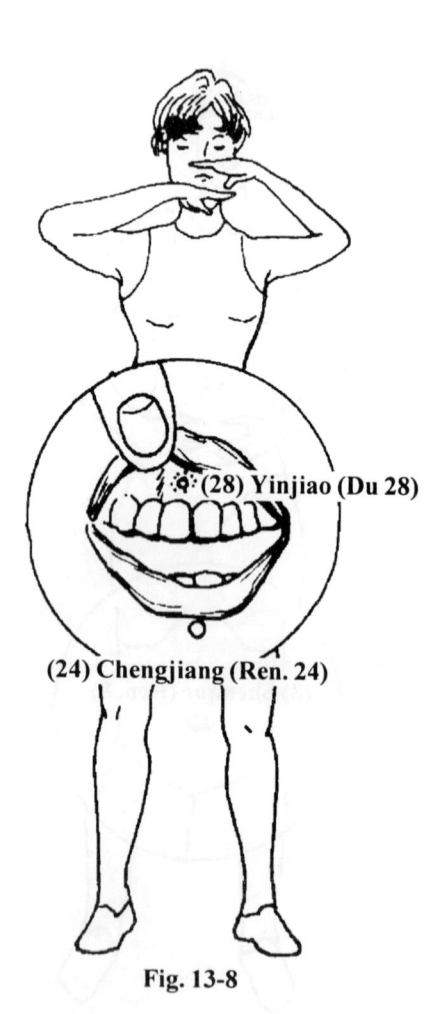

(28) Yinjiao (Du 28)

(24) Chengjiang (Ren. 24)

Fig. 13-8

6. Chegando a energia ao ponto *Chengqi* (E 1) e fazendo massagem nele (Fig. 13-9).

Enquanto inspira, mova os dedos, desde as comissuras, até o ponto *Chengqi* (abaixo dos olhos). Toque com os dedos médios o ponto *Chengqi*. Enquanto respira normalmente, faça massagem no ponto *Chengqi*, três vezes.

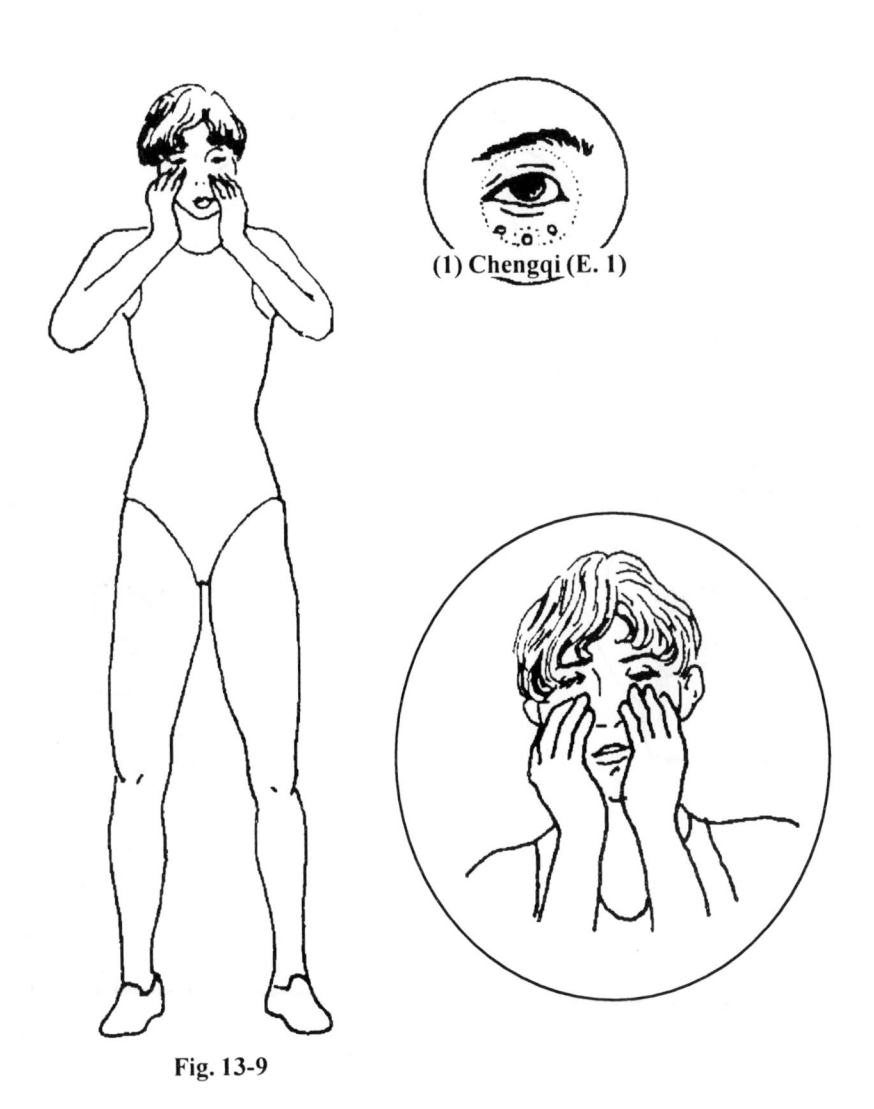

(1) Chengqi (E. 1)

Fig. 13-9

7. Dobrando os joelhos e mantendo a energia (Fig. 13-10).

8. Endireitando o corpo e levantando os braços acima da cabeça (Fig. 13-11).

9. Empurrando a energia no ponto *Dantian* (Fig. 13-12).

Enquanto expira, baixe lentamente os braços até o ponto *Dantian*. Enquanto respira naturalmente, concentre-se nesse ponto.

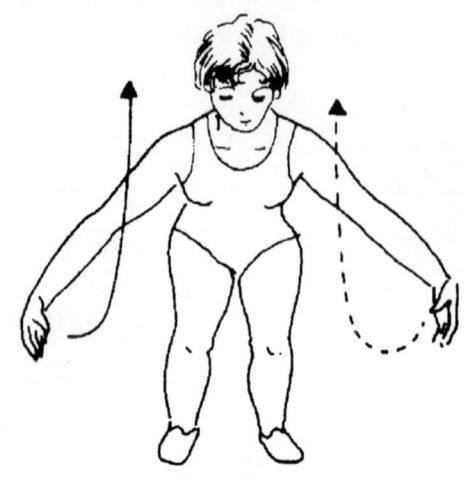

Fig. 13-10

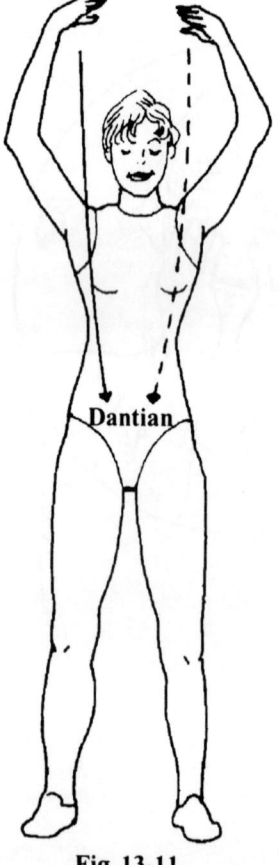

Fig. 13-11

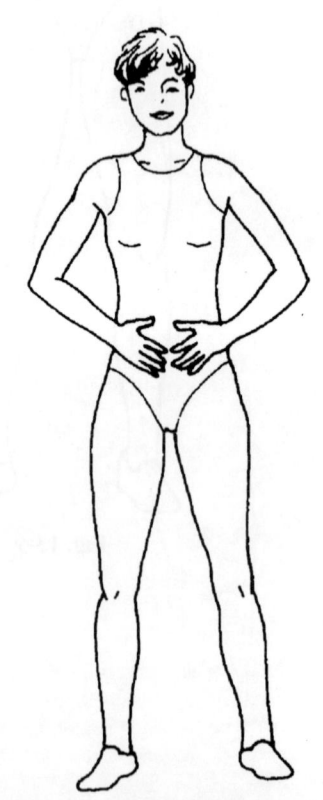

Fig. 13-12

XIV. O MERIDIANO *DU*

O Meridiano *Du* controla todos os meridianos *yang* do corpo; portanto, também é conhecido como o "Mar dos meridianos *yang*".

Via de fluxo: (Fig. *Du*-1)

O Meridiano *Du* começa no ponto *Dantian* e sai do ponto *Huiyin* (*Ren* 1), no períneo. Corre para trás para rodear o ânus e chegar ao ponto *Changqiang* (*Du* 1). Ascendendo pela linha central das costas, entra no rim no ponto *Mingmen* (*Du* 4). Passando através do ponto *Dazhui* (*Du* 14) e da nuca, chega ao ponto *Fengfu* (*Du* 16) e entra no cérebro. Depois, sobe ao vértice e continua para a frente, pelo nariz, e termina no freio do lábio superior, no ponto *Yinjiao* (*Du* 28), onde se une com o Meridiano *Ren*.

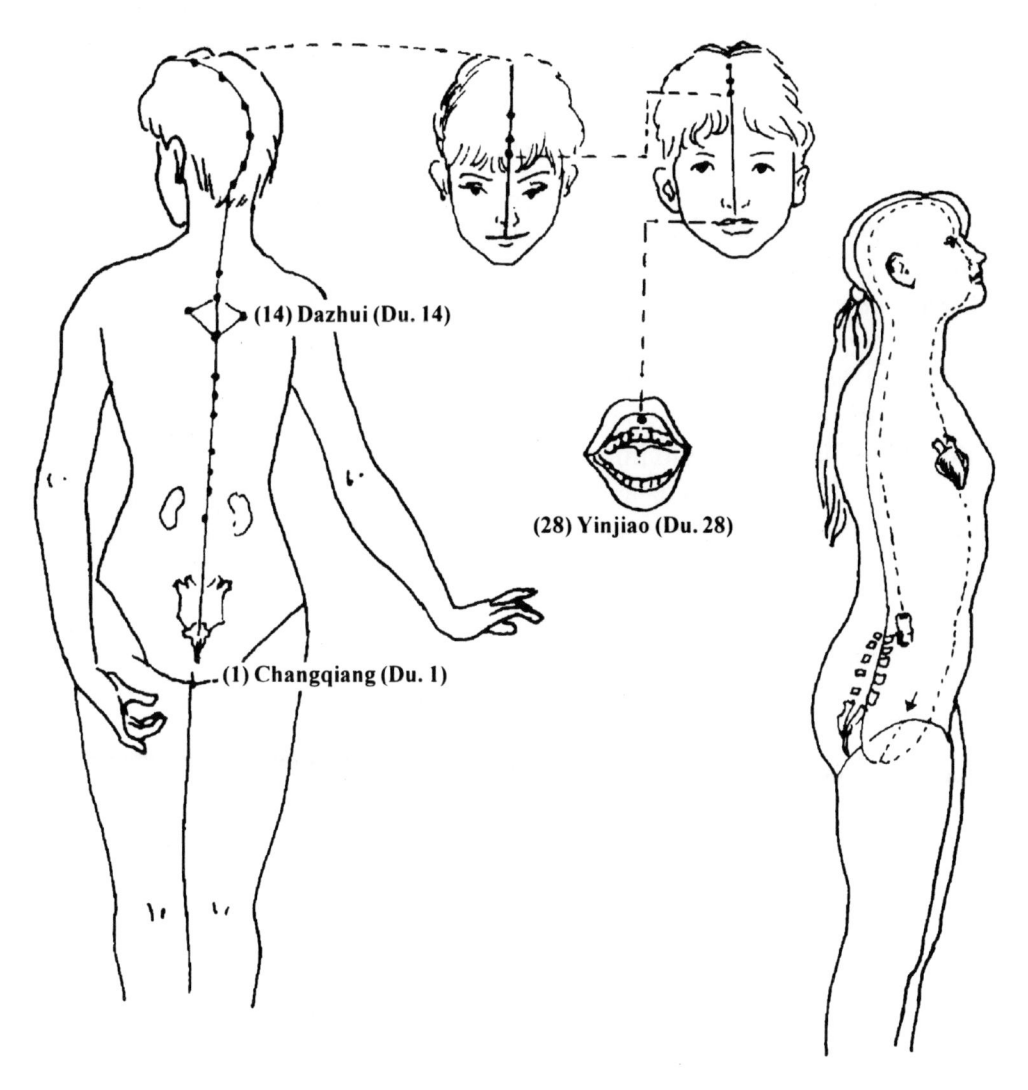

Fig. *DU*-1 O Meridiano *Du.*

Indicações:

A prática por este meridiano é efetiva para as desordens sexuais, tais como impotência, ejaculação precoce, menstruação anormal, desordem funcional do nervo vegetativo, neurastenia, insônia, amnésia, vertigem e visão embaçada.

Condições:

Concentre-se em regular a respiração e em mover a energia pelo meridiano. Eleve a energia do rim no ponto *Mingmen* e contraia energicamente os músculos ao redor dos órgãos genitais e do ânus, enquanto cerra os dentes, consolidando assim a energia vital dos rins. A mente deve seguir a energia pelo meridiano. Há aqui 28 pontos no total. Têm-se de recordar o ponto de partida, *Changqiang* (*Du* 1), e o ponto terminal, *Yinjiao (Du* 28), assim como os pontos *Mingmen* (*Du* 4), *Dazhui* (*Du* 14), *Fengfu* (*Du* 16), *Baihui (Du* 20) e *Renzhong* (*Du* 26). Os acupunturistas e mestres de *Qigong* devem recitar mentalmente todos estes pontos enquanto movem a energia.

Localização dos pontos importantes (Fig. *Du*-2):

1. *Changqiang*: localiza-se entre o cóccix e o ânus, com o paciente em posição genopeitoral.
2. *Yaoshu*: está no hiato do sacro.
3. *Yaoyangguan*: está por baixo da apófise espinhal da quarta vértebra lombar.
4. *Mingmen*: está abaixo da apófise espinhal da segunda vértebra lombar.
9. *Zhiyang*: está abaixo da apófise espinhal da sétima vértebra torácica, aproximadamente ao nível do ângulo inferior da espádua.
12. *Shenzhu*: está abaixo da apófise espinhal da terceira vértebra torácica.
14. *Dazhui*: localiza-se entre as apófises espinhais da sétima vértebra cervical e a primeira vértebra torácica (aproximadamente ao nível do ombro).
15. *Yamen*: está no meio da nuca, 0,5 *cun* abaixo do ponto *Fengfu* (*Du* 16), na depressão que se acha 0,5 *cun* posterior à linha do couro cabeludo.
16. *Fengfu*: está diretamente abaixo da protuberância occipital externa, na depressão entre os músculos trapézios.
20. *Baihui*: acha-se 7 *cun* acima da linha posterior dos cabelos, no centro de uma linha que une os ápices das orelhas.
26. *Renzhong*: está abaixo do nariz, um pouco acima do ponto médio do freio.
28. *Yinjiao* da boca: localiza-se entre o lábio superior e a gengiva superior, no freio do lábio superior.

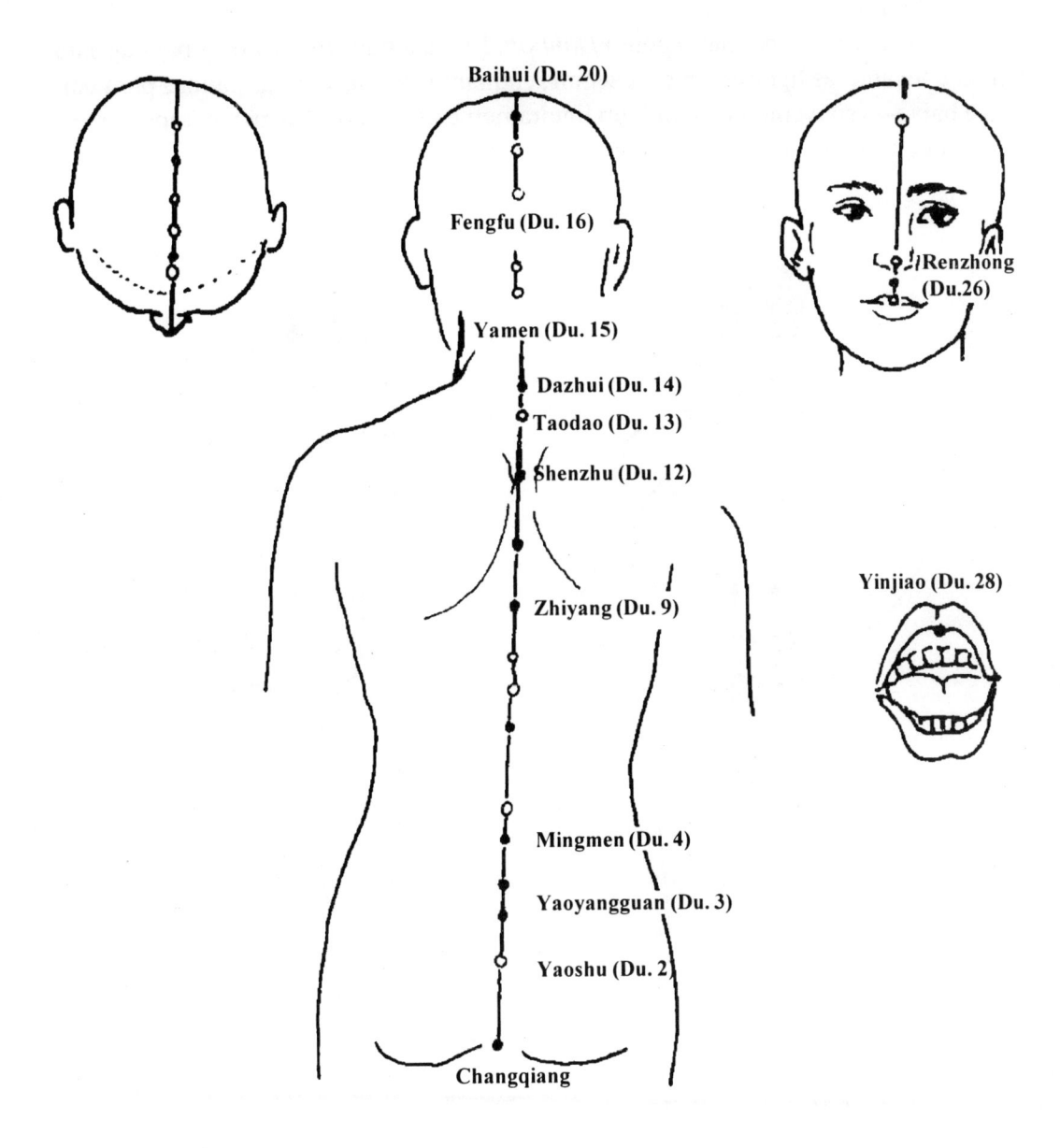

Fig. *Du*-2. O Meridiano *Du.*

Instruções:

1. Começando do ponto *Dantian* e emergindo no ponto *Huiyin* (*Ren* 1) (Figs. 14-1, 14-2).

Toque com as palmas o ponto *Dantian*. Enquanto inspira, volte as palmas para cima e levante-as ligeiramente. A seguir, enquanto expira, volte as palmas para baixo e baixe-as suavemente, dobrando ligeiramente os joelhos. Na mente, represente a energia chegando ao ponto *Huiyin*.

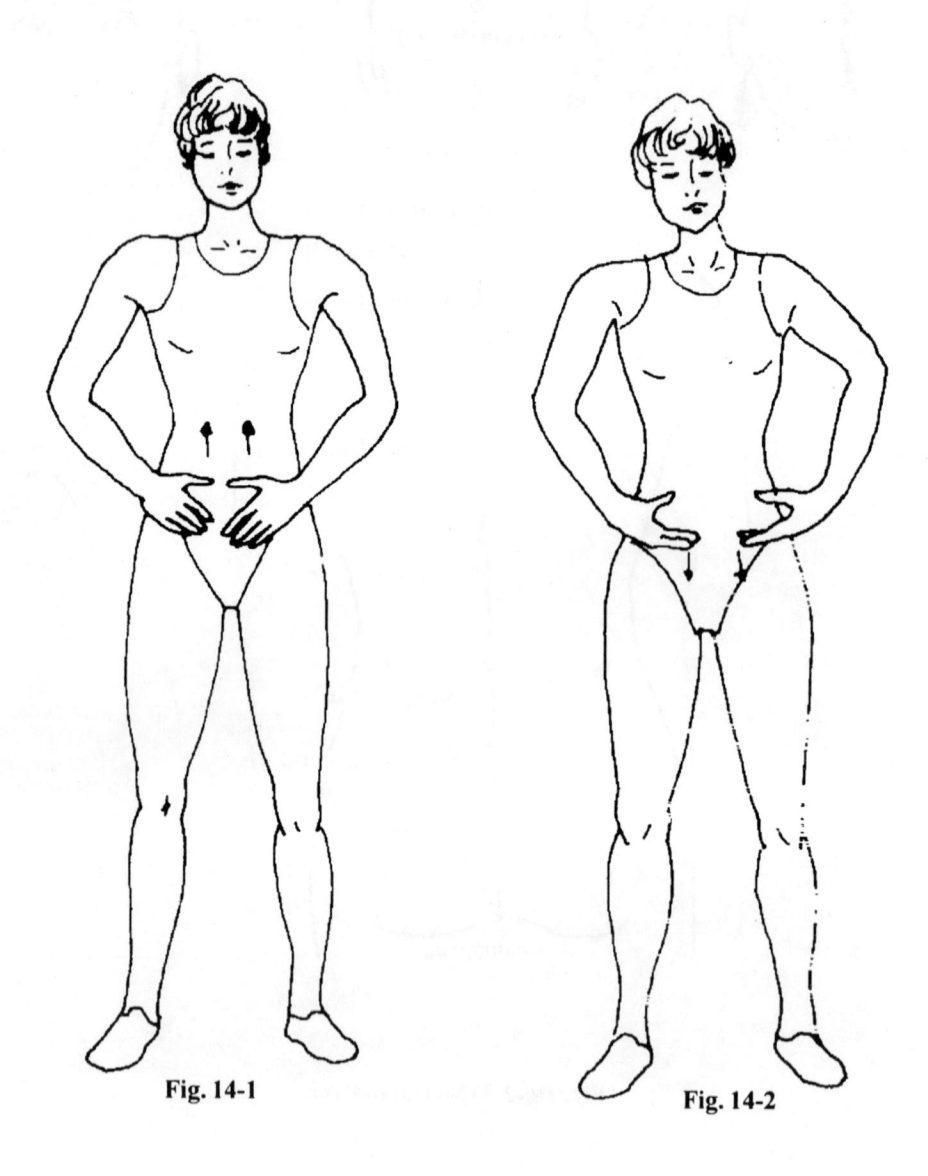

Fig. 14-1   Fig. 14-2

2. Rodeando o ânus e entrando nos rins em *Mingmen* (*Du* 4) (Figs. 14-3, 14-4).

Na mente, represente a energia rodeando o ânus e chegando ao ponto *Changqiang (Du* 1). Mova, com as mãos, a energia até às costas. Enquanto inspira, mova as mãos para cima até *Mingmen*. Daí, a energia entra nos rins. Enquanto respira, tensione os músculos do abdômen, contraia os músculos ao redor dos órgãos genitais e do ânus, e cerre os dentes. Faça estes movimentos três vezes.

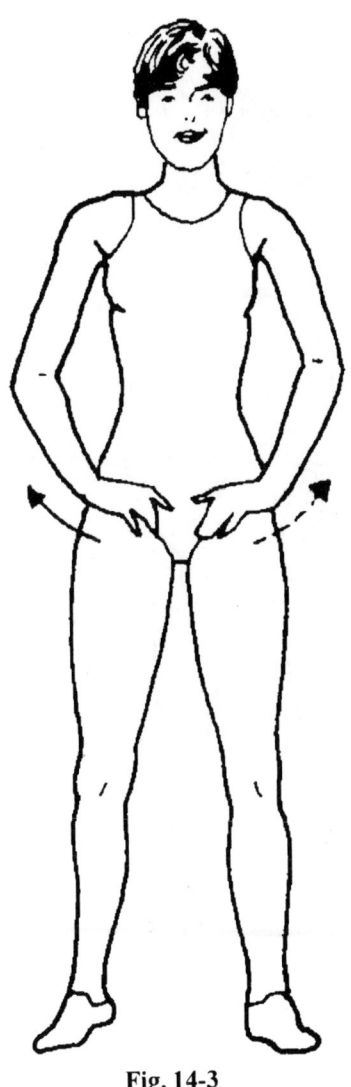

Fig. 14-3

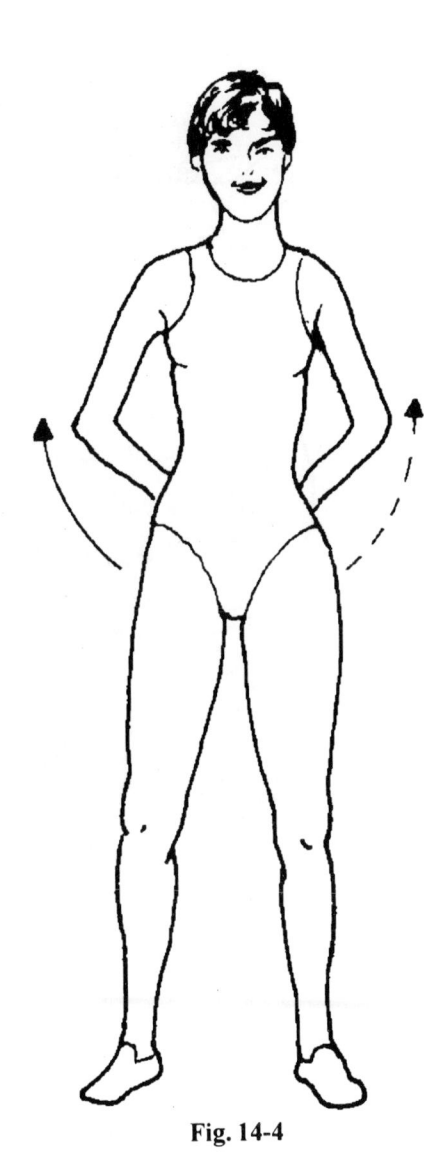

Fig. 14-4

3. Estendendo e levantando os braços e movendo a energia com a mente (Figs. 14-4, 14-5).

Enquanto inspira, mova as mãos para cima, pela rota, até que não possa levantá-las mais. Enquanto expira, baixe os braços. Enquanto inspira, levante os braços por cima da cabeça. Simultaneamente, a mente move a energia para cima, pela rota.

4. Baixando os braços para tocar os pontos *Taodao* (*Du* 13) e *Dazhui* (*Du* 14) (Figs. 14-5, 14-6).

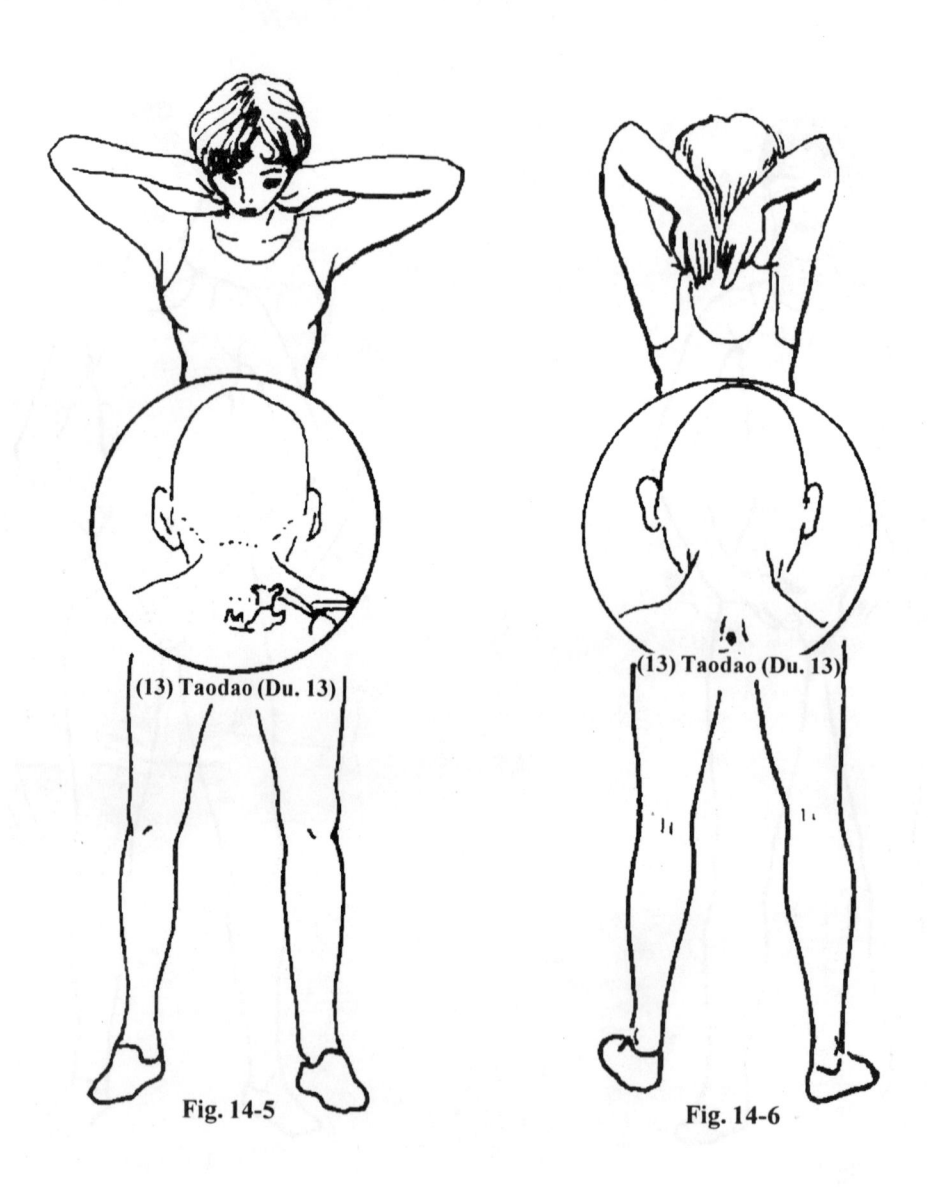

(13) Taodao (Du. 13)

Fig. 14-5

(13) Taodao (Du. 13)

Fig. 14-6

Enquanto expira, baixe as mãos para tocar os pontos *Taodao* e *Dazhui*.

5. Ascendendo em direção ao ponto *Fengfu* (*Du* 16) e entrando no cérebro (Figs. 14-7, 14-8).

Enquanto inspira, mova as mãos para cima até à nuca. Enquanto respira naturalmente, ponha os dedos mínimos sobre o ponto *Yamen* (*Du* 15) e os anulares sobre o ponto *Fengfu*. Faça massagem nesses pontos, seis vezes. Na mente, represente a energia entrando no cérebro.

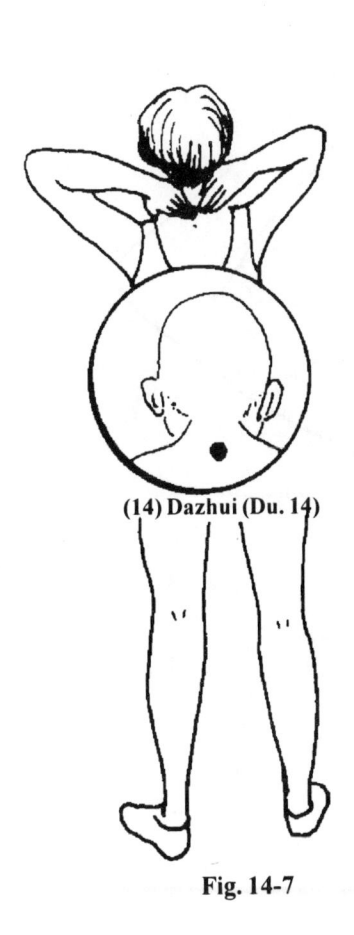

(14) Dazhui (Du. 14)

Fig. 14-7

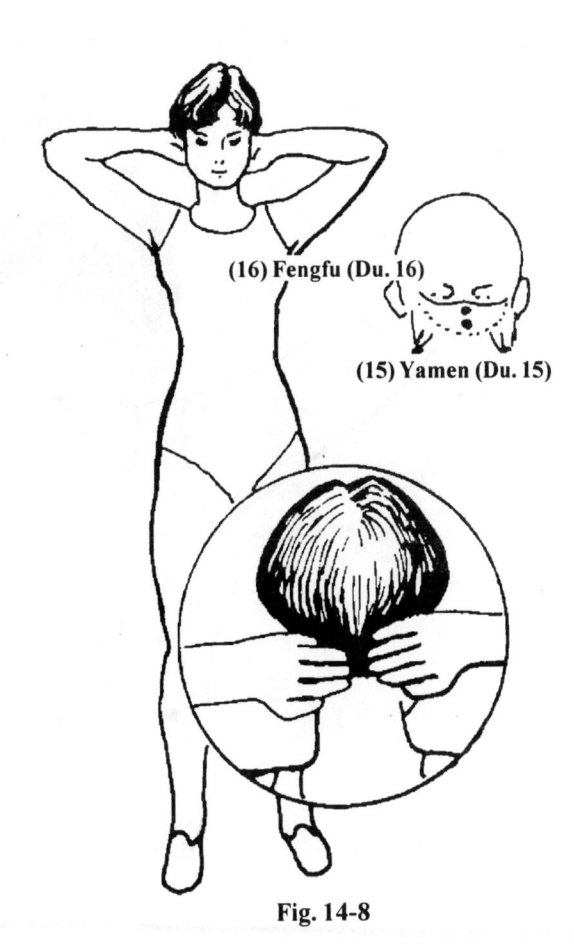

(16) Fengfu (Du. 16)

(15) Yamen (Du. 15)

Fig. 14-8

6. Correndo até o vértice e pressionando o ponto *Baihui* (*Du* 20) (Fig. 14-9). Enquanto inspira, mova as mãos até o vértice. Enquanto respira normalmente, ponha os dedos médios sobre o ponto *Baihui*, pressionando-o seis vezes.

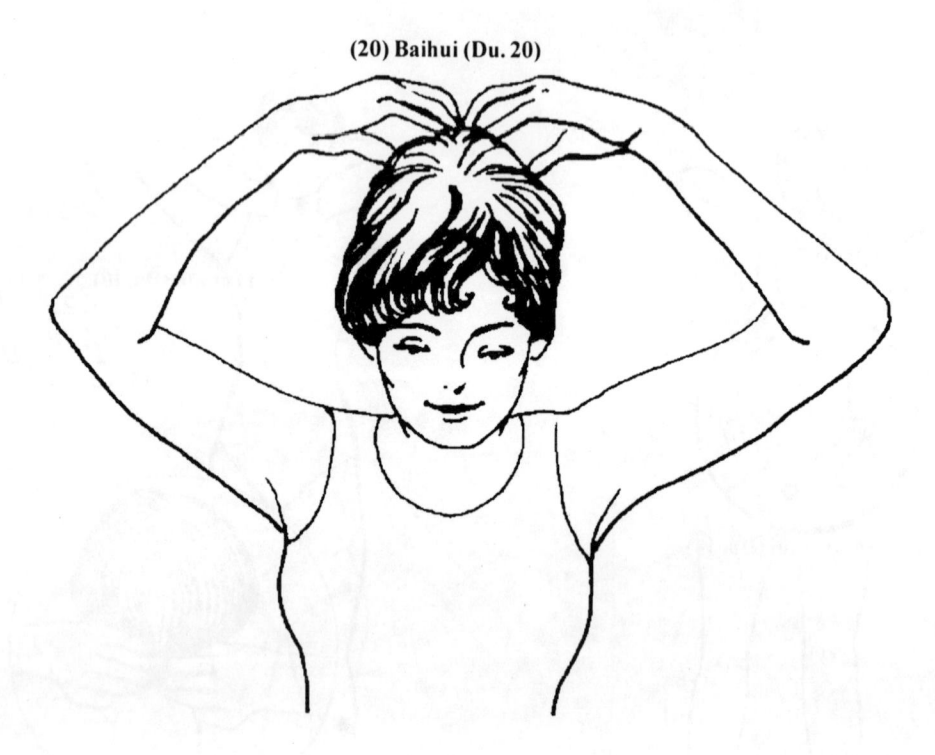

(20) Baihui (Du. 20)

Fig. 14-9

7. Fazendo massagem nos lábios para unir-se com o Meridiano *Ren* (Fig. 14-10).

Mova as mãos, pela rota, até à boca. Massageie os lábios, seis vezes. A energia chega ao ponto *Yinjiao* da boca (*Du* 28). Ao mesmo tempo, o Meridiano *Du* se une com o Meridiano *Ren*. A energia circula através do Meridiano *Ren* e do Meridiano *Du*.

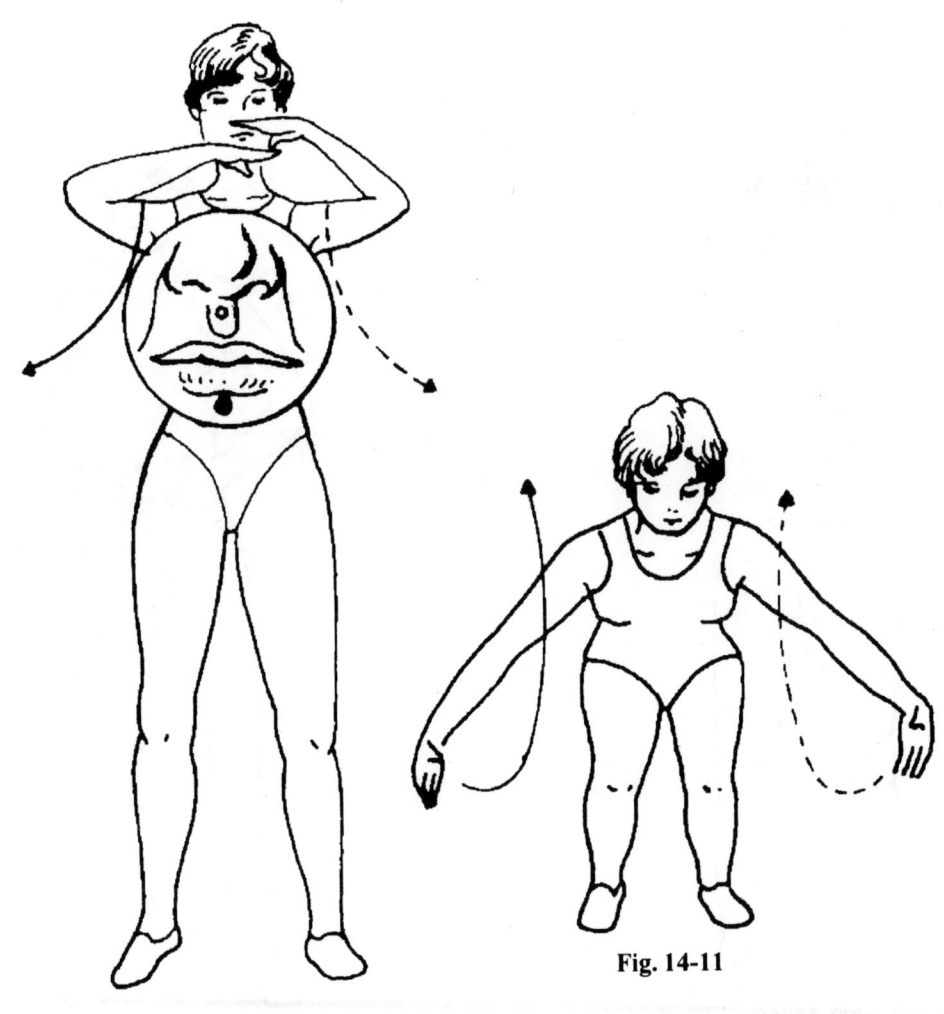

Fig. 14-11

Fig. 14-10

8. Dobrando os joelhos e mantendo a energia (Fig. 14-11).

9. Endireitando o corpo e levantando os braços por cima da cabeça (Fig. 14-12).

10. Empurrando a energia no ponto *Dantian* (Fig. 14-12).

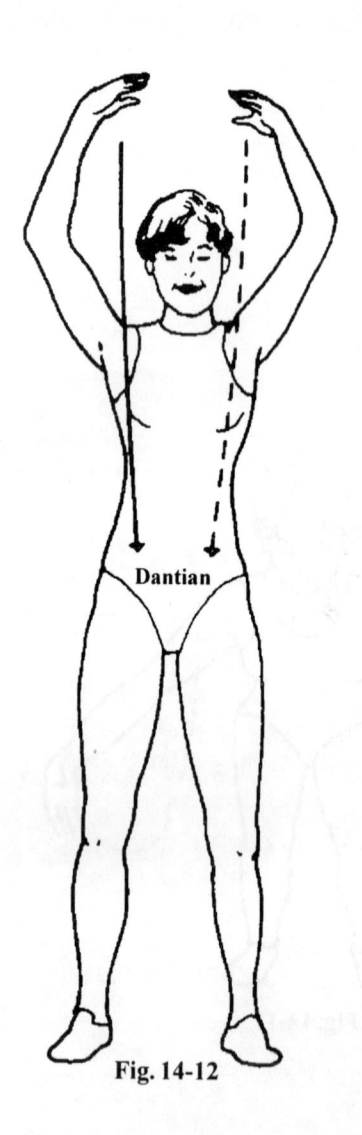

Fig. 14-12

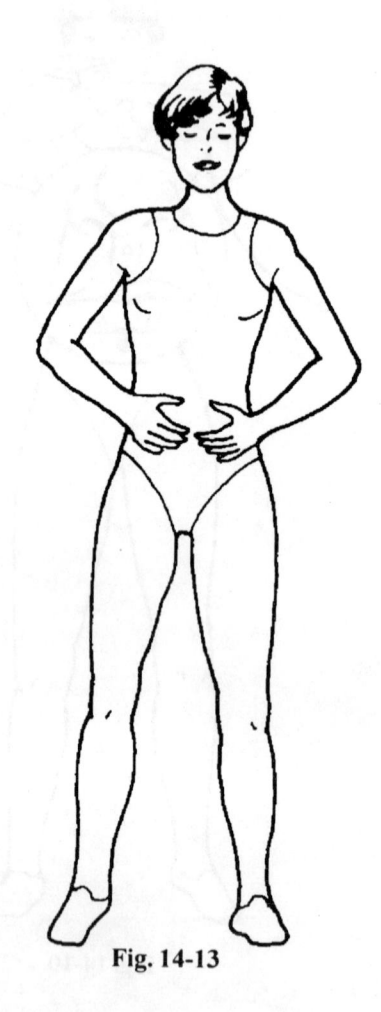

Fig. 14-13

11. Concentrando-se no ponto *Dantian* (Fig. 14-13).

Ponha as mãos sobre o ponto *Dantian*. Concentre a energia nele por um momento. Obterá um estado de tranqüilidade quando se concentrar somente no ponto *Dantian*. Tensione o abdômen, contraia os músculos ao redor dos órgãos genitais e do ânus, e cerre os dentes. Faça estes movimentos três vezes.

12. Forma de conclusão: levantando os calcanhares (Fig. 14-14).

Concentre-se no ponto *Dantian*. Enquanto inspira profundamente, levante os calcanhares.

13. Forma de conclusão: baixando os calcanhares (Figs. 14-15, 14-16).

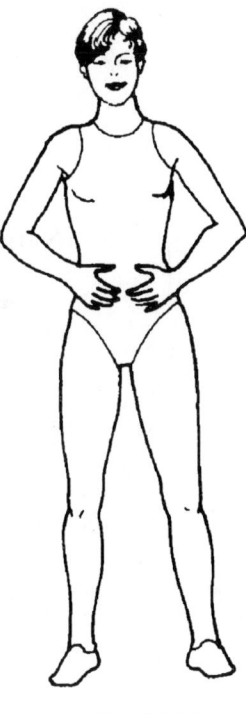

Fig. 14-14

Fig. 14-15

Fig. 14-16

Enquanto expira e baixa os calcanhares, concentre-se no ponto *Dantian*.

14. Forma de conclusão: retornando à posição original (Fig. 14-17).

Continue concentrado no ponto *Dantian* por um momento e, a seguir, relaxe todo o corpo.

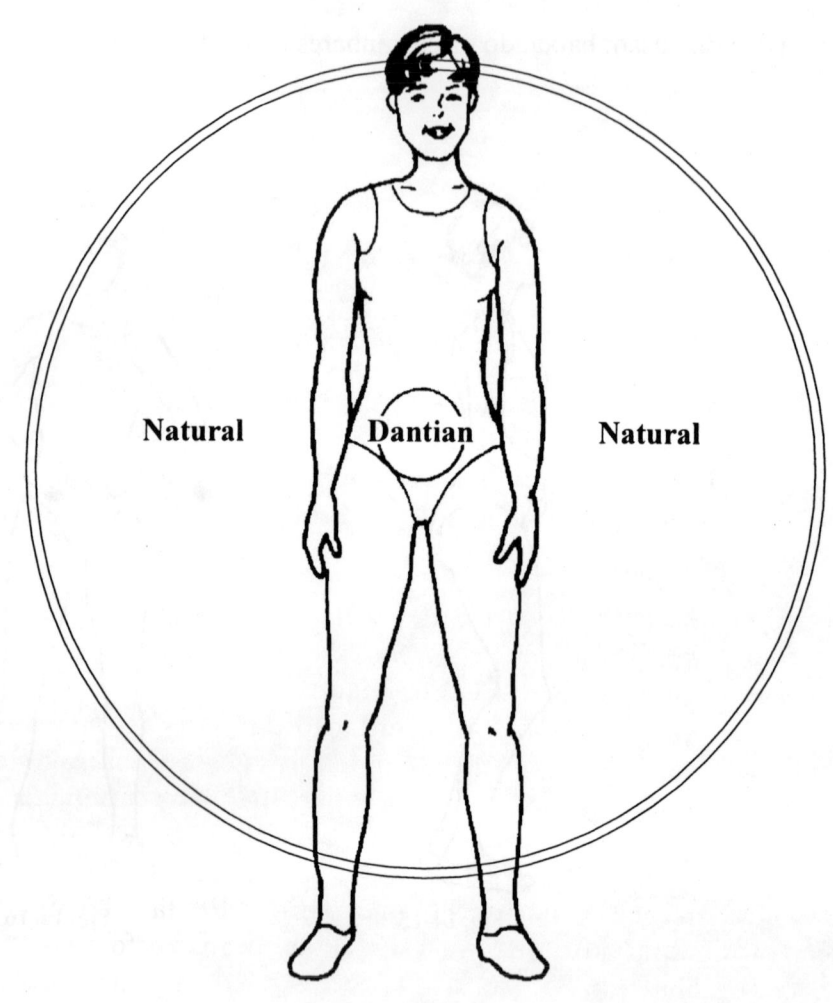

Fig. 14-17

LEIA TAMBÉM...

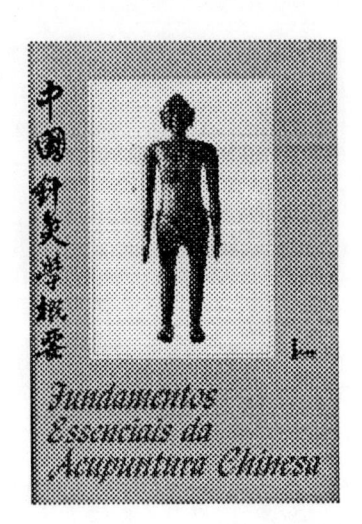

FUNDAMENTOS ESSENCIAS DA ACUPUNTURA CHINESA

Compilados por:

Escola de Medicina Tradicional Chinesa de Beijing
Escola de Medicina Tradicional Chinesa de Shanghai
Escola de Medicina Tradicional Chinesa de Nanjing
Instituto de Acupuntura da Academia de Medicina Tradicional Chinesa

Este livro, *Fundamentos Essenciais da Acupuntura Chinesa*, é uma tradução do Livro *Essentials of Chinese Acupuncture*, traduzido do *Zhongguo Zhenjiuxue Gaiyao*, publicado em 1964 e reeditado recentemente. Tem como característica principal uma clara apresentação das teorias básicas da medicina tradicional chinesa, de forma que os leitores possam compreender a medicina tradicional chinesa em geral e compartilhar seus benefícios em sua prática clínica , no estudo da acupuntura e moxabustão.

O início e o desenvolvimento da arte da acupuntura e moxabustão sofreram um longo processo histórico. Elas são o resultado das experiências do povo trabalhador chinês durante muitos séculos em seus esforços contra as doenças. Desde a Idade da Pedra as pessoas utilizavam agulhas feitas de pedra com propósitos curativos. Elas são conhecidas como *bian* e são um rudimento da acupuntura. Quando a sociedade humana entrou na Era do Bronze e depois na Era do Ferro, as agulhas confeccionadas com esses metais substituíram a pedra *bian*. Com o desenvolvimento das técnicas de produção social, os instrumentos pontiagudos foram constantemente melhorados, fornecendo condições para maior aperfeiçoamento da acupuntura.

O conhecimento básico da medicina tradiconal chinesa inclui principalmente as teorias de *ying-yang*, os cinco elementos, *zang-fu*, canais e colaterais, *qi*, sangue e fluidos corporais, etiologia, métodos de diagnóstico e diferenciação das síndromes.

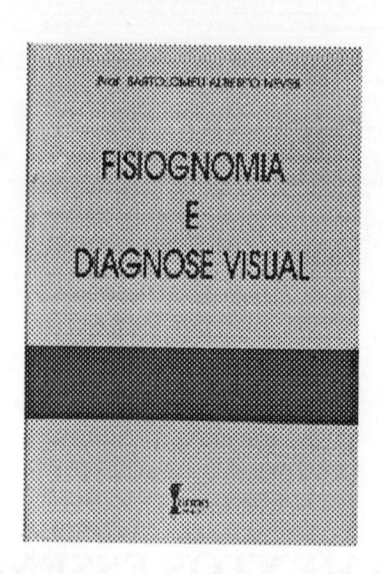

FISIOGNOMIA E DIAGNOSE VISUAL
do Prof. Bartolomeu Alberto Neves

Na medicina oriental, toda doença, de qualquer natureza, reflete sem dúvida um desequilíbrio energético. Portanto, o diagnóstico chinês, visa detectar o desequilíbrio, raiz de qualquer doença. Com uma certa habilidade, isto poderá ser feito com bastante antecedência, o que faz com que esta ciência seja, antes de tudo, a de uma medicina preventiva. Se o desequilíbrio for detectado a tempo, evitar-se-á que o mesmo evolua, transformando-se numa moléstia, ou, pior, num mal irreversível.

Naturalmente, nos tempos atuais, não é muito comum, no cotidiano, encontrarmos médicos que se dediquem a essa "arte preventiva", seja pela exigüidade de tempo, seja porque, quando os pacientes adoecem, já são portadores de lesões graves e até mesmo complicações medicamentosas ou cirúrgicas, o que dificulta mais o quadro comum da doença.

Na realidade, as formas de diagnóstico ocidentais não podem ir à profundidade de detectar essas alterações em nível energético, mas, por outro lado, têm em seu valor, nos casos em que as lesões orgânicas já estão estabelecidas. Assim, caberá à medicina oriental, com boa margem de tempo, antecipar e colaborar para que não haja evolução e agravamento do quadro patológico.

Esses esclarecimentos são feitos porque, não raro, muitos acupuntores apóiam-se simplesmente, num repertório terapêutico baseado nas formas ocidentais. Como diagnóstico, praticam uma acupuntura sintomática, baseada em receitas pre-estabelecidas. Com isso, só podem ter resultados superficiais, e não uma cura realmente completa.

INTRODUÇÃO À ACUPUNTURA
do Prof. Hidetaro Mori

A escrita japonesa contém caracteres de difícil tradução para as línguas ocidentais. Um trabalho demorado, que busquei realizar tendo sempre em vista a tradução mais próxima do significado original.

Este livro é de extrema utilidade para os praticantes da arte de curar por meio da Acupuntura, e isso inclui tanto os principiantes como os já experientes. Seu conteúdo trata basicamente da técnica de inserção (localização, direção, profundidade), em cada um dos 80 pontos principais, e do tratamento das afecções mais freqüentes. A meu ver, esses 80 pontos são mais do que suficientes para atender às necessidades diárias do consultório, e, em minha experiência de quinze anos na Acupuntura, pude atestar a importância da localização, direção, profundidade e uso adequado dos mesmos para o bom resultado terapêutico.

A teoria e o conceito filosófico da medicina oriental são muito interessantes e peculiares. Tais conceitos não são demonstráveis cientificamente, mas palpáveis como fatos, e indiscutivelmente os fatos constituem elemento mais importante que qualquer teoria, principalmente para os pacientes. Livrar do sofrimento, da dor, das afecções, apenas com a simples, embora criteriosa inserção de uma agulha — especialmente quando se utiliza o *Goushin*, que possibilita a inserção praticamente sem dor — é o que fez perpetuar ao longo de milênios uma técnica de cura cada vez mais difundida nos dias de hoje.

Neste livro, de maneira simples e eficaz, o autor oferece o produto de sua longa e internacionalmente reconhecida experiência e dos fatos observados no tratamento com Acupuntura. Estou certo de que o leitor tirará daqui o máximo proveito, e recomendo a todos a consulta desta obra, sempre que surgir alguma dúvida na prática diária de consultório.

TRATADO POPULAR
DE MOXABUSTÃO
do Prof. Bartolomeu Alberto Neves

A palavra "moxabustão" surgiu a partir da corruptela da palavra japonesa *Mokusa*, que significa: *erva + bustão*, de combustão. Então, formou-se o vocabulário Moxabustão. Uma outra palavra, mas de origem chinesa, é "DIU", que quer dizer cauterização, e que veremos muitas vezes nesse Manual de Moxa.

No início de seu uso, as cauterizações eram feitas em estiletes de metais previamente aquecidos e tocados nos pontos de acupuntura, promovendo a queimadura diretamente sobre a pele. Só há mais ou menos 1.200 anos é que se institucionalizou o uso das folhas de uma erva, *Artemisia sinesis* e *vulgaris*, que, devidamente preparadas, são queimadas sobre a pele, diretamente ou através de outros processos.

Foi na dinastia *Sung*, do Norte da China, que a técnica de cauterização por Moxabustão teve as suas leis definidas. Existem determinados pontos de acupuntura onde esta técnica deve ser aplicada, após tomadas certas medidas de precaução, e outros onde ela é definitivamente proibida.

Vale a pena ressaltar que a moxabustão atualmente tem um papel importantíssimo na terapia por acupuntura. É usada para reforçar tratamento por punção, agulhas, e também onde estas se mostrem insuficientes para conseguir a cura. Existem, atualmente, na própria china, muitos médicos de acupuntura especializados só na prática da moxabustão.

FITOTERAPIA CHINESA
E PLANTAS BRASILEIRAS
do Dr. Alexandros Spyros Botsaris

Desde os primórdios da civilização humana, os povos têm recorrido aos recursos terapêuticos orginários de sua cultura. Pode-se observar, sob uma perspectiva histórica, que os povos que mantêm e preservam suas tradições e manifestações culturais, conjugando-as com as exigências do mundo contemporâneo ao invés de destruí-las, conseguem potencializar os avanços da técnica sem corromper as bases de sustentação da sociedade. Ou seja, não recusam a mudança mas sim administram-na para fortalecer e reiterar seus laços sociais.

Assim, nessas sociedades, o conhecimento popular do potencial terapêutico da flora local é aliado ao conhecimento científico que, produzindo sua validação e o reconhecimento de sua eficácia, vem propiciar sua incorporação ao sistema oficial de saúde.

Desde a década de 70, diversos países ocidentais, dentre os quais o Brasil, vêm tentando implantar em seus sistemas de saúde, alguns aspectos do modelo chinês de saúde pública, seja pela apropriação da experiência dos "médicos de pés descalços", seja pela mais recente "visão holística", que busca o tratamento da doença sob uma perspectiva integral do ser humano, devolvendo-o ao equilíbrio harmonioso com seu meio.

A interação entre esses universos de conhecimento ainda tem uma ampla gama de oportunidades de intensificação vindo a contribuir assim, para a melhoria das condições de saúde da humanidade. No caso do Brasil, o caminho que nos cabe percorrer, a partir do entendimento dessas experiências e do fato de possuírmos um rico imaginário popular ainda inexplorado, consiste em reconhecer e aproveitar a sabedoria trazida pela cultura popular através das plantas.

Impresso pelo Depto Gráfico do
CENTRO DE ESTUDOS VIDA E CONSCIÊNCIA EDITORA LTDA
R. Santo Irineu, 170 / F.: 549-8344